Juego de noches.
Nueve obras en un acto

Letras Hispánicas

Paloma Pedrero

Juego de noches.
Nueve obras en un acto

Edición de Virtudes Serrano

TERCERA EDICIÓN

CÁTEDRA

LETRAS HISPÁNICAS

1.ª edición, 1979
3.ª edición, 2007

Dr. C. Caulfield
MH 333

Ilustración de cubierta: María Luisa
Borruel y Encarna Aguerri en *El color de Agosto*,
dirigida por Pepe Ortega, Madrid, 1987.

© Paloma Pedrero
© Ediciones Cátedra (Grupo Anaya, S. A.), 1999, 2007
Juan Ignacio Luca de Tena, 15. 28027 Madrid
Depósito legal: M. 6.734-2007
ISBN: 978-84-376-1745-9
Printed in Spain
Impreso en Lavel, S. A.
Pol. Ind. Los Llanos. Gran Canaria, 12
28970 Humanes de Madrid (Madrid)

Índice

Introducción

A mi madre, que me puso en camino

Paloma Pedrero (fotografía de R. Muro).

PALOMA PEDRERO EN EL TEATRO ESPAÑOL ACTUAL

Para hablar de Paloma Pedrero en el panorama de la dramaturgia española actual, es ineludible referirse a la situación de las autoras teatrales en las dos últimas décadas, ya que el rasgo *femenino*, aplicado al teatro de nuestro país en los años de la democracia, añade caracteres de particular interés al estudio de este género. En 1985, con el estreno de *La llamada de Lauren...*, primera obra de Paloma Pedrero[1], una voz nueva surge de las profundidades del Centro Cultural de la Villa de Madrid[2]; se unía a otras que, en los primeros años ochenta, se elevaron para mostrar que una dramaturgia distinta estaba teniendo lugar. Por tanto, para hablar de teatro español actual era necesario contar con las autoras ya que, desde el comienzo de la década, se estaba dando a conocer un considerable número de dramaturgas que requerían su parcela de territorio público en la escena y en los anales de la historia del género dramático[3]. Fenómeno semejante se produjo en la dramatur-

---

[1] Nos referiremos a ella en el apartado correspondiente a «Nueve obras en un acto», de esta «Introducción». Antes había escrito un texto, *Imagen doble* (1983), que, según información explícita de la autora, no ha llegado a mostrar, pero que le sirvió como embrión para la escritura de *Besos de lobo*.

[2] El estreno se realizó en dicho lugar el 5 de noviembre de 1985, dirigido por Alberto Wainer. Desempeñó el papel de Rosa la propia autora.

[3] De este tema me he ocupado en diversas ocasiones; puede verse el estado de la cuestión en los años ochenta en Virtudes Serrano, «Hacia una dramaturgia femenina», *Anales de la Literatura Española Contemporánea*, 19, 3, 1994, págs. 343-364. Así mismo, en «El renacer de la dramaturgia femenina en España (1984-1994)», Kirsten Nigro y Phyllis Zatlin (eds.), *Un Escenario Propio* (Actas del Congreso que tuvo lugar en Cincinnati en octubre de 1994), Ottawa, Girol Books, Inc., 1998, págs. 9-17; lo relativo a los años noventa lo he trata-

11

gia del primer tercio de nuestro siglo, cuando la mujer empieza a despertar de un letargo de siglos y reclama el espacio al que sus capacidades le daban derecho[4].

Dos años antes del estreno de *La llamada de Lauren...*, en 1983, se publica *Un olor a ámbar*, la primera obra conocida de Concha Romero[5]; una autora que, desde su primer texto, subvierte los cánones de comportamiento de sus personajes femeninos, haciendo que sus mujeres, lejos de soportar el papel pasivo que la historia les tenía reservado, alteren lo establecido al rebelarse frente a sus opresores, sin perder la vida en el intento[6]. El mismo año se publican *El navegante*, de Ma-

---

do en «Dramaturgia femenina de los noventa en España», *Entre Actos: Diálogos sobre Teatro Español entre Siglos,* edición de Martha T. Halsey y Phyllis Zatlin, Pennsylvania, University Park, Estreno, 1999, págs. 101-112.

[4] Sobre la dramaturgia femenina del primer tercio de siglo en España, puede verse Pilar Nieva de la Paz, *Autoras dramáticas españolas entre 1918 y 1936,* Madrid, Consejo Superior de Investigaciones Científicas, 1993. Recientes investigaciones sobre la dramaturgia femenina han dado como consecuencia un extenso catálogo recogido bajo el título *Autoras en la historia del teatro español (1500-1994),* I y II, dirigido por Juan Antonio Hormigón, Madrid, ADE, 1996 y 1997 respectivamente.

[5] Un panorama general de su obra puede verse en Virtudes Serrano, «El discurso femenino en el teatro de Concha Romero», *Alaluz,* XXVIII, 1&2, primavera-otoño 1996, págs. 85-96. *Vid.* también los trabajos de Patricia W. O'Connor, «Una nueva voz femenina para el teatro», Introducción a Concha Romero, *Un olor a ámbar,* Madrid, La Avispa, 1983, págs. 7-13; Carolyn Harris, «Isabel y Juana: protagonistas históricas del teatro de Concha Romero», *Estreno,* XIX, 1, 1993, págs. 29-35; y Wilfried Floeck, «Entre el drama histórico y la comedia actual: El subtexto femenino en el teatro de Concha Romero», *Estreno,* XXIII, 1, 1997, págs. 33-38, y «Concha Romero», *Spanisches Gegenwartstheater,* I, Tübingen, Francke, 1997, págs. 151-165.

[6] El de la actitud de las protagonistas es uno de los cambios que se opera en la dramaturgia española actual a partir de la presencia de estas autoras de los ochenta. Mujeres rebeldes, defensoras de sus derechos o de los derechos colectivos, han sido construidas por dramaturgas y dramaturgos anteriores, pero su destino estaba ya trazado de antemano pues, como subversivas que eran, soportaban el castigo de su delito. Sin embargo, estas heroínas actuales, si bien no ven colmadas siempre sus aspiraciones en escena, son libres de tomar decisiones que las facultan para variar el curso de sus vidas. Durante el Congreso Internacional «Autor teatral y Siglo XX», que ha tenido lugar en Madrid del 25 al 27 de noviembre de 1998 Griselda Gambaro consideraba que una de sus aportaciones al teatro argentino era precisamente el cambio que ha supuesto en la construcción de personajes y solución de conflictos la nueva

ría Manuela Reina, y *Ulises no vuelve,* de Carmen Resino, que había obtenido en 1974 el accésit del Premio Lope de Vega[7].

En 1984, la revista *Estreno,* dirigida por la profesora hispanista norteamericana Patricia W. O'Connor, dedica un monográfico a las dramaturgas españolas; entre las autoras convocadas en aquella ocasión se encontraban nombres como los de Dora Sedano, Julia Maura, Carmen Troitiño o María Suárez de Deza, junto con Ana Diosdado, Lidia Falcón, Carmen Martín Gaite, Carmen Resino, María-José Ragué Arias o Concha Romero[8]. La atención prestada a su obra anima a algunas de las escritoras y en ese mismo año ven la luz otros textos de autoría femenina, como *Una comedia de encargo,* primera obra de Pilar Pombo[9].

Es incontestable que desde el momento en el que resurge o sale al exterior una dramaturgia femenina desligada de los pre-

---

mirada femenina que ella inaugura en el teatro de su país. En 1980, la dramaturga argentina afirmaba («¿Es posible y deseable una dramaturgia específicamente femenina?», *Latin American Theatre Review,* verano 1980, pág. 21): «La contribución al teatro que podemos hacer las escritoras es independiente de nuestro sexo y, sin embargo, nacerá de nuestra propia identidad, que también tiene sexo, naturalmente [...]. Nuestra identidad nos viene de nuestra inserción en el mundo, de la mirada que lancemos a ese mundo intentando desentrañar sus riquezas, sus carencias, sus conflictos.» Por otra parte, se hace necesario establecer modelos críticos que convengan a la especificidad del discurso teatral femenino *(vid.* Juan Villegas, «Un modelo específico para el discurso femenino», *Para un Modelo de Historia del Teatro,* Irvine, Gestos, Teoría 1, 1997, págs. 67-69), como ya se está haciendo en otros géneros.

[7] He tratado el teatro de Carmen Resino en «Las otras voces del teatro español: Carmen Resino», *España Contemporánea,* VII, 2, 1994, págs. 27-48. Pueden verse también Robert L. Nicholas, Introducción a Carmen Resino, *Bajo sospecha (Tiempo de gracia),* Murcia, Universidad, Antología Teatral Española, 1995; y Mariano de Paco, «El teatro histórico de Carmen Resino», *Anales de la Literatura Española Contemporánea,* 20, 3, 1995, págs. 303-314.

[8] Patricia W. O'Connor, «¿Quiénes son las dramaturgas españolas contemporáneas y qué han escrito?», *Estreno,* X, 2, 1984, págs. 9-12.

[9] En su obra dramática, Pilar Pombo describe con sensibilidad y equilibrio la situación de la mujer en el mundo actual, en una serie de monólogos y textos de mayor complejidad, como *En igualdad de condiciones,* de 1995. Del conjunto de su producción me he ocupado en «El presente doloroso y esperanzado en la obra dramática de Pilar Pombo», *Estreno,* XXIV, 1, 1998, págs. 39-44. Puede verse también Mary F. Yudin, «Nunca he tenido tiempo para ser yo», *Estreno,* XXI, 1, 1995, págs. 24-27.

ceptos que le imponía el canon dominante, varía el punto de vista que proyecta la escena hacia el espectador. La mujer se había manifestado más remisa para expresarse dramáticamente, quizá porque, como las autoras han reconocido en alguna ocasión, el espacio del teatro, como espacio público que es, había sido la parcela de los varones[10].

Entre 1983 y 1988 estas creadoras vieron una salida que les permitía proyectar su obra[11]. En 1986 crean la Asociación de Dramaturgas, con Carmen Resino como primera presidenta; la existencia de esta asociación la daba a conocer, en abril de 1987, la revista *El público*. Allí, María Victoria Oliva resumía los objetivos de la misma: «Promover el teatro español, en general, y el femenino en particular; incentivar el intercambio y los contactos culturales para un mayor desarrollo y divulgación del quehacer teatral; promocionar el papel de la mujer en el ámbito escénico y contribuir a su integración en la vida cultural española»[12].

Las dramaturgas buscan entonces el apoyo de organismos como el INAEM, el Instituto de la Mujer y la Comunidad de Madrid para llevar a cabo lecturas, escenificaciones y, en ocasiones, la publicación de sus textos. Los primeros jueves de cada mes, las quince escritoras que constituyeron la asociación (Mirén Díaz de Ibarrondo, Carmen Resino, Julia Butinya Jiménez, Pilar Rodrigo, María Angélica Mayo, Pilar Pombo, Concha Romero, Ofelia Angélica Gauna, Maribel Lázaro, Carmen de Miguel Poyard, Milagros López Muñoz, Mayte Ayllón Trujillo, Carmen García Amat, Norma Bacaicoa y Pa-

---

[10] Esta opinión es bastante general en las autoras que comienzan su trayectoria en los ochenta; en la actualidad las dramaturgas ya no tienen tales reservas y los problemas para mostrar su trabajo no son diferentes de los que soportan la mayor parte de sus compañeros en la aventura de escribir teatro en el aquí y ahora. El hecho de que Paloma Pedrero, una de las representantes de esta generación, se encuentre en las páginas que el lector contempla evidencia que el panorama es bien diferente. Sin embargo, ellas mismas admitían entonces que escribir para la escena era «como desnudarse en público».

[11] La última fecha corresponde a la publicación del libro de Patricia W. O' Connor, *Dramaturgas españolas de hoy. Una introducción* (Madrid, Fundamentos, 1988), el primero que se ocupa de la dramaturgia femenina en estos años.

[12] María Victoria Oliva, «Las dramaturgas se asocian», *El Público,* abril 1987, pág. 41.

loma Pedrero) se reunían en la Librería La Avispa para leer y comentar textos. Al principio se sienten contentas por haber abierto un camino que ayudará a muchas a continuar lo que ya estaban abandonando y, aunque el grupo que compone la Asociación es «heterogéneo» en cuanto a la edad y origen de sus participantes, a los temas abordados y a la estética, todas coinciden en reivindicar —según aclaraba Carmen Resino— la actividad dramatúrgica femenina y, a través del teatro, contribuir a mejorar la situación de la mujer, dentro del contexto social. En septiembre de 1987, la revista *Primer Acto* recoge estas nuevas voces, en un coloquio moderado por Lourdes Ortiz; en él participan Yolanda García Serrano, Maribel Lázaro, Paloma Pedrero, Carmen Resino y Concha Romero[13]. El tema que las reúne es la Asociación, pero las intervenciones derivan hacia otros dos bloques temáticos: el de los problemas comunes al teatro, esté escrito por hombres o por mujeres, y el de los conflictos específicos de la dramaturgia femenina como un «hecho diferencial».

Maribel Lázaro, que había recibido el Premio Calderón de la Barca en 1986 por *Humo de beleño*, se pronuncia de manera radical; afirma la necesidad de «definir» y «definirnos» sin miedo a ser calificada de feminista. Paloma Pedrero, con Concha Romero y Carmen Resino, presenta actitudes más moderadas, sin que ello implique que eluda el compromiso que cada una, dentro de una línea estética, proyecta en sus obras.

El tema del teatro escrito por una mujer lleva al de la diferencia de lenguajes; tanto Paloma Pedrero como Maribel Lázaro, que contaban en 1986 con estrenos recientes[14], hacen notar que el lenguaje «agresivo» que ellas emplean había sido duramente criticado, al ser juzgado su teatro a la luz de otras manifestaciones femeninas para la escena de corte claramente

---

[13] Lourdes Ortiz, «Nuevas autoras», *Primer Acto,* 220, septiembre-octubre 1987, págs. 10-21.
[14] *La llamada de Lauren...,* de Paloma Pedrero, como se ha indicado, se representó en el Centro Cultural de la Villa de Madrid en 1985, y, en el mismo lugar, un año después, se estrenó *La fosa,* de Maribel Lázaro. Dichos estrenos, sin embargo, no fueron mencionados en el apartado dedicado al teatro en *Letras Españolas 1976-1986,* Madrid, Castalia-Ministerio de Cultura, 1987.

conservador; Paloma Pedrero resume esta idea en una anéc-
dota: «Yo he oído algún comentario sobre mí que más o menos decía: "Hay que ver, esta niña tan mona... pero tan perversa".» Y Maribel Lázaro explica que después de su estreno le
«recomendaron mucho reposo»[15].

Paloma Pedrero opta por «todo un lenguaje femenino
—teatral en este caso— que tiene que ser proyectado, que el
hombre tiene que aprender»; un lenguaje que procede «del
alma de la obra, de la visión del mundo que una mujer inevitablemente proyecta, porque lo siente así»[16].

Con frecuencia, el silencio

Quizá resulte conveniente ahora analizar qué lugar ha
ocupado el teatro escrito por mujeres en el panorama crítico
de los últimos veinticinco años; ello llevará a comprobar
que, si bien en la actualidad muchos autores comparten el espacio público con las dramaturgas en coloquios, mesas redondas, entrevistas e incluso en la escena, no se da con la
misma frecuencia su presencia en los ensayos críticos, históricos o analíticos del género dramático y que quienes más
atención prestan a las autoras, salvo en algunos casos relati-
vamente recientes, son los hispanistas extranjeros y las inves-
tigadoras del género dramático. En el libro de entrevistas de
Amando Carlos Isasi Angulo, la presencia femenina se reduce
a la actriz Nuria Espert[17]; sin embargo, en 1974, y sin remon-
tarnos a nombres de más antigua trayectoria, eran conocidas la
dramaturga Pilar Enciso, y la entonces joven autora de éxito
Ana Diosdado, cuya obra *Usted también podrá disfrutar de ella,*
estrenada el 22 de septiembre de 1973, figuraba publicada en

---

[15] *Primer Acto,* 220, cit., pág. 15.
[16] *Primer Acto,* 220, cit., págs. 14 y 15.
[17] Amando Carlos Isasi Angulo, *Diálogos del Teatro Español de la Postguerra,* Madrid, Ayuso, 1974. Dos años después se publica *El teatro español en el
banquillo,* de Miguel Medina Vicario (Valencia, Fernando Torres, 1976),
donde las mujeres están representadas por las actrices y las profesionales de
la enseñanza.

una selección de títulos de la temporada 1973-1974[18]. Esta autora, además, tenía en su haber otros estrenos que así mismo merecieron la aprobación de público y críticos *(Olvida los tambores, El okapi* y *Los comuneros),* por lo que era calificada, en las páginas que Federico Carlos Sainz de Robles le dedica en el prólogo que antecede a la pieza de 1973, como «uno de los valores más enteros y sugestivos de nuestro actual teatro»[19].

Fuera del teatro oficial también Carmen Resino, finalista del Premio Lope de Vega en 1974 con *Ulises no vuelve*[20], había publicado ya *El presidente*[21], y tenía escritas y estrenadas algunas otras de sus obras. Santiago Sueiras afirmaba en 1984:

> Conozco la obra de Carmen Resino desde hace mucho ¿unos diez años? [...] Eran unos años fructíferos esos del inicio de los 70, en los que el Teatro Independiente proyectaba su andadura propia. Años en los que Carmen Resino comenzaba a hacerse notar entre las gentes que nos sentíamos interesadas por el teatro[22].

Esta autora, que estableció contactos en Madrid con los componentes del «Nuevo Teatro», a cuya estética se acerca en algunos de sus rasgos, no aparece nombrada junto a ellos en los libros que los estudian. Mucho más llamativo resulta que este teatro «silenciado» no tuviese un lugar en el libro de Teresa Valdivieso[23], ni se aprecie su presencia en *Direcciones de Teatro Español de Posguerra,* de María Pilar Pérez-Stansfield[24], quien posteriormente ha dedicado extensos comentarios a di-

---

[18] Ana Diosdado, *Usted también podrá disfrutar de ella,* en *Teatro español 1973-1974,* Madrid, Aguilar, 1975, págs. 1-78.

[19] *Teatro español 1973-1974,* cit., pág. XIV.

[20] Carmen Resino, *Ulises no vuelve,* Madrid, Centro Español del Instituto Internacional del Teatro, 1983.

[21] Carmen Resino, *El presidente,* Madrid, Quevedo, 1968.

[22] Santiago Sueiras, «Aproximación a la obra de Carmen Resino», *Estreno,* X, 2, 1984, pág. 32.

[23] Teresa Valdivieso, *España: bibliografía de un teatro silenciado,* Society of Spanish and Spanish-American Studies, 1979.

[24] María Pilar Pérez-Stansfield, *Direcciones de Teatro Español de Posguerra,* Madrid, José Porrúa Turanzas, 1983.

versas obras y autoras[25]. Sin embargo, estas dramaturgas sí eran conocidas en los medios teatrales; en 1983, Domingo Miras, en el prólogo que dedica a Luis Riaza[26], cita a «la amazona Resino, que lanza sus saetas desde lejos» y a «la gloriosa Lourdes» dentro de «la densa y apretada cohorte de los mozalbetes perdurables» que forman las filas del teatro español. El mismo dramaturgo, en la «Introducción» a dos obras de Miguel Medina Vicario, nombra «a vuela pluma» a Lourdes Ortiz, Carmen Resino, Concha Romero, María Manuela Reina, Maribel Lázaro, junto con la multitud de dramaturgos más o menos conocidos de nuestro panorama teatral[27].

Así mismo se encuentran ausentes del libro de entrevistas publicado en 1985 por Fermín Cabal y José Luis Alonso de Santos[28]. Quizá entonces no se podía dar una visión detallada, pero sí se debía haber contado con ellas ya que un año antes de publicarse este libro, en 1984, la voz de las dramaturgas se había manifestado en el mencionado monográfico de la revista *Estreno*. A pesar de la descrita situación de ausencias, cada vez son más las autoras que se dan a conocer. En el volumen del CNNTE que recogía ponencias y coloquios del seminario sobre la situación de la escritura teatral desde el comienzo de la democracia en España, participó como ponen-

---

[25] *Vid.* María Pilar Pérez-Stanfield, «La desacralización del mito y la historia: texto y subtexto en dos dramaturgas españolas», *Gestos*, 4, noviembre 1987, págs. 83-99.

[26] Domingo Miras, «Sobre Riaza y la sustitución», Prólogo a Luis Riaza, *¡Antígona cerda...!, Mazurca, Epílogo*, Madrid, La Avispa, 1983, págs. 5-17.

[27] Domingo Miras, «Introducción» a Miguel Medina Vicario, *El café de marfil* y *La plaza*, Salamanca, Almar, 1987, págs. 7-41.

[28] Fermín Cabal y José Luis Alonso de Santos, *Teatro español de los 80*, Madrid, Fundamentos, 1985. Ambos autores habían estrenado ya con éxito y su estética *neorrealista* era asimilada por muchos de los más jóvenes; sin olvidar que como directores de grupos teatrales también dejaban su impronta en los que trabajaban con ellos. En el caso de Paloma Pedrero, es visible el ascendiente estético y constructivo aunque, como es natural, la autora maneje todos los elementos a través de su particular visión del mundo. Sobre la influencia que estos dramaturgos ejercen en el teatro español de los ochenta, puede verse Phyllis Zatlin, «El (meta)teatralismo de los nuevos realistas», *La cultura española en el posfranquismo (1975-1985)*, en Samuel Amell y Salvador García Castañeda (eds.), Madrid, Playor, 1988, págs. 125-131.

te, junto con Lourdes Ortiz, la joven dramaturga Marisa Ares, que proponía un «teatro involuntario de retaguardia»; e intervinieron en los coloquios María-José Ragué y Concha Romero[29]. En 1986, Marisa Ares estrenó *Negro seco*, publicado al año siguiente[30]; en 1988 dio a conocer su pieza breve *Anda, empújame*[31]; después ha desaparecido del espacio público del teatro[32].

No obstante, la esclarecida palabra de Antonio Buero Vallejo afirmaba en 1988:

> Han sido causas sociales y no intrínsecas las que han determinado la minoritaria presencia de la mujer en el campo de la creación y de la cultura [...]. La dedicación femenina —y aun feminista— al texto dramático crece en el mundo, mas también en España, cuyas inercias sociales han venido frenando hartas cosas pero en la que se multiplican los despertares[33].

Desde este momento que acabamos de analizar la evolución y difusión del teatro escrito por mujeres es un hecho que no se oculta a la luz pública. En general, son las revistas especializadas en teatro las que mantienen la presencia de las autoras, convocándolas a participar en debates y coloquios, entrevistándolas o publicando sus obras[34].

---

[29] AA. VV., *La escritura teatral a debate*, Madrid, CNNTE, 1985.

[30] Marisa Ares, *Mordecaï Slaugther en: Rotos Intencionados. Negro seco*, Madrid, CNNTE, 1987.

[31] En *Dramaturgas españolas de hoy*, cit., págs. 123-128.

[32] Otro caso de desaparición inesperada es el de María Manuela Reina, que realizó una vertiginosa carrera con premios, estrenos y publicaciones hasta 1992.

[33] Antonio Buero Vallejo, «Nota previa», en Patricia W. O'Connor, *Dramaturgas españolas de hoy*, cit., pág. 5.

[34] Uno de los primeros manuales de historia del teatro donde se estudia a las autoras es *El teatro desde 1936* (Madrid, Alhambra, 1989), de César Oliva, que lo hace también en «El teatro» en Francisco Rico (ed.), *Historia y crítica de la literatura española. Los nuevos nombres: 1975-1979* (Barcelona, Ariel, 1992). En el número de la revista *El Público* correspondiente a enero-febrero de 1991 se hace un balance de los dramaturgos que han estrenado durante la década recién finalizada; allí aparecen recogidos los nombres de Marisa Ares, Ana Diosdado, Maribel Lázaro, Carmen Martín Gaite, Lourdes Ortiz, Paloma Pedrero y María Manuela Reina. Paloma Pedrero está incluida por José María Martí-

En 1986, *Primer Acto* publica un coloquio en el que están presentes Maribel Lázaro y Paloma Pedrero, junto con Luis Araujo, José Manuel Arias e Ignacio del Moral, todos ellos jóvenes autores asistentes a un taller de teatro sobre la práctica autor-director que había llevado a cabo Jesús Campos durante el curso anterior[35]. En esta ocasión no se trata del tema del teatro femenino sino del eterno problema de la difusión del autor «nuevo» y la extensión y significado de este término.

Paloma Pedrero insiste una y otra vez en la urgencia de comunicar con el público, pues de lo contrario teme que se convertirán en «viejos». Esta preocupación (y, lo que es más grave, este destino), ha existido en las sucesivas generaciones de dramaturgos españoles de nuestro siglo[36]. Paloma Pedrero defiende, así mismo, «el teatro de toda la vida» y es partidaria de la palabra, del teatro de texto, al tiempo que afirma una vuelta al realismo, matizado con ciertos elementos mágicos. Al hablar de *Besos de lobo,* indica:

> Se encuadra dentro de una estructura realista, pero dentro de esto estoy intentando jugar más con los elementos mágicos y poéticos del contexto que con el naturalismo o costumbrismo[37].

Problemas semejantes se vuelven a plantear en la Primera Jornada del «I Encuentro de Autores/as jóvenes» organizado

---

nez Cachero en *Historia de la literatura española* (León, Everest, 1995, vol. III). Durante el año siguiente van apareciendo diversos libros donde pueden leerse algunos de los nombres de las autoras: Enrique Centeno, *La escena española actual* (Madrid, SGAE, 1996); Manuel Gómez García, *El teatro de autor en España (1901-2000),* Valencia, Asociación de Autores de Teatro, 1996; y, el más completo hasta ahora, María-José Ragué-Arias, *El teatro de fin de milenio en España (de 1975 hasta hoy),* Barcelona, Ariel, 1996.

[35] *Primer Acto,* 212, enero-febrero 1986, págs. 60-72.

[36] *Vid.* Alberto Miralles, «El nuevo teatro español ha muerto. ¡Mueran sus asesinos!», *Estreno,* XII, 2, 1986, págs. 21-24; Klaus Pörtl (ed.), *Reflexiones sobre el Nuevo Teatro Español,* Tübingen, Niemeyer, 1986; también los prólogos de Domingo Miras citados en las notas 26 y 27 de esta Introducción.

[37] *Primer Acto,* 212, cit., pág. 72. En una intervención anterior aclaraba que aunque los unían (a los nuevos) edades semejantes, vivir en idéntica sociedad y pretender dar cauce a parecidos problemas, cada uno utilizaba una forma de expresión propia.

por el Instituto del Teatro de Asturias que se celebró en Gijón del 19 al 21 de enero de 1990[38]. Paloma Pedrero interviene en el coloquio, con Ernesto Caballero, Eladio de Paco, Ignacio del Moral, Guillermo Heras, Lourdes Ortiz, Maxi Rodríguez y Etelvino Vázquez. Los temas que más ocupan su atención son coincidentes con los expresados en otras reuniones de semejantes características: la dificultad de estrenar, la necesidad o no de ajustarse a los gustos del público, la opción entre teatro de texto o guión para crear el espectáculo, los antecedentes que han tenido, etc. Algunos de los caracteres debatidos por estos autores (vuelta al realismo y a la construcción aristotélica) marcarán después la frontera entre la dramaturgia de los ochenta y la de la generación siguiente. Paloma Pedrero, como el resto de los más jóvenes, niega la vinculación con sus antecedentes más próximos; las distintas intervenciones de los recién llegados al mundo de la escritura dramática, como en tantas otras épocas, autores y situaciones, dejan ver el miedo que tienen a que les marquen precedentes que, por otra parte, existen aunque no generen influencias directas y conscientemente asumidas, sino corrientes generacionales o de época de las que difícilmente los artistas se pueden sustraer. La tendencia al realismo constituye una estética que distingue gran número de piezas ubicadas en el aquí y ahora del tiempo de su escritura; en ellas, los personajes de la vida cotidiana se ven inmersos en una situación límite que supone el conflicto dramático. La mezcla de profundas luchas individuales, con situaciones de la vida diaria expresadas con un lenguaje coloquial de registros familiares y jergales, caracteriza el nuevo realismo de nuestros días al que no es ajena la obra de Paloma Pedrero, quien opta, así mismo, por la pieza breve como vehículo expresivo[39]. Creemos que tal particularidad

---

[38] *Vid.* la separata del número 233 de *Primer Acto.*

[39] A algunas obras situadas en esta nueva concepción del realismo, entre ellas las de Pedrero, podría aplicarse lo que Robert L. Nicholas denominó *El sainete serio* (Murcia, Universidad, 1992), donde estudió *Historia de una escalera, La camisa* y *Las bicicletas son para el verano. Vid.* también Jesús Rubio Jiménez, «Del teatro independiente al neocostumbrismo», *Hispanística XX,* 7, 1989, págs. 185-202.

técnica merece destacarse por ser común a las autoras y autores más jóvenes. Pedrero declaraba su predilección por este formato en una entrevista de Eduardo Galán:

> Me encanta [...]. Me interesan mucho los «flashes», los estallidos. Pienso que puede decirse tanto en seis folios... Está todo muy condensado en el teatro breve[40].

Otra década, otra situación

Durante los noventa las autoras que, como Paloma Pedrero, iniciaron una difícil andadura diez años antes han afianzado sus estéticas respectivas y han dado testimonio suficiente del compromiso adquirido y enunciado en sus manifestaciones primeras. Sus obras han mostrado distintos aspectos de la realidad personal y social. Como mujeres, han transmitido a través de sus personajes *otra* forma de mirar y de construir; como seres pertenecientes a una colectividad, se han enfrentado, desde perspectivas diversas, a los conflictos comunes de su entorno y han escrito desde sí mismas y sobre lo que las rodea, a partir de los principios éticos y estéticos que defendían en sus comienzos. Escribiendo el texto e intentando representarlo han dado testimonio de su presencia y han hecho lo imposible por realizar la intención tantas veces declarada de escribir un teatro de su tiempo para un público de su tiempo. Que en la mayor parte de los casos estas historias no se hayan llegado a conocer sólo es imputable al *destino* que gravita sobre el teatro.

En los noventa ha cambiado la posición de la crítica ante las escritoras y la forma de mirar ellas a la sociedad en la que deben moverse y no son válidos hoy los prejuicios que se ex-

---

[40] Eduardo Galán, «Paloma Pedrero, una joven dramaturga que necesita expresar sus vivencias», *Estreno*, XVI, 1, 1990, pág. 12. Quizá esta predilección por el pequeño formato se podría relacionar con la tendencia que José Carlos Mainer advierte en la narrativa de este fin de siglo, a la luz de los caracteres que Italo Calvino enumera como herencia del cambio de milenio («levedad, rapidez, exactitud, visibilidad y multiplicidad»); *vid.* José Carlos Mainer, «El pensamiento literario en la posmodernidad», *La página*, 20, 2, 1995, pág. 30.

ponían en 1984. Diez años después, Paloma Pedrero reconocía ante los estudiantes de los cursos de verano de la Universidad de Salamanca que «por primera vez la mujer, la autora teatral, viaja en grupo y en la misma clase que los hombres»[41].

La proximidad temporal no impide que existan evidentes rasgos distintivos que independizan a las dramaturgas de esta nueva década de sus predecesoras[42]. En general lo que más las separa es la estética que, en muchos casos, se configura en los más jóvenes dentro de un neovanguardismo que favorece la desintegración aparente de la estructura y el diálogo dramáticos. Las situaciones y los conflictos en los que se ven inmersos los personajes se desarrollan en lugares sin definición precisa en parte de las propuestas escénicas, aunque es fácil apreciar el influjo de la sociedad urbana; sin embargo, no precisan de un escenario concreto porque convienen a seres con mínimas marcas caracterizadoras, con problemas de inadaptación, falta de comunicación, soledad, desamor, muerte, violencia. La irracionalidad y las actuaciones agresivas presiden gran parte de las acciones y los diálogos. Las influencias del *teatro de la crueldad,* del nihilismo beckettiano, de la desorientación en las relaciones humanas a lo Pinter, se advierten en los textos de las autoras y autores más jóvenes[43]. Si el neorrealismo de los

---

[41] «La mujer como autora teatral», texto inédito de una conferencia pronunciada en la Universidad de Salamanca en agosto de 1994, facilitado por la autora, a quien desde aquí agradezco el que haya puesto a mi disposición materiales inéditos y de difícil acceso.

[42] Lo que comentamos, como tantos otros rasgos, no caracteriza sólo la dramaturgia femenina; la escritura de una época admite todas las peculiaridades individuales, pero también se rige por unos parámetros comunes que la perspectiva histórica permite detectar. Más aún si consideramos la difusión que ha adquirido la enseñanza de la escritura dramática que deja ver el sello de los maestros y permite la formación de *escuelas;* al tiempo que la edición de los textos surgidos de dichas experiencias favorece el nacimiento de jóvenes creadores.

[43] A partir de las numerosas publicaciones teatrales del momento y de la atención crítica que se va prestando a los «nuevos», cada vez podemos conocer más nombres con los que se completa el panorama de la actual dramaturgia y, dentro de ella, la femenina. A este conocimiento han contribuido la concesión de premios a la joven autoría (Marqués de Bradomín) y a la autoría femenina hispana (María Teresa León), entre otros; sin olvidar las publicaciones de los textos teatrales. A manera de ejemplo podemos mencionar nuevas

ochenta tuvo que ver con dramaturgias como las de Fermín Cabal o Alonso de Santos, la vuelta a las fórmulas de ruptura así como la utilización de procedimientos metateatrales en los que se funden persona y personaje en un constante juego ser-parecer; la implicación del público en la historia, funcionando ésta ora como elemento de distancia, ora de participación; la presencia de mundos subconscientes que confunden el lugar y el tiempo en el que se desarrollan las acciones, recuperado desde el barroco por las vanguardias e incorporado por diversas autoras y autores jóvenes de la actualidad, se encuentran en buena medida propiciados por el magisterio de José Sanchis Sinisterra[44]. Una nueva característica se percibe en los últimos textos publicados donde parece que se ha producido el desplazamiento del protagonismo del *perdedor* hacia el del *marginal,* que en algunas propuestas se configura como delincuente; ello impide que el público empatice con sus actuaciones, por el contrario, se le sitúa como espectador de unos hechos que la obra recoge y él deberá juzgar.

Como se ha señalado, en pocos años, las dramaturgas españolas han logrado la igualdad con los autores ante los productores que no quieren arriesgar, ante la arbitraria elección de

---

presencias como las de Charo Solanas, que publica en 1993 *Monólogos para hombres solos* y en 1995 participa en *Esencia de mujer,* volumen de la editorial La Avispa donde se recogen también textos de María-José Ragué, Concha Romero, Carmen Resino y Julia García Verdugo. Lucía Sánchez es ganadora en 1994 del Premio María Teresa León con *Lugar común;* en ese año se publica *Mal bajío* (un testimonio de la vida dentro de una cárcel de mujeres, escrito en colaboración por Paula Monmeneu, Victoria Nacario y Elena Cánovas), y la colección Nuevo Teatro Español edita un volumen con obras de Itziar Pascual (ganadora del Premio Marqués de Bradomín 1997, con *Las voces de Penélope),* que ha estrenado y editado varios textos en los que se percibe una indudable dimensión lírica; Encarna de las Heras; Sara Molina, autora y directora; y Liliana Costa. Yolanda Pallín recibe, en 1995, el Premio María Teresa León *(Los restos de la noche)* y el accésit del Marqués de Bradomín *(La mirada);* y en 1996 gana el Calderón de la Barca con *Los motivos de Anselmo Fuentes.* Los hispanistas norteamericanos Candyce Leonard y John P. Gabriele incluyen en su *Panorámica del teatro español actual* (1996) textos y entrevistas de Lluïsa Cunillé, Itziar Pascual y Margarita Sánchez. En 1999, Diana de Paco es premiada por su obra *Eco de cenizas,* Sevilla, Universidad, 1999.

[44] La opinión que los más jóvenes expresan sobre sus influencias puede verse en «Los dramaturgos jóvenes del panorama madrileño», Mesa redonda coordinada por Eduardo Pérez Rasilla, *ADE Teatro,* 60-61, 1997, págs. 85-93.

los textos que pasan a los espacios públicos del teatro oficial, ante la afirmación de que, aunque se cuenten por cientos las escritoras y los escritores, y por miles los textos que producen, no existen ni las unas ni los otros. Por ello, jóvenes autoras y autores siguen participando en coloquios y mesas redondas donde debaten los males del teatro que les afectan por igual. En cuanto a las obras que escriben, en ocasiones no son deslindables por motivos de *género* los aspectos constructivos ni los temáticos y, sin embargo, existe en algunas autoras, entre las que se encuentra Paloma Pedrero, una marca interior que delata una sensibilidad y un punto de vista de enfoque que emana de su naturaleza y que hace necesario considerar las diferencias innegables que su dramaturgia posee y que se detectaron desde la primera de sus piezas.

PALOMA PEDRERO, TEATRO Y VIDA

> Porque un día encontré una pluma tirada en el asfalto y la cogí. Entonces comprendí que con ella se podía hacer del dolor belleza, de la amargura poesía. Comprendí que por fin la experiencia tenía un sentido en mi vida. Hoy escribir y vivir son para mí lo mismo[45].

Paloma Pedrero Díaz-Caneja nació en Madrid, el 3 de julio de 1957. Es licenciada en Sociología por la Universidad Complutense. Realizó estudios de Interpretación y Dirección de Escena con Zulema Katz, Dominic de Fazio, John Strasberg, Martin Adjemian y Alberto Wainer; de Técnica de la voz con Jesús Aladrén; y de Estructura dramática con Jesús Campos y Fermín Cabal. En sus años adolescentes actuaba en representaciones escolares que poco a poco pasaron a ser su vocación y su profesión. Como actriz en montajes teatrales y coautora de los textos, formó parte del grupo de teatro «Cachivache» desde 1978 a 1981. En 1983 actuó en *En el corazón del teatro,* di-

---

[45] Paloma Pedrero, «El escenario de mis letras», texto inédito de la conferencia pronunciada en el curso sobre «Mujer y literatura» que tuvo lugar en otoño de 1995 en la Universidad de León.

rigida por Guillermo Heras, y en 1987-1988 en *Acciones,* con el grupo «Selección natural». Es autora del texto e interpreta el papel de Rosa en *La llamada de Lauren...,* dirigida por Alberto Wainer (1985). Coautora e intérprete, con Isabel Ordaz, en *Aliento de equilibrista* (1993). Ha desempeñado papeles en cine y televisión: *El pico 2,* de Eloy de la Iglesia (1984); *Café, coca y puro,* de Antonio del Real (1985); *Crónica de sucesos,* de Antonio Giménez Rico (1985). Ha realizado trabajos como directora: *Resguardo personal,* montada en el Taller de Autores del Centro Nacional de Nuevas Tendencias Escénicas, en 1986; *Invierno de luna alegre,* estrenada en el Teatro Maravillas de Madrid, en 1989; *Locas de amar,* estrenada en el Centro Cultural de la Villa de Madrid, en 1996, y compartió la dirección de *Una estrella* con Panchika Velez, en 1998. Desarrolla, además, una intensa actividad docente como directora de talleres de escritura dramática, conferenciante y ensayista. Fue colaboradora habitual de los periódicos *El Mundo* y *ABC,* y ahora lo es de *La Razón;* y participa en seminarios, cursos, debates y mesas redondas en universidades españolas y extranjeras. Muchos de sus textos teatrales han sido traducidos (al francés, inglés, alemán, portugués, polaco, eslovaco, catalán, e italiano) y estrenados en Francia, Alemania, Estados Unidos, Brasil, Argentina, Costa Rica, Cuba, Portugal, Gran Bretaña, Chile, Puerto Rico y Ghana. Sus obras ha sido objeto de numerosos análisis en congresos internacionales; por ejemplo, en el que tuvo lugar en Cincinnati («Un escenario propio», cit.) en 1994, se le dedicó una sesión completa con ponencias de Gustavo Geriola y Ana María Brenes (Arizona State University), Robert L. Nicholas (University of Wisconsin), Jaume Martí-Olivella (Reed College) y Susan P. Bernardini (Canisius College).

De lleno inmersa en el *renacer* de la dramaturgia femenina de los ochenta e instalada en un nuevo realismo, Paloma dirige su mirada hacia el individuo e indaga en los profundos conflictos de su existencia privada. En toda su producción ha llevado a cabo una dramaturgia de sencilla estructura en la que presenta a seres de nuestro tiempo en el momento de una profunda crisis personal y que, en su proceso hacia la resolución, muestran ante el receptor su interior atormentado. La dramaturga mira en su derredor y se sumerge en la psicología de sus personajes para que ellos mismos se reconozcan y el espectador los conozca:

> Miro y me duele. Pero miro y escucho porque ese es mi oficio. [...] Mi teatro es eso y casi nada más, el resultado de unos ojitos que se acercan a observar y se cuelan en las peripecias de la experiencia humana. Es el resultado de una profunda vocación por comprender qué es lo que les pasa a los otros y a mí misma [...]; capacidad para ponerte en el otro, ser el otro, identificarte con la maldad y la bondad del extraño[46].

En los noventa mantiene sin alteraciones sus postulados estéticos aunque en alguna ocasión ha ensayado formas de expresión dramática distintas de las que le son habituales y características[47]. Sin duda ninguna, es también una autora que se ha esforzado por alcanzar el puesto que le es propio en el teatro de su tiempo. Desde *La llamada de Lauren...*, sus textos han sido editados y, en gran medida, montados para la escena gracias al empeño y energía que ella ha desarrollado[48]. En los años de actividad como autora teatral no ha decaído, no ha cedido al desaliento que producen el rechazo, la descalificación gratuita o el sempiterno «vuelva usted mañana» que ha tenido que padecer:

---

[46] Paloma Pedrero, «El escenario de mis letras», cit.

[47] *La isla amarilla*, escrita en 1988, es una parábola de los males de nuestra civilización contemplada por los extraños ojos de unos ingenuos indígenas. En ella la pareja protagonista deja paso a un grupo social, la tribu de seres inocentes que permiten ver, con su sorpresa, la crítica a la sociedad de consumo. *Las fresas mágicas* (1988) pertenece a la modalidad de teatro infantil. *Aliento de equilibrista* constituyó un espectáculo compuesto por textos líricos de Paloma Pedrero e Isabel Ordaz; los de Paloma Pedrero, extraídos de su poemario *Fragmentos de tormenta*, están impregnados de ese tono personal que hemos comentado en sus dramas. En *Locas de amar*, escrita en 1994, se adentra en el terreno de la comedia.

[48] Tras el dificultoso estreno de *Locas de amar*, escribía la dramaturga («En honor a la verdad», prólogo a *Locas de amar*, Madrid, Fundación Autor, 1997, págs. 9 y 12): «El camino de una obra desde su escritura final hasta el escenario suele ser largo, casi siempre espinoso y muchas veces alejado del arte. [...] Lo que ocurrió, para sintetizar, es que se me fue quemando la piel del alma. Y, aunque me daba cuenta y luchaba, la piel terminó cayéndose y dejé de amar lo que tenía enfrente de mí. Aquello me destruía.»

Porque ver, aunque sólo sea alguna vez, un teatro lleno de gente que siente, que vibra, que se conmueve con la recreación de tu obra es algo demasiado hermoso como para no peleártelo con uñas y dientes[49].

Toda su producción gira en torno a unas líneas temáticas comunes que mueven a sus criaturas y constituyen las preocupaciones básicas de su teatro; éstas se centran en la búsqueda de la libertad y de la verdad personales; lo que hace que sus personajes persigan encontrar un camino por el que poder transitar por la existencia. Para sustentar estos temas compone unos argumentos extraídos de la reelaboración poética y dramática de determinados momentos del vivir cotidiano, expresados mediante una estética realista a la que se mezclan «elementos mágicos y poéticos del contexto»[50]. Ernesto Caballero le reconoce «una singular habilidad para hacer que aparezcan, dentro de un marco realista, incesantes ráfagas de extraordinaria intensidad poética»[51]. Ello connota su estilo con ese sello personal de tierno dramatismo poético que emana sobre todo de la amorosa y comprensiva mirada con que Paloma Pedrero contempla a sus seres, focalizando así, desde la suya, la mirada del receptor[52]. En 1990 le explicaba la autora a Eduardo Galán: «Yo soy una persona que cree en la humanidad y cree profundamente en el amor»[53]. Esa creencia la lleva a tratar sobre el amor en sus múltiples facetas (a la vida, a un hombre, a la libertad, a la propia identidad) como motivo casi constante; a él se oponen la indiferencia, el egoísmo, y los cánones de comportamiento sociales que desdibujan los límites de lo individual. Sus personajes están enamorados y

---

49 Paloma Pedrero, «La mujer como autora teatral», cit.

50 Paloma Pedrero en «Nuevos autores españoles», *Primer Acto*, 212, cit., pág. 72.

51 Ernesto Caballero, «Prólogo» a Paloma Pedrero, *El color de agosto*, Madrid, Antonio Machado 1989, pág. 8.

52 José María Rodríguez Méndez, en el bello prólogo que dedica a *Una estrella* («Buscando mis amores...», Madrid, La Avispa, 1995, pág. 6), comenta: «Paloma Pedrero, paisana mía, madrileña, unida a mí por un secreto y oscuro parentesco que es el amor a las criaturas desvalidas, a las criaturas de la calle, es otra maestra del Amor.»

53 *Estreno*, XVI, 1, cit., pág. 12.

buscan la realización de su deseo, o han perdido el amor y luchan por recuperarlo; unas veces lo logran o, por lo menos, encuentran horizontes a sus vidas al conseguir otros afectos; en ocasiones, el oponente es más fuerte y el ser enamorado sucumbe[54]. Para que lleven a cabo sus argumentos, diseña unos personajes del momento presente, con una edad cercana a la del público al que pretende atraer, ya que en numerosas ocasiones ha afirmado que con su teatro quiere llegar al público de su tiempo. En general, la edad de los personajes de Paloma Pedrero suele estar próxima a la que en cada momento tiene la escritora. Pero en los últimos textos ha fijado su atención en individuos que se encuentran ya casi en el límite final de sus vidas y, por ello, también soportan la condición de víctimas. Uno de estos personajes es Juan Domínguez[55], (antes —*Invierno de luna alegre*— una de sus jóvenes —Reyes— había compartido escenario con un personaje casi viejo, Olegario); en 1995, Segundo y Ada *(El pasamanos)*, dos ancianos, ocupan el protagonismo, frente a los jóvenes profesionales de la televisión, sus oponentes; y en 1997, Enrique y Ambrosia *(En el túnel un pájaro)* son dos jubilados. También el perfil social de sus seres sufre alguna variación. Estrella *(Una estrella)* pertenece a los triunfadores, aunque sus éxitos profesionales no sean capaces de evitar su profunda frustración personal. Y «Cachorro» y «Surcos», los *Cachorros de negro mirar,* son dos delincuentes, miembros de una banda de jóvenes violentos.

En general, los perdedores de Paloma Pedrero resuelven vivir y, por eso, adoptan graves decisiones personales, aunque a

---

[54] «Tengo la necesidad de contar las cosas que creo y vivo [...]. Para mí el arte es una búsqueda de amor. Cada vez escribo más sobre asuntos que me afectan y cuento cosas que me remueven interiormente, porque lo que quiero es contárselas a los demás para que me quieran y me comprendan. Reconozco que es una idea muy romántica.» Así se expresaba la autora en «Paloma Pedrero, una joven dramaturga que necesita expresar sus vivencias», entrevista de Eduardo Galán, *Estreno*, XVI, 1, cit., pág. 13. En 1997 resumía sus temas en: «El amor. La ceguera. El triunfo y el fracaso» («Sobre mi teatro», *Entre Actos: Diálogos sobre Teatro Español entre Siglos*, cit., pág. 25).

[55] Este personaje de *Una estrella* fue magistralmente interpretado por el actor cubano Pancho García en el montaje de 1998.

veces no acierten. La fuerza dramática que poseen radica precisamente en la oposición entre la debilidad de su condición y la enérgica lucha que entablan contra lo que los domina y los convierte en víctimas; unas veces de los demás y otras de sí mismos[56]. Su predilección por los problemas íntimos de los individuos y no por los profundos de carácter general también la ha hecho explícita la autora en distintos momentos y lugares:

> Es que me interesa más el ser humano que el ser social. La sociedad tal y como está sólo puede ser transformada de forma individual. Me interesa mucho la psicología de los seres humanos, llegar a saber cómo son, qué les pasa, cuáles han sido sus circunstancias de vida para llegar a sus estados presentes. La transformación individual es la que puede transformar el mundo y la sociedad[57].

Esos seres que buscan su camino tienen en la construcción dramatúrgica de sus obras unos oponentes que representan la incomprensión ante una forma nueva y distinta de entender la vida o que, con su presencia, anulan o intentan anular el deseo de realización personal de los otros. No obstante, en ocasiones, Pedrero se deja llevar por la comprensión y en el reparto de papeles hace que algunas de sus criaturas, caracterizadas desde la superficie como antagonistas, compartan con las que ejercen el protagonismo los rasgos positivos, por lo que despertarán la adhesión del receptor.

Las mujeres ocupan el lugar preferente en muchas de sus piezas, aunque el teatro de Paloma Pedrero no es un teatro pretendidamente feminista y a veces son hombres las únicas víctimas del destino social o comparten este lugar con ellas:

> Conscientemente no quiero expresar una ideología, porque las obras se convertirían entonces en reivindicativas y panfletarias. Ahora bien, mi espíritu, que es feminista —en el

---

[56] En ocasiones estas víctimas se salvan por la actuación de alguna forma de «deus ex machina», como sucede con Segundo, protagonista de *El pasamanos*. Los finales de las últimas obras de Pedrero han sufrido un cambio que supone la dulcificación de las consecuencias del conflicto, alejándose así de la rotunda dramaticidad con que concluían otras de sus propuestas.

[57] *Estreno*, XVI, 1, cit., pág. 12.

30

sentido en que yo entiendo el feminismo, como necesidad de cambio social ante los derechos de la mujer— sí impregna mis obras. Yo reivindico a la mujer a partir de sus actos, de lo que hacen, no de lo que dicen. Las mujeres de mis obras son seres libres, que quieren crecer, que se buscan y que a veces no se encuentran[58].

La obra dramática de Paloma Pedrero está impregnada de la visión del mundo de su autora —«de la visión del mundo que una mujer inevitablemente proyecta, porque lo siente así»[59]— y eso le concede una impronta personalísima a su estilo de contar la historia y de seleccionar temas y personajes.

Todos estos elementos temáticos y protagonizadores se apoyan generalmente sobre una estructura de tiempo reducido y espacio único, y se transmiten mediante unos bien dosificados y manejados signos verbales y escénicos que encajan a la perfección dentro de la pieza en un acto, con pocos personajes, lo que no impide que se haya expresado en formatos más complejos, de mayor extensión y más reparto. El tiempo suele estar condensado en pocas horas, a veces tan sólo en unos minutos, como en *Resguardo personal;* el espacio, habitualmente urbano (salvo en *Besos de lobo* y en *La isla amarilla),* recoge en el escenario un momento de la vida de los personajes en el que toman conciencia de su estado o deciden un cambio en su trayectoria; sin embargo, todo ello viene condicionado por un tiempo anterior que ha sido el propulsor de la situación presente. El escenario único (a excepción de *Besos de lobo* e *Invierno de luna alegre)* es de gran sencillez, aunque

---

[58] *Estreno,* XVI, 1, cit., pág. 12. En el comentario que coloca al frente de *Locas de amar* («En honor a la verdad», cit., págs. 15-16) explica: «La mujer ha sido y sigue siendo por razones históricas bien conocidas la gran perdedora de estos universos de la libertad personal. La mujer, educada para ser experta en 'vivir para los demás', en especial para el marido y los hijos, en estar atenta a 'los otros', en 'ser el corazón del hogar', ha perdido muchas veces su propio corazón [...]. He querido hablar de esas mujeres que, educadas para ser la costilla de Adán, descubren un día que ellas mismas tienen muchas costillas, costillas que se mueven al respirar, al sentir... y que forman parte de un cuerpo que tiene sexo y, sobre todo, un seso propio con el que buscarse ricamente la vida.»

[59] «Nuevas autoras», *Primer Acto,* 220, cit., pág. 15.

contiene ciertos objetos que poseen junto a su valor referencial otro simbólico. Los personajes se expresan con un habla viva y fresca, adecuada a la comunicación de uso familiar. El realismo, en su sentido más positivo, afecta de manera muy especial a este elemento, decisivo en la composición del texto dramático.

Influencias y ecos

Ya hemos aludido a la corriente realista de la que participa y que la lleva a componer obras de ambiente urbano y popular, pobladas por seres del aquí y ahora del momento de su escritura de acuerdo con los cánones vigentes en los ochenta. A pesar de que sin duda se podría aludir a antecedentes históricos lejanos en los llamados géneros menores clásicos que llegan al sainete del siglo XIX, o en la comedia y la tragedia grotesca de Arniches, el precedente hay que buscarlo en la genial resurrección del género trágico con seres cotidianos que lleva a cabo en los escenarios españoles Antonio Buero Vallejo con *Historia de una escalera* y *Hoy es fiesta*. La estética e intención que inspiran a nuestro primer dramaturgo actual se percibe en los autores llamados realistas que surgen en los cincuenta (Alfonso Sastre —en su etapa inicial—, Lauro Olmo, José Martín Recuerda, José María Rodríguez Méndez, Ricardo Rodríguez Buded, etc.). En Paloma Pedrero, y en general en los dramaturgos que inician su trayectoria en los ochenta, esta tendencia al realismo va encaminada a tratar el caso particular, más que a plantear situaciones colectivas de injusticia social, lo que supone una diferencia condicionada por el cambio de época y las vivencias y la edad de los participantes.

La autora ha reconocido la de Buero Vallejo como «la profunda influencia que nace de esa conexión inefable que te revela una visión del mundo»[60]. Describe de forma emotiva su

---

[60] Paloma Pedrero, «Pienso en Buero», *Montearabí*, 23, 1996, pág. 81. Sobre la influencia, directa o no, que Buero ha ejercido en la dramaturgia española posterior, *vid.* Mariano de Paco, *Antonio Buero Vallejo en el teatro actual,* Murcia, Escuela Superior de Arte Dramático, 1998.

primer contacto con el autor que dejó huella indeleble en su actitud ante el teatro:

> La primera vez que fui a un teatro de verdad, mi primer recuerdo nítido sobre un escenario grande, hermoso, bien iluminado, se remonta a los 70. Sobre aquel escenario ponían una obra de Antonio Buero Vallejo, *La Fundación*. No sabía yo en aquel entonces quién era el autor de aquella impresionante historia que me dejó temblando intensos minutos después del final. Sólo sabía que aquello que mis ojos adolescentes habían visto era lo más parecido al universo mágico de mis deseos. Aquella tarde, desde una de las últimas filas del gallinero, sentí tantas y tan hondas emociones que nunca más pude desligarme del mundo del teatro y de sus autores vivos[61].

En otros momentos y lugares, la dramaturga ha apuntado influencias de sus lecturas (Shakespeare, Ibsen, Chejov); de sus maestros de interpretación y dirección de escena; o de las técnicas de estructura dramática adquiridas en los talleres de Jesús Campos y Fermín Cabal. Sin olvidar sus estudios de antropología y psicología que la facultan para componer secuencias de psicodrama y para manejar técnicas de terapia en el proceso de reconocimiento y compromiso que llevan a cabo sus personajes.

Actriz desde sus años del instituto, Paloma estuvo siempre, de una u otra forma, vinculada a lo teatral. Su formación actoral ha contribuido a configurar su técnica dramatúrgica, sobre todo en la construcción de los personajes:

> Mi vocación teatral fue muy temprana, antes incluso de que llegara la televisión a casa, antes de que hubiera ido nunca a un teatro, ya hacía yo mis pinitos con la interpretación. Los fines de semana montaba pequeños espectáculos con mi hermano [...]. Lo que no sé con certeza es de dónde me viene esa pronta vocación a las tablas. Recuerdo que de cría me sentía muchas veces invisible. [...] Así que tal vez lo de hacer teatro fue algo que se me ocurrió para hacerme visible[62].

---

[61] «Pienso en Buero», cit., pág. 81.
[62] Paloma Pedrero, «Sobre mi teatro», cit.

Al fondo de algunas situaciones, se percibe el eco de Federico García Lorca, explícito en los personajes ausentes, casi siempre hombres, impulsores de los conflictos que se desarrollan en el escenario; sucede así en *Besos de lobo*, *La noche dividida* y, de manera más evidente, en *El color de agosto*. En el marco rural cerrado y coactivo de *Besos de lobo* puede intuirse la herencia del granadino, como está presente en la mezcla de dureza y poesía que preside la estética de la autora.

Nueve obras en un acto

El presente volumen recoge, bajo el título general de *Juego de noches,* un conjunto de nueve piezas que se unen bajo una serie de elementos comunes. Algunos son los expresados en el título y el subtítulo con los que sale a la luz el libro; otros se encuentran en su construcción y estructura dramatúrgicas o en sus elementos temáticos y protagonizadores[63]. Cada obra, incluso las que forman el grupo de las *Noches de amor efímero*[64], es independiente en el proceso de su escritura y en sus respectivos argumentos; éstas se encuentran unidas por el tema del amor y por la doble noción de tiempo: la noche, momento en que es posible confundir realidad y ficción, propicio para lo ilógico y lo imposible; y la transitoriedad y fugacidad que implica el adjetivo final («efímero»). Tan corto es el tiempo dedicado al amor que en la primera de las piezas *(Esta noche en el parque)* no ha existido y no se da en el suceso representado; en la segunda *(La noche dividida)* está provocado por la magia de un momento que el alcohol ha favorecido; en la tercera *(Solos esta noche)* será la tensión soportada por la protagonista la que la llevará a dar rienda suelta a su repentina inclinación; en *De la noche al alba*, sólo triunfará en el instante fugaz del

---

[63] Hice notar algunas de las coincidencias que aquí establezco en la «Introducción» a la primera edición de *Noches de amor efímero,* Murcia, Universidad, Antología Teatral Española, 1991, págs. 7-29.

[64] Las tres primeras *(Esta noche en el parque, La noche dividida* y *Solos esta noche)* fueron escritas entre 1987 y 1989; *De la noche al alba,* en 1992; y *La noche que ilumina* en 1995.

beso entre Vanesa y Mauro, mientras que en *La noche que ilumina* será un fogonazo antes del sueño, por lo que es impredecible su permanencia en el despertar. Esta idea concede al conjunto un ritmo sumamente rápido; además, la noche ofrece una metafórica noción al conjugarse con el espacio (parque, ático, estación de metro, banco de la calle y jardín solitario) que aúna también las historias.

Las restantes *(La llamada de Lauren..., Resguardo personal, El color de agosto* y *Una estrella)* comparten casi todos estos rasgos, aunque en *El color de agosto* el binomio hombre-mujer ha dejado paso a la pareja femenina, y en *Una estrella* la diferencia de edad hace que varíen el sentido del conflicto y los elementos de relación entre los personajes. Frente a las anteriores, se unen por desarrollarse en un espacio limitado por cuatro paredes que se constituye en símbolo de la opresiva situación y que se asocia con el tiempo, como noción simbólica que contribuye a hacer asfixiante el clima en el que discurre el proceso dramático.

Es interesante analizar la polisemia que adquiere la palabra «juego» con la que la autora denomina el bloque, contextualizada por las obras que lo componen. Desde una perspectiva responde a la acepción de número de elementos que se relacionan; así mismo designa unión de partes que a su vez poseen autonomía; pero desde la profundidad significativa del concepto, derivada de los elementos temáticos y del subtexto, significa habilidad para conseguir una cosa (que enlaza con el sentido de *búsqueda),* o estorbarla (de donde surge la noción de *fracaso);* todo ello desemboca en otras acepciones *(ganar-perder)* que salpican los desenlaces, con lo que el conflicto queda abierto.

La llamada de Lauren..., con ser la primera obra de su autora, presenta ya todo el sentido de su teatro. Lo inhabitual del tema en el momento del estreno provocó controvertidas opiniones en crítica y público[65]. La pieza se conecta, por el re-

---

[65] Las críticas periodísticas de Madrid posteriores a su estreno, en general, minimizan el interés del conflicto («El marido es un marica reprimido como la copa de un pino. La mujer una inocentona que no ha oído hablar de esas

cuerdo de los dos famosos mitos del cine americano, Lauren Bacall y Humphrey Bogart, con una corriente de influencias entre los dos sistemas expresivos[66]. La noche de Carnaval y los disfraces facilitan el comienzo de una secuencia metateatral en la que gracias a la máscara (disfraz) va surgiendo la verdad (confesión)[67]. El pasado, con sus exigencias e imposiciones, se cierne sobre Pedro, quien busca explicación a sus confusiones bajo el aspecto de la mítica actriz. Él confiesa que a veces tiene «sensaciones o necesidades... inadmisibles. [...] No son cosas concretas. Es como si lo que esperan de ti estuviera en contradicción con..., o sea, rompiera tu lógica... tu lógica interna». Recuerda entonces una infancia poblada de falsedades para conseguir la aprobación de los de su edad. Después, vino la oposición de su padre. Entonces decidió hacer lo que

---

cosas»), como hace Lorenzo López Sancho (*«La llamada de Lauren... ABC,* 9 de noviembre de 1985). Antonio Valencia califica el problema de «absurdo» *(«La llamada de Lauren...* en el Centro Cultural», *Marca,* 12 de noviembre de 1985). José Monleón se refiere al conjunto como «una curiosa mezcla de audacias e ingenuidades» y afirma que «el problema de la obra es que no consigue superar lo anecdótico» («Un espesor demasiado ingenuo», *Diario 16,* 9 de noviembre de 1985). Solamente Juan Carlos Avilés —a pesar del título de su artículo («Mi marido es mi mujer», *Villa de Madrid,* 18 de noviembre de 1985)— se acercó en sus opiniones a las que en más detenidos análisis posteriores serían las habituales: «El mejor tributo de la ficción es el de llenar los agujeros negros de las realidades a medias. Un acto de reconciliación y, por consiguiente, un acto de amor, y precisamente de amor, de otra forma de amor, habla Paloma Pedrero en su obra [...]. Al margen de su reflexión, *La llamada de Lauren...* es una pieza fluida, con un lenguaje directo y coloquial y un tratamiento ligero desprovisto de veleidades literarias, próxima en sus pautas de construcción al realismo asainetado practicado con brillantez por autores como Alonso de Santos o Fermín Cabal.» La pieza ha vencido los reveses de una fortuna que se presentaba incierta; ha sido traducida al inglés, al francés, alemán, catalán, portugués y polaco, y se ha representado en distintos países de Europa y América. En 1990, Ángel Ruggiero escribía en el programa de mano de su representación, traducida al francés, en el Théâtre de la Source: «Cette jeune auteur madrilène qui a déjà écrit une dizaine de pièces, est considérée comme l'un des espoirs les plus prometteurs de l'art dramatique Espagnol.»

[66] *Vid.* Phyllis Zatlin, «Cinema in Contemporary Spanish Theatre: A Multifaceted Intertextuality», *España Contemporánea,* V, 1, 1992, págs. 7-20.

[67] Paloma Pedrero introduce el metateatro en casi todas sus obras. En la que ahora nos ocupa, las «Palabras con el lector» con las que se abre la primera edición actúan ya como elemento de implicación para el futuro receptor del texto teatral.

se esperaba de él; y ahora, en la plenitud de su vida, estalla el conflicto: «Ya no sé quién soy yo. No me conozco». Por su parte, Rosa no está preparada para asumir la realidad o su búsqueda, como quiere Pedro; sin embargo, ella no es la antagonista de este personaje; ambos seres son víctimas, cada uno a su manera, de unos condicionantes personales que los llevan a oponerse al otro. Como se muestra en el último gesto que la autora describe en Rosa:

> ROSA.—¡Espera! *(Se acerca a la mesa donde hay luz.)* Ven. [...] Se te ha corrido el carmín. *(Toma la barra de labios y le retoca la pintura de la boca con detenimiento. Le mira.)* Así. [...] ¡Un momento! *(Se acerca al jarrón donde puso las flores y coge una rosa. Le corta el rabito y volviendo hacia* PEDRO *se lo coloca en la abertura del abrigo. Se separa de él para mirarle. Comienza a negar con la cabeza. Entonces se lo quita del ojal y le dice:)* Toma. Luego te lo pones donde quieras. *(Con una sonrisa abierta.)* Feliz Carnaval. [...] *(Súbitamente su risa se congela y se abraza a la cama en un intento desesperado de contener su llanto.)*

Pedro ha indagado en su pasado y ha sido capaz de iniciar la búsqueda de su identidad: «Vemos a un hombre que descubre su identidad y se atreve a afrontarla, y eso es hermoso; no me parece pesimista, sino esperanzador»[68]. A pesar de todo, como la dramaturga reconoce, también existe la amargura. La decisión de Pedro convierte a Rosa en víctima. Ahí radica gran parte de la teatralidad de los conflictos que propone nuestra autora; la resolución de los mismos no es gratificante para todos, en el camino hacia la consecución de la propia esencia algo se destruye y ese algo puede estar en cualquiera de los sujetos.

Dramatúrgicamente, el texto presenta una medida construcción. La acción progresa auxiliada por los signos teatrales del maquillaje, los disfraces y el juego metateatral en el que Rosa, colocada fuera del problema por ignorarlo, no es capaz de desempeñar su papel. La inversión del aparente final en el que Pedro vuelve a vestirse «con su ropa: unos pantalones de

---

[68] *Estreno*, XVI, 1, cit., pág. 12.

tergal clásicos y una camisa blanca» intensifica el efecto teatral y es un nuevo resorte de atención, como lo son la alternancia de situaciones duras y tiernas con que se van estructurando la pieza, mediante las que llega al receptor esa vena poética que caracteriza la producción dramática de la autora.

El factor dramatúrgico decisivo en *Resguardo personal* es el tiempo. Los once minutos que faltan para que cierre la perrera, sobre los que se edifica la trama, deben coincidir con el tiempo de la representación (técnica llevada a cabo por Buero Vallejo en *Madrugada*). El conflicto procede de un tiempo omitido en el que la incomprensión y la incomunicación llevaron al desamor. Al fondo, una sociedad egoísta e inclemente que absorbe a los individuos, rentabiliza sus deseos de progreso y bienestar y provoca la ceguera en sus adeptos, como se advierte en las palabras de Gonzalo, al responder a Marta: «Tienes que comprenderme. Sabes que tengo muchas responsabilidades. Estoy luchando para que me den la plaza de Jefe de Servicio. Tengo treinta camas a mi cargo. Me paso diez horas diarias en el quirófano... [...] Lo hago por nosotros, por nuestros hijos. Quiero ganar dinero para que vivamos bien...».

Marta no ha podido soportarlo y ha abandonado a Gonzalo, pero él es egoísta y no quiere perder nada de lo que tenía. Cuando la acción comienza, ha ido a reclamar la posesión de «Nunca», su perra; pero Marta le comunica que está en la perrera municipal y que, si no la recoge ella antes del cierre, el animal será sacrificado. Gonzalo prefiere entonces que sea así sólo para mortificar a su mujer; ésta había dado un paso doloroso al abandonar a Gonzalo y necesitaba la última prueba de que no se había equivocado.

En *El color de agosto*[69], el pasado de las protagonistas ya ha

---

[69] La fortuna crítica de esta pieza, estrenada en el Centro Cultural Galileo de Madrid en 1988, está más en relación con las calidades de la misma. Se reconoció sin reservas «su fuerte teatralidad» y el ser «una indudable muestra de calidad» (Enrique Centeno, «Dos mujeres en escena», *5 Días*, 2 de agosto de 1988, pág. 31). Antonio Gómez Rufo calificó a la autora de «segura y cuidadosa», «uno de los pilares de la nueva generación de autores dramáticos» («De todo en el verano», *El Globo*, 8 de agosto de 1988, pág. 94). Cuando en 1993

marcado tan poderosamente su existencia que la decisión de Laura establece un cierre, aunque implique para ella una liberación. Dos personajes en escena (María y Laura) y uno cuya presencia está omitida pero gravita y condiciona la situación (Juan) son los componentes del drama. La trama desarrolla la lucha de Laura por encontrar su verdadero lugar; del que había sido desplazada. Frente a ella se encuentra María, quien ha ido usurpando todos sus derechos al éxito profesional y al amor. Como Pedro *(La llamada de Lauren...)*, necesita buscar el sitio que realmente le corresponde. María admira y teme a Laura, lo que se advierte en la gran cantidad de retratos suyos que ha pintado y que simultáneamente recuerdan a su amiga y se la «conjuran».

Cuando ambas mujeres se reencuentran, después de ocho años, el violento diálogo va ofreciendo un pasado lleno de renuncias y traumas. Un hombre ha sido el causante de que Laura fracase, Juan; su nombre una y otra vez aludido durante el conflicto, como el de Pepe el Romano en *La casa de Bernarda Alba*, hace casi tangible su presencia en escena; pero Laura, a diferencia de Adela, no se destruye por causa del ausente, sino que busca otro camino en el que este hombre no tiene ya sitio.

A la tremenda tensión temática se corresponden el reducido espacio del estudio de María, el calor y el tiempo (ocho

---

el Teatro Estudio Landen vuelve a poner en escena la pieza, bajo la dirección de Pape Pérez, Lorenzo López Sancho enjuicia este «precioso texto de Paloma Pedrero»: «Teatro teatral, joven, atrevido. Estampa caliente de un mundo que se está quemando bajo los solazos agosteños de un hondo tormento humano social» *(«El color de agosto*, caliente estampa actual de Paloma Pedrero», *ABC*, 30 de junio de 1993). Como en el caso de *La llamada de Lauren...*, la obra ha obtenido un gran éxito en su versión francesa, estrenada en Le Théâtre du Renard de París, el 5 de abril de 1995, con dirección de Panchika Velez. En 1997 fue objeto de una interesante puesta en escena por la compañía cubana Máscara Laroye, dirigida por Giraldo Moisés. De este montaje comentaba Javier Villán: *«El color de agosto* es una pieza muy bien dialogada y muy bien desarrollada de Paloma Pedrero. [...] Esta obra ha hallado en las dos intérpretes caribeñas la acusada sensualidad, la frescura y la aristada conflictividad que la caracteriza» («Lección magistral», *El Mundo*, 21 de enero de 1997, pág. 48). En otoño del mismo año, el Núcleo de Experimentación Teatral de Costa Rica realizó un nuevo montaje, con dirección de Fernando Vinocour.

horas), que viene condicionado desde el comienzo por el límite impuesto por la empresa donde trabaja Laura; a ella contribuye la influencia del alcohol. El ritmo de la escena se precipita en una constante inversión de las situaciones que se van dando lugar a lo largo de la introspección: amor-odio, violencia-serenidad, fracaso-éxito. Los signos escénicos (objetos que pueblan el escenario como componentes del decorado del estudio de María, los trajes, las pinturas) y los gestos (pintarse el cuerpo, atar y amordazar a Laura) simbolizan elementos temáticos[70]. Varios objetos contienen significado simbólico especial: el cuadro del útero con el fósil vivo tapiado, el hombre-mujer, y, sobre todo, la escultura de la Venus-jaula, sin manos y con el pájaro vivo dentro, al que María, perdida toda su fuerza, abrirá finalmente la puerta. Las tijeras y la carta poseen un simbolismo inverso a su referente objetivo: las tijeras, duras, cortantes y agresivas, enarboladas como amenaza, resultarán inofensivas; mientras que el débil papel de una carta causará la destrucción. También la sorpresa que provoca María en Laura al llamarla a su casa cambia su signo por un guiño del destino. Como indica Ernesto Caballero:

> A pesar de que la condición de casi todos sus protagonistas es la de perdedores natos, nunca podríamos hablar de un teatro de la resignación, pues siempre perdura en ellos una llama inextinguible indicadora de que el oscuro final que llevan impuesto socialmente sólo se nos presenta como la tregua necesaria para acometer con mayores bríos el próximo y más prometedor salto a la fortuna[71].

Noches de amor efímero fue primero un tríptico compuesto por *Esta noche en el parque*, *La noche dividida* y *Solos esta noche*, al que la autora añade *De la noche al alba* y *La noche que ilumina*.

---

[70] *Vid.* Candyce Leonard, «Body, Sex, Woman: The Steggle for Autonomy in Paloma Pedrero's Theater», *La Chispa '97. Selected Proceedings*, Claire J. Paolini (ed.), New Orleans, Tulane University, 1997, págs. 245-254.

[71] Ernesto Caballero, Prólogo a Paloma Pedrero, *El color de agosto*, cit., páginas 8-9. Respecto a la relación de esta pieza con el cine, puede verse el artículo de Phyllis Zatlin, «Cinema in Contemporary Spanish Theatre...», cit., págs. 9-10.

En 1990 tiene lugar el estreno del primer bloque de *Noches...* La escritora poseía ya una sólida posición en el conjunto del teatro del momento, y la crítica no asesta sobre su obra los inmisericordes golpes que hubo de sufrir la primera vez que subió como autora a escena. Además, las dramaturgas ya habían abierto una brecha lo suficientemente grande como para que su palabra pudiese colarse sin las reticencias de que antaño se hiciese acreedora. La sencilla construcción de las piezas, rasgo que en su primera obra se tomó como impericia, ahora es alabado. Rafael Torres afirma: «El acierto de la autora, radicado en su decisión de limitarse a contar historias, de otorgar a la acción dramática la compleja vida interior que toda acción conlleva, bien podría inaugurar una nueva manera, más interesante y poderosa, de hacer un teatro de calidad al que la gente, y sobre todo la gente joven, acuda»[72]. Enrique Centeno reconocía en la escritura del texto «la mirada o el punto de vista de la condición femenina de su autora» y «una escritura firme, conocedora de los recursos actorales, de la eficacia escénica», para concluir: «La referencia dramática bien podría ser la de las obras cortas de Chéjov, su disección de personajes, su mirada agridulce a una sociedad, con la natural distancia en el tiempo y, sobre todo, por el irrenunciable punto de vista de una mujer»[73]. A partir de este tríptico, la crítica denota que ha entendido el arranque de la dramaturgia de la autora: «Paloma Pedrero mira la calle con ojos sabios; así lo demuestran la efectividad de sus diálogos y la encarnadura de sus personajes; sabe emocionar»[74]. Hasta en las críticas menos favorables se hubo de reconocer el interés que el espectáculo despertó en los más jóvenes. No faltaron reticencias en algunas de las reseñas para la primera de las piececitas *(Esta noche en el parque);* de «heavy metal» la califica Javier Villán[75]. Ello nos hace pensar, de nuevo, en que lo que se censuran no son valores artísticos, sino el atrevimiento de la autora que se per-

---

[72] «Noches de amor», *El Mundo,* 15 de noviembre de 1990, pág. 62.

[73] «Mujeres», *Diario 16,* 17 de noviembre de 1990.

[74] Juan I. García Garzón, «Paloma Pedrero pinta el amor tierno y cruel», *ABC,* 17 de noviembre de 1990.

[75] «Ni abandonadas, ni seducidas», *El Mundo,* 16 de noviembre de 1990.

mite el empleo de un lenguaje distinto del que mandan los cánones. Fernando Lázaro Carreter, por el contrario, advierte la radical actualidad de la «versión femenina de un lance de esos que los varones solemos olvidar pronto, tras haber servido para alguna jactancia confidencial [...]. Intenso y sombrío drama de exacto desarrollo y áspera moralidad» y concluye sobre el conjunto: «Paloma Pedrero posee un privilegiado talento para el sainete: el que mostró en la comedia estrenada hace justo un año, *Invierno de luna alegre*»[76].

El título de la primera pieza, *Esta noche en el parque,* corresponde lingüísticamente a la fórmula típica de una cita. Yolanda ha citado a Fernando, con el que vivió en una noche anterior un fugaz episodio erótico. Quiere reprocharle el haberla defraudado. Surge el motivo argumental de la «deuda» que ella le reclama y que jalonará el texto, introduciendo un elemento desconocido para el lector-espectador, resorte de atención cuyo misterio quedará desvelado hacia la mitad de la obrita, cuando a la duda sustituya la visión total del conflicto desencadenante del drama, que tiene que ver con la ceguera del hombre, que (como Gonzalo en *Resguardo personal)* no es capaz de comprender a Yolanda. A partir de ese momento se hará explícito el tema de la frustración personal y el de la búsqueda de una verdad con la que poder vivir. Comienza entonces un peligroso juego de palabras y acciones en el que tiene un importante papel la navaja que Yolanda lleva para «defenderse». Conforme avanza la acción, palabras y gestos se van cargando de agresividad y violencia, hasta crear la atmósfera de tensión que conduce hábilmente al inesperado desenlace que, como en las otras piezas del conjunto, obedece a la «inversión» de la situación inicial. Ello proporcionará al espectador la salida brusca del mundo dramático en el que había quedado atrapado.

El sentido contradictorio con el que están concebidos la mayor parte de los elementos del texto es su principal resorte dramatúrgico. El lugar donde se realiza el encuentro es un «parque de juegos infantil», pero el «juego» de los personajes

---

[76] *«Noches de amor efímero», Blanco y Negro,* 27 de enero de 1991, pág. 12.

resulta finalmente trágico; la navaja trueca su función defensiva; la violenta actitud de la mujer no impedirá que sea la víctima del hombre, que mostraba un carácter más calmado. Estos contrastes y la alternancia tensión-distensión que estructura el desarrollo argumental conceden al texto una notable teatralidad. El lenguaje oral caracteriza el estado de ánimo y transporta los elementos de tensión que están actuando sobre Yolanda, haciéndola estallar en insultos y expresiones tipificadoras de dicha situación. Fernando, por su parte, lleva inscritos en sus formas expresivas el desprecio, la insolidaridad, el egoísmo y la hipocresía. Lo cierto es que el conflicto tuvo su origen en el desajuste entre palabras y acciones de aquella otra noche evocada. El final, cerrado para los personajes, no es habitual dentro del conjunto de la obra de Paloma Pedrero, pues la autora, sin eludir la amargura de un primer fracaso o una difícil situación, suele dejar una puerta abierta a la esperanza, al menos para una de sus criaturas[77].

La noche dividida nos evoca una piececita breve de Jardiel[78], aunque en la que comentamos personajes y situación adquieren más complejidad. El título es también significativo en esta obrita, la noche está escindida para Sabina entre la esperanza y la desesperación; para Adolfo, entre la mediocridad y la ilusión; y en el argumento, por la ausencia y la presencia del personaje exterior. En el desenlace, el destino vuelve a invertir la situación de los más débiles.

Sabina quiere ser libre y ha decidido romper con Jean Luc, su amante lejano, cuyo amor la esclaviza. Para eso espera con impaciencia la llamada telefónica de él. Pero, como le ocurría a Yolanda, Sabina se ha entregado totalmente, por ello su decisión es tan difícil, apresada como está en una estructura social que ha concedido a la mujer libertad para elegir su vida, dejándola, sin embargo, prisionera de sus más íntimos sentimientos, deseos y temores. La solitaria espera de Sabina se ve

---

[77] Otras obras en las que el final no ofrece muchas perspectivas de solución son *De la noche al alba* y *Cachorros de negro mirar*.

[78] Enrique Jardiel Poncela, *A la luz del ventanal,* en *Obras Completas,* I, Barcelona, AHR, 1973, págs. 45-55.

interrumpida por la aparición de Adolfo Guzmán, vendedor de Biblias, otro ser mediocre que lucha por sobrevivir.

El desarrollo argumental es más complejo que el del texto anterior. Ahora son dos vidas paralelas que de pronto confluirán en la frustración, el miedo a la soledad y la necesidad de buscar un camino de libertad personal. El oponente está lejos, pero su sombra gravita sobre ellos; para Sabina es Jean Luc; para Adolfo, la empresa con la que eventualmente trabaja. La pieza se estructura en una serie de breves secuencias argumentales que tienen en común la inversión final de cada una de las pequeñas situaciones que se van produciendo, hasta llegar al desenlace con un cambio absoluto e irreversible.

La pérdida de la conciencia, causada por el alcohol, los sume en un profundo sueño que no les permite reaccionar cuando por fin suena un timbre que Sabina ya no puede escuchar. Nuevamente es el de la puerta, con lo que se cierra el ciclo que comenzara en el timbrazo de Adolfo. Lo que ve el recién llegado es un «engaño a los ojos», pero para él se convierte en prueba definitiva. Las llaves que Sabina deseaba reclamar, como símbolo de autodeterminación, quedan sobre la mesita sin que ella haya expuesto su deseo de recuperarlas, como poco antes había confesado a Adolfo: «Con él nunca he tomado una sola decisión».

El espacio único visible está constituido por la terraza del «piso ático» de Sabina, sin embargo desempeñan importante papel el espacio omitido del interior de la casa, donde está colocada la puerta por la que ha de entrar la confusión del exterior, y el de los tejados, donde los gatos hacen libremente el amor. El tiempo que la historia presenta es breve. Tanto Adolfo como Sabina tienen «esta tarde» como límite; él ha de vender su Biblia y ella ha de realizar su decisión. Al avanzar la noche, el maullido de los gatos provoca la nueva situación vivida por los protagonistas, pero durante el transcurso de este tiempo apremiante y angustioso se evoca otro tiempo pasado que, como en la pieza anterior, es el causante de lo que está ocurriendo. Desde una perspectiva dramatúrgica, este tiempo servirá para componer la personalidad de los tres individuos de la historia. El tiempo evocado funciona así como acotación implícita que ayuda a entender las actuaciones presentes de estos seres.

Los personajes son reales y verosímiles y a ello contribuye el habla con la que la autora ha sabido dotarlos. El registro que emplean está ajustado a la edad que tienen, al medio urbano en el que se desenvuelven y a su estado y situación. La incomunicación que preside toda la primera parte del encuentro de la actriz y el vendedor se evidencia a través del diálogo, lo mismo que la evasión de la realidad que intenta Sabina se advierte a través de él.

La obra posee además un continuo juego escénico que interesa, divierte y conmueve. Desde la efectiva escena de teatro en el teatro en la que Sabina ensaya el papel que debe representar al día siguiente, hasta la medida información que va recibiendo el receptor sobre las claves temáticas. Como en la pieza que la precede, una serie de objetos desempeñan importante papel en el proceso dramatúrgico, al tiempo que son signos de vario significado. El teléfono, aparte de constituir un objeto de decorado, es un signo escénico de la tensión que está soportando la protagonista y simboliza a la vez esperanza y destrucción. También adquieren significados especiales el champán, las biblias y, sobre todo, las llaves de la casa.

Los sonidos poseen, así mismo, funcionalidad dramática. Unos se escuchan: el timbre de la puerta, el maullido de los gatos, los pasos de Jean Luc, la puerta que se cierra; otros no, como el timbre del teléfono; pero todos influyen en el desarrollo o provocan el desenlace. En el sistema de inversiones sobre el que la obra se estructura, ninguno de ellos es en realidad lo que parece, ni sirve para lo que se espera que sirva.

Como es habitual en el argumento de estas piezas, *Solos esta noche* presenta una situación en un espacio reducido y un tiempo condensado (una estación de metro desierta en el momento en que ya ha pasado el último tren). Los personajes, Carmen, «funcionaria del Estado», y Jose, obrero en paro, no llegan a atravesar el espacio sugerido por el túnel, que quizá los llevaría al exterior, a cambio de privarlos de ese momento «especial» que están viviendo. El pasado hace acto de presencia en el esquemático relato de Jose y en las pinceladas que Carmen ofrece de sí misma, al hilo de las preguntas del muchacho. De una forma ágil, casi imperceptible, traza la autora el perfil humano de sus personajes a través del diálogo.

El tema de la búsqueda de la propia identidad está aquí resuelto con optimismo. La inversión de la situación, resorte que gobierna también esta historia, no contiene amargura, sino humor; es un guiño a las férreas leyes que dominan la actuación de los seres socialmente establecidos. Carmen, una mujer del *sistema,* es la encargada de realizarlo al trocar su actitud pusilánime y temerosa por la de atrevida seductora. Jose, por su parte, está representando al ser puro que expresa con sus acciones y sus palabras el sentir de la autora cuando dice: «Mira, Carmen, aunque suene raro... Yo pienso que el futuro... está en el amor, en que la gente se quiera.»

De entre los signos y objetos escénicos, algunos tienen sólo un valor referencial, como índices de caracterización externa de los tipos sociales; así funcionan el vestuario de los personajes, la tarjeta de visita que Carmen da a Jose, el bocadillo y el macuto de éste. Otros adquieren, al igual que en las anteriores piezas, contenido simbólico; de esta forma el metro —esperanza de salida para la protagonista, ausente de la escena pero constantemente presente en el diálogo— altera su significado al invertirse la situación. Otro objeto es la linterna con la que Carmen ilumina la mariposa tatuada en el pecho de Jose. El contraste luz-oscuridad actúa también con un sentido especial; mientras hay luz en la estación, Carmen siente miedo y se siente sola. La oscuridad provoca el acercamiento hacia Jose y la decisión de actuar de acuerdo con el impulso que en ella se está generando. La luz, proyectada desde la linterna hacia la mariposa, realza teatralmente el significado de ésta, que se convierte a su vez (como en la obra lorquiana) en el símbolo de esa ilusión *efímera* que vive Carmen en el cuento de hadas de Jose.

A pesar del componente poético de la pieza, los personajes son reales y auténticos; como en las anteriores, influye el lenguaje oral en el que están inscritos los rasgos de la clase social de ambos y el estado de ánimo que en cada momento los caracteriza. Destaca desde el primer aspecto la configuración del habla de Jose, salpicada de deformaciones propias de quien aprende *de oído* y de expresiones tipificadoras de un registro idiomático joven, callejero y achulado adecuado a una jerga ciudadana de baja extracción. Desde un punto de vista psicológico, es Carmen la que presenta más matices; su expresión muestra el paso que en ella se opera desde la inquietud al pánico, del nerviosismo a la tranquilidad y de ella al entusiasmo. Como indicaba Lázaro Carreter, Paloma Pedrero «comprende a los personajes del pueblo llano y sabe hacerlos hablar»[79].

De la noche al alba se desarrolla al amanecer, cuando «todavía es de noche», en un lugar de la calle donde hay un banco para sentarse. Dos personajes, Vanesa y Mauro, protagonizan la situación, y su antagonista en escena, Ramón, representa la inmisericorde estructura que los oprime. Ella es «chica de alterne»; Mauro, guardia jurado de un banco «con aspecto de niño grande», está enamorado de Vanesa desde el primer día en que la vio:

> MAURO.—Yo desde que te conozco, desde que te vi llegar aquel día... Sí, recuerdo perfectamente tu vestido... era rojo con lunares blancos. Y llevabas la cara lavada, muy blanca... Desde que te vi te quise. Te quise siempre, no a veces. Te quise siempre.

Vanesa, en un primer momento, lo rechaza con violencia y descomedimiento. Mauro lleva pistola y ella odia las pistolas; además, la vida la ha endurecido y no comprende al principio la autenticidad de unos sentimientos que le son inhabituales. Ella se siente parte integrante de un mundo marginado y ve en Mauro (por el uniforme y por el arma) a un defensor de los poderosos:

> VANESA.—Te dan una pistola y cien papeles al mes y se quedan tan contentos, con la conciencia tranquila. Hale, que sean los pobres los que maten a los pobres... [...] ¿Y quiénes son los atracadores? ¿Los ricos del barrio? ¿Los niños de papá, eh? Esta sociedad tan avanzada está hecha una injusta mierda.

---

[79] Fernando Lázaro Carreter, *«Noches de amor efímero»*, cit., pág. 12.

Pero, como en las restantes piezas, la situación se invierte; esta vez con el ataque que sufre Vanesa por parte del yonki; en tal trance, Mauro no usa la pistola para defenderla y, en cambio, sufre una herida de la navaja del atracador. De esa forma, los objetos no responden al estereotipo que se tiene de ellos. El bolso de Vanesa con el dinero que ha ganado tampoco representa libertad, al contrario, la mantiene atada a su vida y a Ramón. Algunos lugares cobran simbolismo especial también en esta obra, como el taxi que la lleva a continuar una vida que ya no desea y el banco callejero, fugaz espacio de la ilusión y del amor. El lenguaje de la protagonista es duro e hiriente, propio del espacio en el que transcurre la vida del personaje. Sólo el fugaz instante del beso abre un paréntesis de humanidad que pronto quedará cerrado por la presencia de Ramón, por ello el único camino hacia otro desenlace está en los nuevos sentimientos experimentados por la chica durante el breve encuentro con Mauro.

En *La noche que ilumina,* su quinta *noche de amor efímero,* un tercer personaje, Ángel, «un colgadito; una especie de mendigo joven y pacífico» se une a la pareja formada por Rosi, «la mujer maltratada», y Fran, su abogado. Ángel aparece en la secuencia final, dando testimonio de esa nueva *raza* de marginados que ha generado la actual sociedad del bienestar. La ternura y la comprensión presiden las relaciones de estos tres personajes en contraste con la violencia del mundo que los rodea y que surge en el escenario al hilo de su conversación nocturna entre la maltrecha Rosi y su abogado. La amorosa mirada con que están construidos no impide que el receptor se enfrente, en el relato de la mujer, a una terrible actualidad que la dramaturga denuncia desde sus páginas para la escena.

Una estrella completa esta suma de *instantes de compañía*[80].

---

[80] En España se estrenó, en marzo de 1998, en el Teatro Romea de Murcia, con dirección de Panchika Velez y de la autora. Poco antes se había representado en Francia, llevada a la escena por la misma directora con otros actores; a continuación, durante el mes de abril, se representó en Estados Unidos, donde los textos de Paloma Pedrero gozan de gran aceptación. Javier González Soler ponderó el texto y la representación, calificándolo como «Una pequeña joya»

Cuando comienza la acción, Estrella Torres ha ll
bar, frecuentado en otro tiempo por su padre, pa.
en las raíces de su odio hacia él. Estrella es escritora
pero su vida personal no la satisface. En su interior
un profundo resentimiento hacia aquel hombre que e .a recuerda egoísta, jugador, alcohólico e irresponsable. La noche que decide ir al encuentro del lugar donde transcurriera
la vida de él, se encuentra allí con Juan Domínguez, quien
la reconoce como a la hija de su íntimo amigo Torres. A un
primer momento de rechazo por parte de la joven ante la figura de este otro jugador, borracho y decrépito (trasunto del
reflejo que ella conserva de su progenitor), sucede el reconocimiento del otro lado de aquel anciano y, a través de él, de
su padre, con lo que se inicia la comunicación entre ambos.
Estrella va descubriendo en Juan los aspectos positivos de su
propio padre; mediante la fantasía de unos juegos de magia
(vuelve a intervenir el teatro), Juan Domínguez devuelve a
Estrella a un mundo infantil de donde rescata la que, hasta
entonces, había sido despreciada imagen paterna. Aunque
Domínguez ya no puede cambiar, ella, tras el reconocimiento, sí lo ha hecho, y con el cambio se ha liberado del peso
de la culpa.

Es de sumo interés el personaje que la autora compone en
Juan Domínguez, lleno de humanidad dentro de su caída.
Presenta también gran interés la evolución que se experi-
menta en Estrella y la habilidad de Paloma Pedrero para manejar determinados elementos como resortes de teatralidad
y, al mismo tiempo, establecer con ellos conexiones temáticas; buen ejemplo es la función que la máquina tragaperras
posee en el proceso de búsqueda de Estrella, o el juego per-
manente entre realidad y ficción, sustentado por la superpo-
sición de la figura paterna a la de Domínguez, de donde Estrella es capaz de captar la bondad que, en otro tiempo, no
pudo percibir.

(*La Opinión*, 10 de marzo de 1998, pág. 43). Javier Villán considera esta pieza
«quizás la obra más sólidamente estructurada de Paloma Pedrero» y alaba en
su crítica todos los elementos del espectáculo («Una mujer marcada», *El Mun-*
do, 9 de marzo de 1998, pág. 43).

Invierno de luna alegre[81], como *La llamada de Lauren...*, presenta una lucha de opuestos que se configuran antagónicos por su propia disposición personal y no porque el egoísmo o la mala intención los lleven a contraponerse. Aquí es la diferencia de edad la que conforma la opuesta visión del mundo de Olegario y de Reyes y, por lo tanto, provoca la ruptura.

Olegario es un ex-torero que ahora se gana la vida como artista ambulante y que es dibujado con todo detalle:

> Cuarenta y cinco años. Aspecto de mendigo refinado: ropa muy pasada de moda pero con relativa limpieza. Abrigo de espiguilla gris. Pantalones marrones de pata ancha. Botas chirucas. Los colores de su vestuario son heterogéneos y apagados. Tiene el pelo cano y barba cerrada. A pesar de no ser mayor, su aspecto es de viejo. Es la típica persona de edad indefinida.

---

[81] Al publicarse *Invierno de luna alegre* en la Biblioteca Antonio Machado de Teatro (Madrid, 1990), el texto está precedido de esta dedicatoria: «A mi querido y admirado Antonio Buero Vallejo, quien con su presencia y estímulo ha hecho más claro mi recorrido en el oscuro camino del actual teatro español.» La recepción de esta obra en su estreno oscila, como en casi todas las primeras puestas en escena de nuestra autora, entre la descalificación y la alabanza; entre quienes hablan de tópicos (Eduardo Haro Tecglen, «El viejo y la niña», *El País*, 13 de febrero de 1989) o de texto anticuado (María Victoria Cansinos, «*Invierno de luna alegre*», *El Socialista*, 31 de marzo de 1989), y quienes ponderan la capacidad de manejar temas clásicos con talante actual (Lorenzo López Sancho, «Tema antiguo, sainete nuevo, *Invierno de luna alegre* en el Maravillas», *ABC*, 13 de febrero de 1989, pág. 98). La acertada pluma de Fernando Lázaro Carreter alabó todos los aspectos de la pieza: «Se me fueron las dos horas en un amén. El argumento ofrecía poca novedad: el triángulo formado por el viejo y la niña, la niña y el joven ha sugerido miles de comedias en el ancho mundo, resueltas siempre con el triunfo del amor y la melancolía del enamorado frustrado. Pero ello no lo inhabilita para su empleo, porque esa evidente posibilidad humana puede manifestarse con variables que infundan novedad, y con toques diversos de dramatismo o humor, que obren como cosméticos rejuvenecedores. Y eso es lo que aquí acontece. [...] Y todo ello con un diálogo elástico, donde las réplicas se suceden en un vaivén de pimpón, con un rebote veloz de palabras callejeras que yo acababa de oír en la vecina glorieta de Bilbao» («*Invierno de luna alegre*, de Paloma Pedrero», *Blanco y Negro*, 9 de abril de 1989, pág. 12).

La descripción de que es objeto en la acotación inicial contrasta con la rápida presentación de Reyes: «Veinte años. Guapa, graciosa y macarra». La forma de trazarlos ya comporta un significado con respecto a los dos personajes. Olegario, marcado por el tiempo, la edad y sus circunstancias, no puede ya cambiar; Reyes aún no está del todo definida, será por eso ella la que busque un nuevo camino. Entre ambos surge un sentimiento que en Olegario es el del último amor y en Reyes, el del afecto despreocupado por su protector. Él la quiere y la «respeta» a la antigua; ella lo aprecia pero desea ser libre y volar sin trabas (de nuevo gravita el eco garcialorquiano que se percibe en sus primeras piezas). En su búsqueda no duda en aceptar un trabajo que quizá no sea liberador, asociándose con Víctor, quien probablemente le fallará.

La pieza va planteando los dos conflictos, el de la búsqueda de identidad en ella y el de la soledad en él. A pesar de ser amargo, el final no resulta aniquilador. Reyes inicia el camino que ha elegido y Olegario, aunque pierde el amor, sabe que puede seguir viviendo porque tiene a sus amigos Piña, el «ex-boxeador sonado», y Félix, el «jubilado anticipado». En esta obra, como en *Besos de lobo,* a una estructura temporal de la historia más dilatada se unen multiplicidad de espacios, más larga duración y mayor número de personajes. El lugar escénico está distribuido entre la calle, donde se lleva a cabo la representación de Olegario y de Reyes y se producen los contactos humanos, y la pensión, interior múltiple en el que se distribuyen las vidas de los seres que pueblan el pequeño universo de la pieza.

El espacio, como los personajes, pertenece a un submundo urbano que la autora retrata en los caracteres, las situaciones y el lenguaje. La diferencia de edad entre Olegario y Reyes conlleva distinta ética y diversa posición ante la vida, materializadas en las actitudes caracterizadoras de su actividad artística, simbolizadas en las grabaciones musicales con las que se cierra la pieza: «Comienza a tocar un pasodoble mientras inicia la marcha. [...] El sonido del pasodoble va alejándose mientras entra triunfante el rock de Reyes, que va creciendo en volumen hasta que deja de oírse la trompeta».

Besos de lobo tuvo una primera versión en 1983 en un diálogo titulado *Imagen doble*. Es la única pieza en la que la autora elige un espacio rural, contaminado por la pobreza de espíritu, la rigidez de sus costumbres y creencias, y el miedo a la maledicencia; estos caracteres, junto con su amarga poesía, evocan en cierto modo el mundo lorquiano de las tragedias campesinas; sin embargo, sobre el marco rústico, la protagonista hace que gravite un espacio urbano que se carga de significado positivo porque es el que le ha de permitir ser ella misma. Como en *Invierno de luna alegre*, cinco personajes, cuatro hombres y una mujer, serán los que lleven a cabo la acción. Ana aguarda durante años la venida de un novio que no llega (situación semejante a la que se plantea en *La noche dividida);* pero no esperará hasta la vejez, como la doña Rosita de Federico García Lorca; el día en que Raúl baja del tren ella ha decidido tomarlo e iniciar otra vida desligada de los cuatro hombres que de una u otra forma la tenían sometida. Antes de marchar, le propone a Camilo, jefe de estación enamorado de ella, que la acompañe, pero él está demasiado aferrado a su sitio para comprender lo que la chica intenta. Tampoco Luciano, el joven homosexual que pasa por ser el tonto del pueblo, será capaz de romper con su medio. Él encubrirá para siempre su personalidad casándose con la novia que su familia le ha designado, Tomasita, una retrasada mental. Jara, el pueblo donde viven, como la galdosiana Orbajosa, la Vetusta de Clarín o la Moraleda benaventina, simboliza el lugar de lo convencional y de la represión, un espacio que aísla todo aquello que no está de acuerdo con el canon preestablecido: «Aquí, [dice Ana] ser distinto es lo mismo que estar loco o ser tonto»; por eso, la protagonista toma el tren que representa la libertad y la vida. El final, en el que ella marcha justo en el momento de aparecer Raúl, presenta esa inversión de la situación característica de la dramaturgia de Paloma Pedrero. Tanto Ana como Reyes son personajes abocados a un destino incierto porque lo que se contempla a partir del proceso dramático es el comienzo de otra vida y la capacidad de tomar decisiones por encima de lo impuesto.

En *El pasamanos* se coloca al receptor ante un tema extraído del entorno cotidiano de la televisión y se plantea el problema de la manipulación que los individuos más débiles padecen por parte de una organización social cuya única meta es vencer. A un matrimonio de la tercera edad corresponderá el papel de víctimas en una sociedad inclemente con los débiles. Segundo y Adela han caído en manos de Mercedes y Ricardo, responsables de un programa de televisión que se anuncia bajo el lema de ayudar a quienes lo necesitan. Sin embargo, el verdadero objetivo (conseguir audiencia a cualquier precio) se va desvelando a medida que avanza la acción y Segundo comprende que lo están utilizando; que su petición de justicia ha sido aceptada por la caridad de un público enternecido con imágenes lastimosas y comentarios manipuladores. Segundo es la víctima; su edad, su minusvalía física, su pobreza, lo hacen vulnerable ante el empuje incontenible de quienes están dispuestos a ganar a toda costa.

Paloma Pedrero construye esta vez una situación de dimensiones sociales que concede a la pieza alcance colectivo, sin sustraerle la reflexión privada sobre el sufrimiento y el esfuerzo individual llevados a cabo por Segundo y Adela. La ternura con que siempre compone a sus seres y con la que focaliza la mirada del receptor, que se siente emotivamente ligado a ellos, es aún más profunda en esta pieza, dada la edad y el desvalimiento de los individuos que la protagonizan. Es admirable el tesón con que Segundo defiende lo que considera un derecho, y resulta entrañable el personaje de Adela, quien en la lucidez que muestra, aun aislada de la realidad por su sordera, está recordando a esos personajes que poseen una mejor percepción del mundo, a pesar de sus deficiencias, trazados magistralmente por Antonio Buero Vallejo, tan admirado por la autora.

Los diálogos del matrimonio de jubilados trasladan al lector-espectador de la pieza todo un mundo de emociones positivas que lo hacen reflexionar —lo implican por lo tanto— sobre el desvalimiento en el que viven los que ya han pasado la mayor parte de su existencia. Frente a ellos, la dureza, la incomprensión, la distancia agresiva de una juventud que sólo busca su propio triunfo, educada en una sociedad de consumo egoísta y aniquiladora. La pieza contiene, pues, una reflexión sobre la intolerancia y el abuso que subyace en una sociedad aparentemente civilizada.

Con una extrema sencillez dramatúrgica, la autora plantea la situación en un ambiente cerrado, del que los personajes apenas pueden salir. Tres secuencias temporales se suceden mediante elipsis, ofreciendo un conjunto argumental intenso y angustioso en el que se desarrolla el suceso del que participan los receptores, implicados en el problema por ágiles recursos de sorpresa, bien dosificados a lo largo de la trama. Un doble final invierte la situación de las víctimas, dando paso a la esperanza que se hace posible gracias a la oportuna intervención de Ada (Adela), que actúa como su homónima de los cuentos para salvar a Segundo de una muerte cierta.

En 1996 se arriesga en la empresa de coproducir y dirigir su comedia *Locas de amar*[82]; en ella abandona su registro habitual de carácter dramático más grave, con tintes de tragedia urbana, para abordar de lleno el género de la comedia humorística de tono jardielesco. Habla en esta pieza de la condición femenina: de la mujer madura inadaptada a los golpes del mundo actual, en la figura de Eulalia; de la nueva imagen de la joven mujer de hoy, en su hija Rocío, pero también, como indica Ana Rossetti:

> Si somos sinceros hemos de admitir que la historia de Eulalia nos implica a todos. A primera vista trata de un conflicto femenino, y no hay duda de que así es, pero a medida que la acción avanza nos damos cuenta de que lo que se cuestiona es la dependencia, la inercia y la autonomía de la propia persona frente a la seguridad de la aprobación y del apoyo de los otros. Esto es como hacerse un nido que nos aísle de nosotros mismos como sujetos[83].

Como sucede en las últimas comedias escritas por mujeres que tienen como protagonista a una de ellas, el sujeto que ha

---

[82] Javier Villán dio la bienvenida en su estreno a esta pieza en la que «una autora española, como Paloma Pedrero, sube a la cartelera («Malditos hombres», *El Mundo*, 15 de abril de 1996). Sin embargo, las críticas no han hecho justicia a una obra cuyo subtexto habla de algo mucho más serio que «una comedia bufa y reivindicativa» (Lorenzo López Sancho, *«Locas de amar*, de Paloma Pedrero en el Centro Cultural de la Villa», *ABC*, 14 de abril de 1996).

[83] Ana Rossetti, «A modo de epílogo», en Paloma Pedrero, *Locas de amar*, cit., 1997, pág. 97.

padecido el destino adverso invierte su inicial actitud de dependencia y sometimiento a los que fueron o quieren seguir siendo sus elementos opresores (marido, hijos, amigos) para iniciar un camino que les sea propio y al que tienen derecho; así ocurría también en *Un maldito beso*, de Concha Romero, en *De película*, de Carmen Resino, o en *Sólo lo digo por tu bien*, de Pilar Pombo. Por el contrario, en autoras feministas, como Lidia Falcón, o en las que sin serlo expresamente manejan la clave trágica para hablar de la experiencia femenina, los personajes no tienen escapatoria posible la mayor parte de las veces, y soportan los rigores de un canon patriarcal que las aniquila por oponer resistencia.

Los últimos textos de Paloma Pedrero *(Cachorros de negro mirar*[84], *En el túnel un pájaro* y *La noche del deseo y la muerte)* presentan un heterogéneo mosaico de temas. El primero de ellos habla de la violencia y de algunos de sus administradores. El argumento recoge una historia protagonizada por jóvenes «ultras» y muestra sus formas privadas de actuar; los protagonistas, dos muchachos pertenecientes a grupos de ideología neofascista, colocan al receptor ante un proceso de iniciación y adiestramiento en la maldad y la muerte[85].

La atmósfera en la que se desarrolla el conflicto es densa y repulsiva. El espectador se ve abocado a contemplar aquello en lo

---

[84] Su estreno tuvo lugar en la Sala Cuarta Pared de Madrid, el 7 de enero de 1999, con dirección de Aitana Galán.

[85] Los problemas de violencia racial y marginalidad, y la reaparición de grupos de ideología neofascista que padecen las sociedades del *bienestar* han sido trasladados a no pocos títulos de la dramaturgia española de estos últimos años. Ejemplo de ello son dos magníficas piezas de Jerónimo López Mozo: *Eloídes* (1992) y *Ahlán* (1996), en las que el tema excede los límites del caso particular para alcanzar dimensiones más amplias, como la insolidaridad, la injusticia, la xenofobia, el egoísmo individual y social, la lucha por la vida. También están presentes en *La mirada del hombre oscuro* (1992) y *Rey negro* (1996), de Ignacio del Moral; *La orilla rica* (1994), de Encarna de las Heras; *Sudaca* (1995), de Miguel Murillo; *La falsa muerte de Jaro el negro* (1997), de Fernando Martín Iniesta. En 1997 estrena Yolanda Pallín *Lista negra;* esta pieza, junto con la de Paloma Pedrero, es la que más directamente analiza el tema y a sus protagonistas; así mismo, aparece en *Salvajes*, de José Luis Alonso de Santos, estrenada en otoño de 1998, y posee una original formulación en *Mane, Thecel, Phares*, obra con la que Borja Ortiz de Gondra ha obtenido el Premio Calderón de la Barca 1998.

que prefiere no pensar: cómo germina la degradación y la violencia dentro de casas como la propia; cómo son manipulados los jóvenes que pueden ser como ellos mismos o como los que tienen alrededor, con los que diariamente conviven. El espacio y el tiempo son cerrados y apremiantes. La casa familiar de «Cachorro», el neófito, donde se encuentran aprovechando la ausencia del resto de la familia, conlleva la intranquilidad al personaje por causa de los abusos de «Surcos», su instructor. El tiempo, que en un primer momento se fija en dos horas, se restringe después, cuando Bárbara, el tercer personaje en conflicto, llega a la casa y calcula una media hora para realizar el trabajo para el que se la ha requerido, pero no sabe («Cachorro» y el receptor sí) que para la finalización del plazo está previsto el cumplimiento de una terrible sentencia dictada por «Surcos».

El registro verbal del que están dotados los personajes es factor determinante del clima agresivo y angustioso en el que transcurre la acción. Estas circunstancias (agresividad y angustia) afectan a los personajes por lo que les está sucediendo, pero también al receptor, en tanto que testigo pasivo de la ignominia que se fragua. La pieza, sometida a las estrictas leyes de las unidades de lugar, tiempo y acción, va mostrando en cada una de las secuencias de su proceso argumental la peripecia interior de «Cachorro» y poniendo ante el lector-espectador una situación que éste quisiera considerar tan sólo un producto de la fantasía literaria[86].

De las otras dos obras, la autora todavía no ha ofrecido la versión definitiva. *En el túnel un pájaro* vuelve al marco de los programas televisivos y a los seres de edad avanzada. Es de destacar el homenaje que Pedrero rinde, a través del personaje de Enrique, al dramaturgo José María Rodríguez Méndez, de quien lo hace trasunto, otorgándole en la ficción la autoría de sus obras y aplicándole la simbología de *El pájaro solitario*[87].

---

[86] He realizado un análisis más detallado de esta pieza en «*Cachorros de negro mirar* y *Lista negra*, dos crónicas de nuestro tiempo», *Cuadernos de Dramaturgia Contemporánea*, 3, Alicante, VI Muestra de Teatro Español de Autores Contemporáneos, 1998, págs. 61-72.

[87] *El pájaro solitario*, de José María Rodríguez Méndez, recibió el Premio Nacional de Literatura Dramática en 1996 y ha sido publicado en Ávila, Diputación Provincial-Institución Gran Duque de Alba, 1998.

La que es por ahora la última de sus piezas trata el tema de la ceguera física (lo que no impide que dicha carencia posea también un significado simbólico, como en el maestro Buero), con un personaje privado de la vista y un juego de pareja que acerca la construcción de este texto a la que poseen las *Noches de amor efímero*. Sin embargo, la autora, nos indicaba en conversación particular que, después de más de una versión, aún no veía clara la solución del conflicto que inicialmente desarrolló bajo el título *Combate en la oscuridad,* para denominarla después *La noche del deseo y la muerte*.

Paloma Pedrero es indudablemente una mujer de teatro. La destreza con la que traza situaciones y personajes lo demuestra; además, se advierte que «ve en acción» lo que propone, ya que las acotaciones son breves y funcionales salvo en algún caso *(Invierno de luna alegre, El color de agosto)* en que la complejidad de lo que ha de ser representado o ha de formar parte del escenario así lo requiere. Ha sabido llevar a sus textos el propósito con el que inició su escritura para el teatro; contar historias del presente a una sociedad del presente con un lenguaje sencillo y directo pero no desprovisto de estilo. La mezcla de humor y amargura con la que construye los elementos de sus obras matiza a sus personajes atrayéndolos hacia el receptor. Sin embargo, la conflictividad en que viven sus criaturas corta la sonrisa que las situaciones o el habla coloquial y callejera habían facilitado.

El tema de la búsqueda de la identidad personal, común a la producción de bastantes escritoras, trae consigo la indagación del personaje en su pasado para poder dar explicación y salida a su presente. Las renuncias y cobardías del ayer han colocado al personaje en la situación de arranque de la acción. Al desmontar el pasado, muchos de los seres que pueblan los textos estudiados encuentran el porqué de su fracaso, lo que les hace dar un giro esperanzado hacia el futuro; otros ya no pueden hacerlo y su destino cerrado se manifiesta en el final de la pieza. Estos planteamientos nuevos llevan consigo la transgresión de un código de comportamiento durante tanto tiempo admitido.

Los personajes que encarnan estos conflictos son, en general, individuos fracasados que en un esfuerzo último luchan por mantener una parcela de su dignidad, conseguir la felicidad que creyeron perdida o iniciar, bajo su responsabilidad y por decisión propia, un camino que, si bien incierto, ellos han elegido. Los perfiles de estos seres están extraídos del aquí y ahora del momento de la escritura. Las acciones así localizadas suelen desarrollarse en espacios reducidos y dentro de un tiempo también breve que posibilita la condensación del conflicto y su solución. El presente trae igualmente aparejado un sistema expresivo ajustado en cada caso a la índole social y cultural de los personajes y a la situación, lo que conlleva en no pocas ocasiones una rotunda oposición a la norma del decoro lingüístico que sometía a las criaturas dramáticas a un habla normalizada y poco natural. También los temas se han liberado de los límites que los comprimían para dejar salir a la luz los íntimos conflictos psicológicos que se provocan en los individuos cuando intentan descubrir tendencias e inclinaciones, temores o resentimientos celosamente guardados.

Un constituyente temático y formal asiduamente utilizado por la autora es el del mundo del teatro, bien como ingrediente metateatral que posibilita las relaciones entre el espectáculo, doblemente manejado, y el receptor; bien como motivo argumental que condiciona al personaje o el desarrollo de la acción. En general, en el amplio espectro de marginalidades que son las preocupaciones básicas de dramaturgas y dramaturgos españoles de nuestros días, el teatro ocupa un lugar de privilegio.

Paloma Pedrero se ha instalado en *una habitación propia*. Su dramaturgia ha contribuido a subvertir la forma de *mirar* el mundo que había ido apareciendo a lo largo de nuestro siglo en plumas femeninas. Desde su primera obra, se ha atrevido a formular temas que hasta entonces les habían estado vedados a las autoras, por su condición de mujeres. Su aportación a la literatura dramática y al mundo de la escena significa un paso más hacia la captación del universo plurivalente y heterogéneo que nos rodea, y para cuya comprensión son necesarios todos los enfoques.

Esta edición

El presente volumen reúne piezas escritas entre 1985 y 1995; salvo en las dos últimas, mantenemos el orden de su escritura. La alteración de lugar sufrida por *La noche que ilumina*, antepuesta a *Una estrella*, se debe a que pertenece por su estructura al bloque de *Noches de amor efímero*, iniciado en 1987 y que la autora ha ido incrementando a lo largo de los años. Las tres primeras *Noches* fueron editadas en la Universidad de Murcia formando un tríptico, poco después de su estreno; con el mismo título global se reeditaron en la SGAE, añadiendo *De la noche al alba*, en 1994. *La noche que ilumina* permanecía inédita. *Una estrella* había sido editada en la colección de textos teatrales de La Avispa y, posteriormente, por Teatro del Alma para su estreno; la versión que se reproduce en esta edición posee algunas modificaciones llevadas a cabo después de la puesta en escena de 1998. En todos los casos hemos tenido en cuenta las ediciones existentes (indicadas en la Bibliografía) y los textos han sido revisados por la autora.

Bibliografía

I. De Paloma Pedrero

1. *Obra dramática*

La llamada de Lauren... (1984). Publicada en *Premio Valladolid de Teatro Breve 1984*, Valladolid, Caja de Ahorros Provincial, 1985. Madrid, Antonio Machado, 1987, con prólogo de Patricia W. O'Connor. *L'Avant Scène*, 846, 1989, traducida al francés *(L'Appel de Lauren)* por André Camp. *Spanisches Gegenwartstheatre*, II, Wilfried Floeck (ed.), Tübingen, Francke, 1997, traducida al alemán *(Laurens Ruf)* por Rafael de Vega. *Mujeres sobre mujeres: teatro breve español*, edición y traducción de Patricia W. O'Connor, Madrid, Fundamentos, 1998. Estrenada en 1985 en el Centro Cultural de la Villa de Madrid, con dirección de Alberto Wainer. II Premio de Teatro Breve de Valladolid en 1984.

Resguardo personal (1985). Publicada en Patricia W. O'Connor, *Dramaturgas españolas de hoy*, Madrid, Fundamentos, Espiral, 1988, páginas 97-105. París, Éditions du Laquet, 1995, con *El color de agosto*, traducidas al francés *(Couleur d' août, Une vie de chien)* por Pascale Pagam. University Park, Pennsylvania, Estreno, Contemporary Spanish Plays, 6, 1994, con *El color de agosto* y *La noche dividida*, traducidas al inglés *(The Color of August, A Night Divided, The Voucher)* por Phyllis Zatlin. Estrenada en el Taller de Autores del Centro Nacional de Nuevas Tendencias Escénicas en 1986, dirigida por la autora.

Invierno de luna alegre (1985). Redactada con una beca del CNNTE para la promoción de autores jóvenes. Publicada con *Besos de lobo* en Madrid, Fundamentos, Espiral, 1987; y en Madrid, Antonio

Machado, 1990. En 1989 fue estrenada en el Teatro Maravillas de Madrid con dirección de la autora. Premio Tirso de Molina 1987.

Besos de lobo (1986). Escrita sobre el diálogo *Imagen doble* (1983). Publicada con *Invierno de luna alegre* en Madrid, Fundamentos, Espiral, 1987; y en Madrid, La Avispa, 1995, con *Una estrella* y prólogo («Buscando mis amores...») de José María Rodríguez Méndez. Estrenada en Hobart and Willyam Smith Colleges, California, en 1991, traducida y dirigida por Jennifer Cona. Formó parte del Ciclo de Lecturas Dramatizadas que tuvo lugar en la SGAE en 1993.

El color de agosto (1987). Escrita con una Ayuda a la Creación Teatral del Ministerio de Cultura. Publicada con *La noche dividida* en Madrid, Antonio Machado, 1989, con prólogo de Ernesto Caballero. París, Éditions du Laquet, 1995, con *Resguardo personal,* traducidas al francés *(Couleur d'août, Une vie de chien)* por Pascale Pagam. University Park, Pennsylvania, Estreno, Contemporary Spanish Plays, 6, 1994, con *Resguardo personal* y *La noche dividida,* traducidas al inglés *(The Color of August, A Night Divided, The Voucher)* por Phyllis Zatlin. *Anthology of Spanish Literature,* David William Foster (ed.), Nueva York, Garland Publishing Inc., 1995. Estrenada en el Centro Cultural Galileo de Madrid en 1988, con dirección de Pepe Ortega. Accésit del I Premio Nacional de Teatro Breve de San Javier (Murcia), 1987.

Las fresas mágicas (1988). Guión para una obra infantil representado en el Teatro Infanta Isabel de Madrid (campaña escolar), en 1988 y 1989, dirigido por Pepe Ortega. Inédito.

La isla amarilla (1988). Publicada en Ciudad Real, Ñaque, 1995, con «Prólogo» de Robert Muro, «Nota» de la autora y «Una primera lectura hacia la puesta en escena» de Elena Cánovas. Estrenada en la cárcel de mujeres de Carabanchel en 1995, por el grupo Yeses, con dirección de Elena Cánovas.

Noches de amor efímero (Esta noche en el parque, La noche dividida y Solos esta noche) (1987-1989). Publicadas en Murcia, Universidad, Antología Teatral Española, 1991, «Introducción» de Virtudes Serrano. Una nueva edición de las *Noches...,* que incluye una cuarta *(De la noche al alba),* ha sido publicada en Madrid, SGAE, 1994, con textos introductorios de Jesús Cracio y Panchika Velez. *La noche dividida* se publicó con *El color de agosto* en Madrid, Antonio Machado, 1989. University Park, Pennsylvania, Estreno,

Contemporary Spanish Plays, 6, 1994, con *El color de agosto* y *Resguardo personal*, traducidas al inglés *(The Color of August, A Night Divided, The Voucher)* por Phyllis Zatlin. *Esta noche en el parque*, en *Estreno*, XVI, 1, 1990, págs. 15-17. Estrenadas en la Casa de la Cultura de Collado-Villalba en 1990, con dirección de Jesús Cracio. Los espectáculos de las tres primeras *Noches...*, dirigido por Panchika Velez, y de *Invierno de luna alegre*, con dirección de Elena Cánovas, merecieron el Premio a la Mejor Autoría de la Muestra Alternativa del Festival de Otoño de Madrid en 1994.

Una estrella (1990). Publicada con *Besos de lobo* y prólogo («Buscando mis amores...») de José María Rodríguez Méndez, Madrid, La Avispa, 1995. Nueva edición de Teatro del Alma, Madrid, 1998, con «Prólogo» de Virtudes Serrano y los textos «Buscando mis amores...», de Rodríguez Méndez, y «Mi estrella, su estrella...», de la autora. Estrenada en el Teatro Romea de Murcia en 1998, con dirección de Panchika Velez y Paloma Pedrero.

El pasamanos (1994). *Primer Acto*, 258, marzo-abril 1995, págs. 67-90, con texto introductorio («La personal dramaturgia de Paloma Pedrero») de Virtudes Serrano, págs. 62-66.

Locas de amar (1994), Madrid, Fundación Autor, 1997, con prólogo («En honor a la verdad») y «Notas preliminares» de Paloma Pedrero, y «A modo de epílogo», de Ana Rossetti. Estrenada en el Centro Cultural de la Villa de Madrid en 1996, con dirección de la autora.

La noche que ilumina (1995). Inédita.

Cachorros de negro mirar (1995). Madrid, Teatro del Alma, 1998, con «Introducción» de Iride Lamartina-Lens y el texto de la autora «Sobre *Cachorros de negro mirar*». Estrenada en la Sala Cuarta Pared de Madrid en 1999, con dirección de Aitana Galán.

En el túnel un pájaro (1997). Inédita.

La noche del deseo y la muerte (1998). Inédita.

Las aventuras de Viela Calamares (1998), con Ana Rossetti y Margarita Sánchez, Madrid, Alfaguara, 1999.

2. *Guiones de cine*

La reina del mate (1985), en colaboración con Fermín Cabal.

El jardín japonés (1986), en colaboración con Carlos Puerto.

3. *Narrativa*

El gnomo y la niña (1990). Autógrafo de la autora con ilustraciones originales de Robert Muro, Madrid, 1994.

4. *Poesía*

Fragmentos de tormenta (1992). Inédito. Algunos textos de este poemario pasaron a formar parte del espectáculo *Aliento de equilibrista*, estrenado en el Centro Cultural de la Villa de Madrid en 1993, con dirección de Pepe Ortega.

5. *Otros escritos*

«Palabras con el lector», en *La llamada de Lauren...*, Madrid, Antonio Machado, 1987, págs. 19-21.

«Palabras para ti», en *El color de agosto,* Madrid, Antonio Machado, 1989, págs. 11-13.

«Nota de la autora», en *Invierno de luna alegre,* Madrid, Antonio Machado, 1990, pág. 7.

«Algunas autoras de hoy y sus obras», *Primer Acto,* 248, marzo-abril 1993, págs. 53-57.

«El Brujo, un actor distinto» (Entrevista), *Primer Acto,* 252, enero-febrero 1994, págs. 26-34.

«La mujer como autora teatral» (1994). Inédito.

«Con José María Rodríguez Méndez» (Entrevista), *Primer Acto,* 256, noviembre-diciembre 1994, págs. 6-9.

«El escenario de mis letras» (1995). Inédito.

«Nota de la autora», en *La isla amarilla,* Ciudad Real, Ñaque, 1995, págs. 21-24.

«Sonidos de escenario», en Virtudes Serrano, *Taller de escritura con Paloma Pedrero,* Murcia, Escuela Superior de Arte Dramático, Cuadernos de Dramaturgia, 1996, págs. 9-10.

«Yeses, con Elena Cánovas» (Entrevista), *Primer Acto,* 265, septiembre-octubre 1996, págs. 135-138.

«Pienso en Buero», *Montearabí*, 23 (número de homenaje a Antonio Buero Vallejo), 1996, págs. 81-86.

«En honor a la verdad», en *Locas de amar*, Madrid, Fundación Autor, 1997, págs. 9-16.

«Lope de Vega: José Luis Miranda» (Entrevista), *Primer Acto*, 267, enero-febrero 1997, págs. 58-61.

«Mi estrella, su estrella...», en *Una estrella*, Madrid, Teatro del Alma, 1998, págs. 11-12.

«Sobre *Cachorros de negro mirar*», en *Cachorros de negro mirar*, Madrid, Teatro del Alma, 1998, págs. 9-11.

«Sobre mi teatro», en *Entre Actos: Diálogos sobre Teatro Español entre Siglos*, edición de Martha T. Halsey y Phyllis Zatlin, University Park, Pennsylvania, Estreno, 1999, págs. 23-28.

Paloma Pedrero publicó regularmente colaboraciones en *El Mundo*, *ABC* y ahora lo hace en *La Razón*.

II. Sobre Paloma Pedrero

AA. VV., «Nuevos autores españoles», *Primer Acto*, 212, enero-febrero 1986, págs. 60-73.

— «La escritura teatral en España hoy», *Primer Acto*, Separata del número 233, marzo-abril 1990.

— «Conversaciones con el teatro alternativo», *Primer Acto*, 248, marzo-abril 1993, págs. 15-26.

Álvaro, Francisco, *El espectador y la crítica. (El teatro en España en 1985)*, Valladolid, 1986.

Aznar Soler, Manuel, «Teatro español y sociedad democrática (1975-1995)», en *Veinte años de teatro y democracia en España (1975-1995)*, edición de Manuel Aznar Soler, Sant Cugat del Vallès, Cop d'Idees-CITEC, 1996, págs. 9-16.

Bernardini, Susan P., «El toreo como vía de la identidad en *Invierno de luna alegre*», en John P. Gabriele (ed.), *De lo particular a lo universal. El teatro español del siglo XX y su contexto*, Frankfurt am Main, Vervuert-Madrid, Iberoamericana, 1994, págs. 181-187.

— *El metateatro en las obras de Paloma Pedrero* (Tesis doctoral), State University of New York at Buffalo, 1996.

Bigelow, Gary, «Identidad y desencuentro en dos obras de Paloma Pedrero», en Gregorio C. Martín (ed.), *Actas del Congreso de Len-*

guas *Extranjeras de Pennsylvania*, Pittsburgh, Duquesne University, 1988-1989, págs. 181-187.

CABALLERO, Ernesto, «Prólogo» a Paloma Pedrero, *El color de agosto*, Madrid, Antonio Machado, 1989, págs. 7-10.

CÁNOVAS, Elena, «Una primera lectura hacia la puesta en escena», en Paloma Pedrero, *La isla amarilla*, Ciudad Real, Ñaque, 1995, págs. 89-96.

CRACIO, Jesús, «Breves apuntes (Sobre la puesta en escena)», en Paloma Pedrero, *Noches de amor efímero*, Madrid, SGAE, 1994, págs. 7-8.

DJORDJADZE, Timur, «Directing Paloma Pedrero», en Paloma Pedrero, *The Color of August, A Night Divided, The Voucher*, University Park, Pennsylvania, Estreno, Contemporary Spanish Plays, 6, 1994, págs. 58-60.

FAGUNDO, Ana María, «La mujer en el teatro de Paloma Pedrero», en *Literatura femenina de España y las Américas*, Madrid, Fundamentos, 1995, págs. 155-165.

FLOECK, Wilfried, «El teatro español contemporáneo (1939-1993). Una aproximación panorámica» y «¿Arte sin sexo? Dramaturgas españolas contemporáneas», en *Teatro Español Contemporáneo*, Alfonso de Toro y Wilfried Floeck (eds.), Kassel, Reichenberger, 1995, págs. 1-46 y 47-76.

— «Paloma Pedrero», *Spanisches Gegenwartstheater*, I, Tübingen, Francke, 1997, págs. 136-150.

F[ONDEVILA], S[antiago], «Los amores fáciles», *El Público*, 82, enero-febrero 1991, pág. 108.

GABRIELE, John P., «Metateatro y feminismo en *El color de agosto* de Paloma Pedrero», en Juan Villegas (ed.), *Lecturas y relecturas de textos españoles, latinoamericanos y US latinos*, Irvine, Universidad de California, 1994, págs. 158-164.

GALÁN, Eduardo, «Paloma Pedrero, una joven dramaturga que necesita expresar sus vivencias» (Entrevista), *Estreno*, XVI, 1, 1990, págs. 11-13.

GARCÍA BERLANGA, Luis, Texto introductorio en Paloma Pedrero, *La llamada de Lauren...*, Madrid, Antonio Machado, 1987, págs. 11-12.

GARCÍA VERDUGO, Julia, «Temática y forma en el teatro de las mujeres en España», *Estreno*, XXI, 1, 1995, págs. 17-18 y 23.

GARCÍA, William, «Three One-Act Plays by Paloma Pedrero at the

Pace Downtown Theatre, New York», *Gestos,* 15, abril 1993, págs. 155-157.

GÓMEZ, Rosalía, «Dos mujeres en el ring», *El Público,* 81, noviembre-diciembre, 1990, págs. 35-36.

GRACIO, Roberto, «La estrella de Paloma», *Primer Acto,* 278, abril-mayo 1999, pág. 127.

HARRIS, Carolyn J., «Concha Romero y Paloma Pedrero hablan de sus obras» (Entrevista), *Estreno,* XIX, 1, 1993, págs. 29-35.

— «Juego y metateatro en la obra de Paloma Pedrero», en John P. Gabriele (ed.), *De lo particular a lo universal. El teatro español del siglo XX y su contexto,* Frankfurt am Main, Vervuert-Madrid, Iberoamericana, 1994, págs. 170-180.

— «La experiencia femenina en escena: *Besos de lobo* y *El color de agosto* de Paloma Pedrero», *Confluencia,* 10, 1, 1994, págs. 118-124.

HODGE, Polly J., «Photography of Theater: Reading between the Spanish Scenes», *Gestos,* 22, noviembre 1996, págs. 35-58.

— «Poetic Drama, Images, and Windows: *Aliento de equilibrista* by Paloma Pedrero and Isabel Ordaz», *Estreno,* XXIII, 2, 1997, págs. 30-37.

HOLGUERAS, Carmen y GALLEGO, Charo, «Entrevista con Paloma Pedrero», *Cuaderna, Crónica de autoras, directoras y productoras en la escena madrileña 1994,* Madrid, Comunidad, Consejería de Presidencia y Dirección General de la Mujer, 1995, págs. 73-75.

HOLT, Marion P., «Three by Paloma Pedrero at Pace University», *Estreno,* XIX, 1, 1993, págs. 2-3.

JOHNSON, Anita, «Dramaturgas españolas: presencia y condición en la escena española contemporánea» (Mesa redonda), *Estreno,* XIX, 1, 1993, págs. 17-20.

LAMARTINA-LENS, Iride, «Paloma Pedrero's *Esta noche en el parque*», *Estreno,* XVI, 1, 1990, pág. 14.

— «An Insight to the Theater of Paloma Pedrero», *Romance Languages Annual,* 2, 1991, págs. 465-468.

— «Paloma Pedrero», en Linda Gould Levine, Ellen Engelson Marson and Gloria Feiman Waldman, *Spanish Women Writers. A Bio-Bibliographical Source Book,* Westport, Greenwood Press, 1993, págs. 389-396.

— «*Noches de amor efímero* de Paloma Pedrero: Tres variaciones de un tema», en Adelaida López de Martínez (ed.), *Discurso femenino actual,* Puerto Rico, Universidad de Puerto Rico, 1995, págs. 295-305.

— «Paloma Pedrero: A Profile», *Western European Stages,* 9, 1, 1997, págs. 53-54.

— «Introducción» a *Cachorros de negro mirar,* Madrid, Teatro del Alma, 1998, págs. 5-7.

LÁZARO CARRETER, Fernando, «*Invierno de luna alegre,* de Paloma Pedrero», *Blanco y Negro,* 9 de abril de 1989, pág. 12.

— «Intermedio con Paloma Pedrero», *Blanco y Negro,* 16 de julio de 1989, pág. 12.

— «Dos comedias de Paloma Pedrero», *Blanco y Negro,* 23 de julio de 1989, pág. 12.

— «*Noches de amor efímero*», *Blanco y Negro,* 27 de enero de 1991, pág. 12.

LEONARD, Candyce, «Women Writers and Their Characters in Spanish Drama in the 1980s», *Anales de la Literatura Española Contemporánea,* 17, 1-3, 1992, págs. 243-256.

— «Body, Sex, Woman: The Steggle for Autonomy in Paloma Pedrero's Theater», *La Chispa '97. Selected Proceedings,* Claire J. Paolini (ed.), New Orleans, Tulane University, 1997, págs. 245-254.

LÓPEZ MOZO, Jerónimo, «*El color de agosto* de Paloma Pedrero, por Máscara Laroye», *Primer Acto,* 267, enero-febrero 1997, págs. 44-45.

MARTÍN, Sabas, «Joven teatro español», *Cuadernos Hispánicos,* 466, abril 1989, págs. 171-179.

MAKRIS, Mary, «Metadrama, Creation, Reception and Interpretation: The Role of Art in Paloma Pedrero's *El color de agosto*», *Estreno,* XXI, 1, 1995, págs. 19-23.

MONEGAL, Antonio, «El lobo besa en inglés. (Estreno mundial de una obra de Paloma Pedrero)», *Estreno,* XVIII, 2, 1992, págs. 6-7.

M[ORAL], J[osé] M[aría del], «El color del éxito y del fracaso profesional», *El Público,* 60, septiembre 1989, págs. 31-32.

MURO, Robert, «Antropología y teatro», Prólogo a Paloma Pedrero, *La isla amarilla,* Ciudad Real, Ñaque, 1995, págs. 9-19.

NAVARRO, Elisabeth, «*La llamada de Lauren,* de Paloma Pedrero», *Veinte años de teatro y democracia en España (1975-1995),* edición de Manuel Aznar Soler, Sant Cugat del Vallès, Cop D'Idees-CITEC, 1996, págs. 149-153.

O'CONNOR, Patricia, «Prólogo» a Paloma Pedrero, *La llamada de Lauren...,* Madrid, Antonio Machado, 1987, págs. 13-17.

— «Six Dramaturgas in Search of a Stage», *Gestos,* 5, 1988, páginas 116-120.

— *Dramaturgas españolas de hoy (Una introducción),* Madrid, Fundamentos, 1988.
— «Women Playwrights in Contemporary Spain and the Male-Dominated Canon», *Sing,* 15, 1990, 370-390.
— «The *primer grupo de la democracia* and the return to the word», *Estreno,* XVII, 1, 1991, págs. 13-15.
— «Postmodern Tendencies in the Theater of Marisa Ares and Paloma Pedrero», *Letras Peninsulares,* 4, 2-3, 1991, 307-318.
— «Mujeres de aquí y de allí», en John P. Gabriele (ed.), *De lo particular a lo universal. El teatro español del siglo XX y su contexto,* Frankfurt am Main, Vervuert-Madrid, Iberoamericana, 1994, págs. 158-169.
— «Introducción» a *Mujeres sobre mujeres: teatro breve español,* edición bilingüe castellano-inglés, Madrid, Fundamentos, 1998, págs. 11-16.
OLIVA, María Victoria, «El espaldarazo del Tirso», *El Público,* 52, enero 1988, pág. 41.
ORTIZ, Lourdes, «Los horizontes del teatro español (4). Nuevas autoras» (Coloquio), *Primer Acto,* 220, septiembre-octubre 1987, págs. 10-21.
P[OBLACIÓN], F[élix], *«La llamada de Lauren* rompe máscaras», *El Público,* 27, diciembre 1985, pág. 23.
PODOL, Peter L., «Sexuality and Marital Relationship in Paloma Pedrero's *La llamada de Lauren* and María Manuela Reina *La cinta dorada»,* *Estreno,* XVII, 1, 1991, págs. 22-25.
— «Entrevista con Paloma Pedrero», *Estreno,* XVII, 1, 1991, pág. 12.
— «The Socio-Political Dimension of Sexuality and Eroticism in Contemporary Spanish Theater», *Anales de la Literatura Española Contemporánea,* 17, 1-3, 1992, págs. 257-270.
— «The Father-Daughter Relationship in Recent Spanish Plays: A Manifestation of Feminism», *Hispanic Journal,* 17, primavera 1996, págs. 7-15.
QUINTANA, Juan Antonio y DOMINGO, Carlos, «Sobre una puesta en escena», en Paloma Pedrero, *La llamada de Lauren...,* Madrid, Antonio Machado, 1987, págs. 7-9.
RAGUÉ, María-José, «La mujer en el teatro español contemporáneo», *Estreno,* XIX, 1, 1993, págs. 13-16.
RODRÍGUEZ MÉNDEZ, José María, «Buscando mis amores...», en Paloma Pedrero, *Una estrella. Besos de lobo,* Madrid, La Avispa, 1995, págs. 5-7. Reproducido en Paloma Pedrero, *Una estrella,* Madrid, Teatro del Alma, 1998, págs. 7-10.

Rossetti, Ana, «A modo de epílogo», en Paloma Pedrero, *Locas de amar*, Madrid, Fundación Autor, 1997, págs. 97-98.

Sangüesa, Agustina, «El realismo marginal de un sueño», *El Público*, 66, marzo 1989, págs. 23-25.

Serrano, Virtudes, «Introducción a *Noches de amor efímero*» y «Bio-bibliografía», en Paloma Pedrero, *Noches de amor efímero*, Murcia, Universidad, Antología Teatral Española, 1991, págs. 7-26 y 27-29.

— «La pieza breve en la última dramaturgia femenina», *Art Teatral*, 5, 1991, págs. 93-97.

— «Hacia una dramaturgia femenina», *Anales de la Literatura Española Contemporánea*, 19, 3, 1994, págs. 343-364.

— «La personal dramaturgia de Paloma Pedrero», *Primer Acto*, 258, marzo-abril 1995, págs. 62-66.

— «Teatro de autora, hoy», *Clarín*, 1, enero-febrero 1996, págs. 12-14.

— *Taller de escritura con Paloma Pedrero*, Murcia, Escuela Superior de Arte Dramático, Cuadernos de Dramaturgia, 1996.

— «Dramaturgas españolas del siglo xx», *Historia y Vida*, 84, primer trimestre 1997, págs. 158-167.

— «Prólogo» a Paloma Pedrero, *Una estrella*, Madrid, Teatro del Alma, 1998, págs. 3-6.

— «*Cachorros de negro mirar* y *Lista negra*, dos crónicas de nuestro tiempo», *Cuadernos de dramaturgia contemporánea*, 3, Alicante, VI Muestra de Teatro de Autores Contemporáneos, 1998, págs. 61-72.

— «El renacer de la dramaturgia femenina en España», en *Un Escenario Propio — A Stage of Their Own*, I, edición de Kirsten Nigro y Phyllis Zatlin, Ottawa, Girol Books, 1998, págs. 9-17.

— «Dramaturgia femenina de los noventa en España», en *Entre Actos: Diálogos sobre Teatro Español entre Siglos*, edición de Martha T. Halsey y Phyllis Zatlin, University Park, Pennsylvania, Estreno, 1999, págs. 101-112.

Stevens, Camilla, «Encuentros culturales: La parodia postcolonialista en *La isla amarilla* y *La mirada del hombre oscuro*», en *Entre Actos: Diálogos sobre Teatro Español entre Siglos*, edición de Martha T. Halsey y Phyllis Zatlin, Pennsylvania, University Park, Estreno, 1999, págs. 179-184.

Sullivan, Mary-Lee, «The Theatrics of Transference in Federico García Lorca's *La casa de Bernarda Alba* and Paloma Pedrero's *La* llamada de Lauren», *Hispanic Journal,* 16, primavera 1995, páginas 169-176.

Torres-Pou, Joan, «El elemento paródico en *La llamada de Lauren*», *Estreno,* XIX, 1, 1993, págs. 26-28.

— «Síntesis e inversión: Dos rasgos del teatro de Paloma Pedrero», *Alaluz,* 24, primavera-otoño 1992, págs. 89-92.

Velez, Panchika, «La historia que quiero contar. (Sobre la puesta en escena de París)», en Paloma Pedrero, *Noches de amor efímero,* Madrid, SGAE, 1994, págs. 9-11.

Villán, Javier, «Con Paloma Pedrero» (Entrevista), *Primer Acto,* 258, marzo-abril 1995, págs. 58-61.

Weimer, Christopher B., «Gendered Discourse in Paloma Pedrero's *Noches de amor efímero*», *Gestos,* 16, noviembre, 1993, págs. 89-102.

Zachman, Jennifer, «Painting the Body: Feminism, the Female Body and Paloma Pedrero's *El color de agosto*», en *Entre Actos: Diálogos sobre Teatro Español entre Siglos,* edición de Martha T. Halsey y Phyllis Zatlin, Pennsylvania, University Park, Estreno, 1999, págs. 69-76.

Zatlin, Phyllis, «Paloma Pedrero and the Search for Identity», *Estreno,* XVI, 1, 1990, págs. 6-10.

— «Intertextualidad y metateatro en la obra de Paloma Pedrero», *Letras femeninas,* 19, primavera-otoño 1993.

III. Libros sobre teatro español contemporáneo
(selección)

AA.VV., *La escritura teatral a debate,* Madrid, CNNTE, 1985.

Amell, Samuel y García Castañeda, Salvador, *La cultura española en el posfranquismo (1975-1985),* Madrid, Playor, 1988.

Barrero, Óscar, *Historia de la literatura española contemporánea (1939-1990),* Madrid, Istmo, 1992.

Berenguer, Ángel y Pérez, Manuel, *Tendencias del Teatro Español durante la Transición Política (1975-1982),* Madrid, Biblioteca Nueva, 1998.

Bonnín Valls, Ignacio, *El teatro español desde 1940 a 1980. Estudio histórico-crítico de tendencias y autores,* Barcelona, Octaedro, 1998.

Cabal, Fermín y Alonso de Santos, José Luis, *Teatro español de los ochenta,* Madrid, Fundamentos, 1985.

Centeno, Enrique, *La escena española actual (Crónica de una década:*

1984-1994), Madrid, Sociedad General de Autores y Editores, 1996.

EDWARDS, Gwynne, *Dramaturgos en perspectiva. Teatro español del siglo XX,* Madrid, Gredos, 1989.

FERRERAS, Juan Ignacio, *El teatro en el siglo XX (desde 1939),* Madrid, Taurus, 1988.

GARCÍA LORENZO, Luciano, *Documentos sobre el teatro español contemporáneo,* Madrid, S.G.E.L., 1981.

— *El teatro español hoy,* Barcelona, Planeta-Editora Nacional, 1975.

GARCÍA TEMPLADO, José, *Literatura de la postguerra. El teatro,* Madrid, Cincel, 1981.

GÓMEZ GARCÍA, Manuel, *El Teatro de Autor en España (1901-2000),* Valencia, Asociación de Autores de Teatro, 1996.

HOLT, Marion P., *The Contemporary Spanish Theatre (1949-1972),* Boston, Twayne, 1975.

HUERTA CALVO, Javier, *El teatro en el siglo XX,* Madrid, Playor, 1985.

ISASI ANGULO, Amando C., *Diálogos del Teatro Español de la Postguerra,* Madrid, Ayuso, 1974.

MEDINA, Miguel A., *El teatro español en el banquillo,* Valencia, Fernando Torres, 1976.

MENÉNDEZ PELÁEZ, Jesús (coord.), *Historia de la literatura española,* III: siglos XVIII, XIX y XX, León, Everest, 1995.

MOLERO MANGLANO, Luis, *Teatro español contemporáneo,* Madrid, Editora Nacional, 1974.

NEUSCHÄFER, Hans-Jörg, *Adiós a la España eterna. La dialéctica de la censura. Novela, teatro y cine bajo el franquismo,* Barcelona, Anthropos, 1994.

NICHOLAS, Robert L., *El sainete serio,* Murcia, Universidad, Cuadernos de Teatro, 1992.

OLIVA, César, *El teatro desde 1936,* Madrid, Alhambra, 1989.

PEDRAZA JIMÉNEZ, Felipe B. y RODRÍGUEZ CÁCERES, Milagros, *Manual de literatura española. XIV. Posguerra: dramaturgos y ensayistas,* Pamplona, Cénlit, 1996.

PÉREZ MINIK, Domingo, *Teatro europeo contemporáneo,* Madrid, Guadarrama, 1961.

PÉREZ-STANSFIELD, María Pilar, *Direcciones de Teatro Español de Posguerra: Ruptura con el Teatro Burgués y Radicalismo Contestatario,* Madrid, José Porrúa Turanzas, 1983.

PÖRTL, Klaus (ed.), *Reflexiones sobre el Nuevo Teatro Español,* Tübingen, Niemeyer, 1986.

RAGUÉ-ARIAS, María-José, *El teatro de fin de milenio en España (de 1975 hasta hoy),* Barcelona, Ariel, 1996.

RICO, Francisco (ed.), *Historia y crítica de la literatura española. Los nuevos nombres: 1975-1979,* Barcelona, Ariel, 1992.

RODRÍGUEZ ALCALDE, Leopoldo, *Teatro español contemporáneo,* Madrid, EPESA, 1973.

RUGGERI MARCHETTI, Magda, *Studi sul teatro spagnolo del novecento,* Bolonia, Pitagora, 1993.

RUIZ RAMÓN, Francisco, *Estudios de teatro español clásico y contemporáneo,* Madrid, Fundación Juan March/Cátedra, 1978.

— *Historia del teatro español. Siglo XX,* Madrid, Cátedra, 1981[5].

SANZ VILLANUEVA, Santos, *Literatura actual,* Barcelona, Ariel, 1984.

TORRENTE BALLESTER, Gonzalo, *Teatro español contemporáneo,* Madrid, Guadarrama, 1968[2].

URBANO, Victoria, *El teatro español y sus directrices actuales,* Madrid, Editora Nacional, 1972.

VALDIVIESO, Teresa, *España: bibliografía de un teatro silenciado,* Society of Spanish and Spanish-American Studies, 1979.

Juego de noches.
Nueve obras en un acto

La llamada de Lauren...

A Fermín Cabal.

Palabras con el lector

T.: ¿Qué es *La llamada de Lauren?*

Y.: Un presagio. Un paso de tiempo. Me explico: cuando comencé a trabajar en ella no tenía tiempo para mirarme al espejo. Al acabar, me miré y mi cara había cambiado. Dejé de ser una niña.

T.: ¿Por qué?

Y.: A veces el tiempo pasa ligero, sin peso y sin forma. Otras veces se condensa y en un instante te cambia la mirada para siempre.

T.: ¿Cambia para bien?

Y.: ...

T.: ¿Quién es Lauren?

Y.: Lauren Bacall, una mujer hermosa, una estrella, un deseo.

T.: ¿A ti te llama?

Y.: Claro. Una vez de pequeña mi hermana me dijo: cuando sea mayor quiero ser árbol para vivir más tiempo que nadie. Creo que acababa de descubrir la muerte. Entonces me quedé pensando y le dije: yo, estrella.

T.: ¿Y ser hombre?

Y.: A ratos sí. Un hombre valiente.

T.: ¿Cómo escribiste la obra?

Y.: Fue un impulso. Una idea compartida.

T.: ¿Para qué?

Y.: Para enseñártela.

T.: ¿A mí?

Y.: A ti.

T.: ¿Y si no me gusta?

Y.: Me pondré triste y te daré una cita para otro día.

T.: ¿Tienes musas?

Y.: A veces musas y a veces miedo. Sí, creo que existe la inspiración, pero si viene y no tienes dónde albergarla, se va.

T.: ¿Acaba mal la historia?

Y.: No sé. ¿Acaba mal la vida? Depende de la filosofía de cada uno.

T.: ¿Y la tuya cómo es?

Y.: Estoy buscándola. Todavía no sé adónde voy, por eso me pierdo mucho.

T.: ¿Y para qué escribes?

Y.: Me gusta hacer sentir. Transformar un gesto, cambiar una boca.

T.: La palabra boca es erótica. ¿La obra es erótica?

Y.: Depende del día. De la comunicación que consigamos.

T.: ¿Cómo?

Y.: Si enamoras a alguien le erotizas.

T.: ¿Siempre?

Y.: Siempre que no le hagas daño.

T.: ¿Te han hecho daño las críticas?

Y.: ¿Cuáles?

T.: Las críticas malas.

Y.: Las he escuchado. Las críticas dependen de quien vengan... El esfuerzo se agradece siempre.

T.: ¿Y las críticas buenas?

Y.: Se agradecen más.

T.: ¿Qué te gustaría ahora?

Y.: Ver tu cara, hacerte un guiño bonito y convencerte de que leas la obra. Es corta.

T.: ¿Me la cuentas?

Y.: Vale, venga, pasa la página.

La autora

Paloma Pedrero y Jesús Ruymán en *La llamada de Lauren*. Dirigida por Alberto Wainer. Estrenada en Noviembre de 1985 en el Centro Cultural de la Villa de Madrid. Foto Chicho.

Se estrenó en Madrid, el 5 de noviembre de 1985, en el Centro Cultural de la Villa, con el siguiente reparto:

PEDRO, Jesús Ruymán
ROSA, Paloma Pedrero

Dirección: ALBERTO WAINER

Apartamento de una sola pieza con dos niveles. Al fondo, una pe-queña cocina adosada y a su lado una puerta. En el lateral de la de-recha, una mesa con cuatro sillas y una estantería con libros y otros objetos caseros. A la izquierda, el dormitorio: una cama de matrimo-nio con mesitas de noche a los lados. Pegado a la pared, un armario ropero con espejo de luna en la puerta. Las paredes están decoradas con pósters y algún cuadro. Por el suelo y en los huecos disponibles hay macetas con plantas. En general, la decoración del apartamento está hecha con buen gusto.

Encima de la mesa vemos todo tipo de utensilios de maquillaje: co-loretes, polvos, lápices, cajitas con sombras... En una silla hay una pe-luca castaña clara y ondulada. La radio está puesta y se oye un con-cierto de música clásica en directo.

De la única puerta del apartamento, que corresponde al baño, ve-mos salir a PEDRO. *Es un hombre de unos treinta años y aspecto ju-venil.*

Lleva puesto un albornoz. Se acerca al armario ropero, lo abre y saca un traje de mujer de raso negro y unas medias tupidas del mismo color. Abre un cajón y rebusca hasta que encuentra unas bragas sexys. Sin quitarse el albornoz se las pone y se mira al espejo. Después sigue buscando y saca un sostén. Se lo pone con esfuerzo. Se acerca a la mesa y coge un rollo de algodón con el que se va rellenando el pecho. Una vez terminado se vuelve a mirar al espejo y comienza a ponerse el vestido y las medias. De debajo de la cama saca una caja con unos zapatos negros de tacón alto y se los pone. Se acerca a la mesa y co-mienza a maquillarse de mujer con gran esmero.

La transformación de PEDRO *se va haciendo evidente. Logra pa-recer casi una mujer. Por último se coloca la peluca y vuelve hacia el espejo del ropero para verse de cuerpo entero. Quita la radio y pone un disco de temas musicales de películas de cine. Suena la canción de la*

película «Tener o no tener», cantada por Lauren Bacall. Pedro co-
mienza, tímidamente, a hacer un playback. Poco a poco va lan-
zándose y canta y baila con progresiva exaltación. En pleno núme-
ro de PEDRO *se abre la puerta y aparece* ROSA *con un ramo de*
flores. Es una hermosa mujer de veintitantos años.

ROSA.–*(Asustada.)* ¡Ah...!

PEDRO.–*(Sobresaltado.)* Que soy yo, tranquila. Que soy yo.

ROSA.–*(Le mira de arriba abajo recuperándose del susto.)* ¡Estás fe-
nomenal! ¿Cómo se te ha ocurrido? No te va a conocer nadie. ¡Qué alucine! *(Se ríe.)* Me encanta.

PEDRO.–*(Juguetón, se abre la raja del vestido y deja entrever las medias.)* ¿Sabes pintar lunares?

ROSA.–¡Madre mía..., la que has montado con mis pinturas!
Y te has puesto mis medias nuevas. Me las vas a romper.

PEDRO.–También llevo tus bragas.

ROSA.–*(Mirándole perpleja.)* ¿Y de dónde has sacado esos zapatos? Te vas a matar con esos tacones.

PEDRO.–Pero, ¿qué dices? Mira... *(Pasea rumboso y con seguridad.)* ¿Qué tal lo hago?

ROSA.–*(Sorprendida.)* ¡Chico, estás buenísima! No te voy a
poder dejar solo en toda la noche si te atreves a salir así,
que me extraña mucho.

PEDRO.–¿En serio? ¿Parezco una mujer o un travestí?

ROSA.–En realidad la espalda te delata un poco, pero si dices
que eres nadadora de crowl... Yo desde luego si fuera un
hombre te tiraría los tejos. Se te ven unos ojazos que no te
los mereces. *(Observándole.)* ¡No te falta un detalle! ¿De
dónde has sacado todo esto?

PEDRO.–Lo he alquilado. Fui y dije: un vestido de noche para
mi mujer, que es muy alta y muy fuerte... Era una sorpresa.

ROSA.–*(Recordando, se acerca a la silla donde ha dejado el ramo de
rosas y se lo da.)* Toma, mi sorpresa. Felicidades.

PEDRO.–Gracias, reina, son preciosas. *(La besa.)* Felicidades.
(Se las devuelve.) Ponlas en un jarrón.

> (PEDRO *corre, y mientras* ROSA *está de espaldas destapa una*
> *botella de champán.)*

ROSA.–¡Champán!

PEDRO.–¡Champán especial para ocasiones muy especiales! *(Da una copa a* ROSA *y sirve el champán.)*

ROSA.–Brindo... porque a pesar de ser el ser más insoportable de esta casa sigues siendo... mi amor. Por ti.

PEDRO.–Y yo brindo... porque sin tu ayuda no sería tan insoportable; no sería. Por ti.

(Beben, y PEDRO *sienta a* ROSA *en sus rodillas.)*

PEDRO.–¡Cómo pasa el tiempo! ¿No? Tres años ya.

ROSA.–Es verdad. ¡Qué locura!

PEDRO.–¿Te acuerdas de nuestro viaje de novios a Canarias?

Rosa.–Claro. Eran los carnavales, como ahora. Nuestro aniversario siempre va a ser en carnaval.

PEDRO.–No; sólo cuando coincida, tonta. *(Comienza a tararear la canción de «Carnaval te quiero».* ROSA *le sigue.)* ¡Qué pinta de pardillos llevábamos! ¿Te acuerdas? Todo el mundo iba disfrazado, menos nosotros.

ROSA.–Sí, todos los hombres de mujer; y todas las mujeres de payaso. Exactamente igual que nosotros hoy. Me podías haber avisado, y hubiera pensado en un disfraz algo más ingenioso.

PEDRO.–La peluca se me cae hacia atrás. ¿Podrías sujetármela con unas horquillas?

ROSA.–Sí, anda, déjame que te la sujeto y te la peino bien. *(*ROSA *comienza a arreglarle el pelo.)* Te digo una cosa, si no te enfadas.

PEDRO.–¿Qué cosa?

ROSA.–¿No te enfadas?

PEDRO.–No sé. Dímelo, y ya veremos.

ROSA.–Que tu disfraz me ha sorprendido..., que me gusta...

PEDRO.–Hoy quiero pasármelo muy bien. Reírme..., olvidarme de todo: de las oposiciones, de los albaranes, de las facturas... Quiero ir al carnaval así... contigo.

ROSA.–Pues la verdad es que no me lo esperaba de ti. Como siempre has dicho que los que hacían esto eran todos maricones...

PEDRO.–¿Qué insinúas?

ROSA.—*(Retocándole los coloretes.)* No, en serio. Me gusta. Es como si te hubieras quitado la careta de auxiliar administrativo..., repulsivo. Te miro y te veo como un hombre nuevo.

PEDRO.—Pues nada, si quieres me quedo así para siempre.

ROSA.—*(Riéndose.)* Ah, sí, estupendo. *(Se sienta y coge el periódico.)* Cariño, haz la cena, que tengo hambre.

PEDRO.—Eh, yo no soy así.

ROSA.—Ejem, ejem... Parecido.

PEDRO.—*(Molesto.)* No digas tonterías...

ROSA.—*(Levantándose.)* No te enfades, hombre, que era una broma. *(Yendo hacia el armario.)* Voy a ponerme mi disfraz, y nos vamos de juerga.

PEDRO.—*(Reteniéndola, misterioso.)* También tengo algo para ti.

ROSA.—¿Sí? ¿El qué?

PEDRO.—Date la vuelta y cierra los ojos. (ROSA *obedece intrigada.* PEDRO *saca del armario un traje tipo Humphrey Bogart, con gabardina y sombrero incluido.)* Ya puedes mirar.

ROSA.—¿Eso es para mí?

PEDRO.—Claro.

ROSA.—¿Qué es?

PEDRO.—*(Señalando hacia sí.)* Lauren Bacall. *(Señalando a* ROSA.*)* Y Humphrey Bogart.

ROSA.—*(Riéndose.)* ¡Es verdad! Vamos a dar el golpe. Si es que cuando quieres eres un cielo. *(Cogiendo el traje.)* Me lo voy a poner a ver qué tal me queda...

PEDRO.—No, te lo voy a poner yo.

ROSA.—Ah, ¿sí?

PEDRO.—Desnúdate.

(PEDRO *coge una banqueta y la coloca delante del espejo de luna.* ROSA *se desnuda.)*

ROSA.—¿Y bien?

PEDRO.—Siéntate aquí. (ROSA *se sienta enfrente del espejo.)* ¿Te gustas?

ROSA.—*(Mirándose.)* ¿Te gustó a ti?

PEDRO.—*(Metiéndole los pantalones.)* Ahora veremos. Vamos a proceder a una delicada operación. *(Coge una venda.)* Te voy a poner esto.

ROSA.—¿Eso qué es?

PEDRO.—Hay que disimular el pecho. ¿Dónde has visto tú un Bogart con esas tetas?

ROSA.—¡No! ¡Eso no me lo pongo!

PEDRO.—¿Por qué?

ROSA.—Porque me va a doler el pecho. Además no hace falta; con una camisa ancha no se nota nada.

PEDRO.—Se insinúa, que es peor. Vamos, déjame ponértelo.

ROSA.—¡Que no, Pedro! ¡Que voy a estar muy incómoda! No.

PEDRO.—*(Cariñoso.)* Si te molesta mucho te lo quito, ¿vale?

ROSA.—*(Levantando los brazos.)* ¡Ay, hijo, qué perfeccionista! (PEDRO *comienza a enrollarle la venda aplastándole el pecho.)*

PEDRO.—Respira hondo. *(Aprieta más fuerte.)*

ROSA.—¡Ay...!

PEDRO.—¿Qué pasa?

ROSA.—¡Que no me aprietes tanto, que me las vas a dejar hechas polvo!

PEDRO.—Anda, no seas quejica. Tienes que parecer un hombre total.

ROSA.—Eso es imposible.

PEDRO.—Imposible no hay nada. *(Atando los cabos de la venda.)* Ya está.

ROSA.—Me siento mutilada.

PEDRO.—La camisa. *(Se la pone.)* ¿A ver...? Bien. La chaqueta *(Se la pone.)* Y ahora la pajarita.

ROSA.—¡Ay...! ¡Me estás ahogando!

PEDRO.—No protestes tanto, que ya está.

ROSA.—No tengo zapatos.

PEDRO.—*(Señalando unos suyos del armario.)* Estos están bien.

ROSA.—Sí, voy a ser el pequeño hombre de los pies gigantes. (PEDRO *la mira de arriba abajo.)* ¿Estoy bien?

PEDRO.—El sombrero. *(Se lo pone.)*

ROSA.—¿Qué tal?

PEDRO.—Siéntate, voy a maquillarte.

ROSA.—¿Que vas a maquillarme de qué?

PEDRO.—Chist... Ahora verás. Primero las cejas. *(Se las pinta gruesas.)* ¿A ver? Patillas. Necesitas patillas.

ROSA.—¿Patillas?

PEDRO.—Calla, ya verás qué guapo. *(Se las pinta.)*

ROSA.—*(Se mira al espejo, se ríe.)* ¿Ya estoy a tu gusto?

PEDRO.—No sé, te falta algo. Sigues teniendo cara de chica.

ROSA.—Normal. *(Se pone un cigarro en la boca a lo Bogart.)* ¿Así?

PEDRO.—No, no me acabas de convencer. Te falta algo. *(Saca un bigote postizo.)* Ponte esto.

ROSA.—Pero, ¡Bogart no llevaba bigote!

PEDRO.—¡Qué mas da! Pues de otro cualquiera.

PEDRO.—*(Pegándole el bigote.)* Así estás mucho mejor. Ahora camina. (ROSA *camina.)* ¡Así no! ¡No muevas las caderas!

ROSA.—¿Así te gusta más?

PEDRO.—Baja los hombros. Relájate. Mete el culo. Mira hacia el suelo. ¡Estás derrotado!

ROSA.—Oye, ¿qué pasa? ¿Que me vas a presentar a un concurso?

PEDRO.—El hábito no hace al monje, cariño.

ROSA.—¡Ya! Y el cuerpo es el reflejo del alma, ¿no?

PEDRO.—Exactamente. Eso es lo que quiero que modifiques... el alma.

ROSA.—*(Intentando caminar de forma varonil.)* ¡El alma...! ¡El alma...! *(Se mira en el espejo de luna.)* Pues aunque un poco bajito, no estoy mal del todo. Al menos soy algo inquietante. *(Le mira.)* ¿Nos vamos? (PEDRO *no contesta.)* ¿Nos vamos o qué?

PEDRO.—Falta lo más importante. *(Saca una caja envuelta en papel de regalo con lazo y todo.)* Toma.

ROSA.—*(Emocionada.)* ¡Mi regalo!

PEDRO.—Ábrelo.

ROSA.—*(Intentando adivinar por la caja qué es.)* ¿Es la colonia?

PEDRO.—*(Misterioso.)* No sé...

ROSA.—¿Qué es?

PEDRO.—Ábrelo.

ROSA.—*(Desenvuelve el paquete con excitación. La sonrisa se le congela y le devuelve bruscamente la caja.)* ¡Qué guarrería! ¿De dónde has sacado eso?

PEDRO.—Toma, póntelo. *(Es un falo de los que venden en los sexshops.)*

ROSA.—No seas bruto. No tiene gracia.

PEDRO.—A mí me parece que sí tiene gracia. Venga... Póntelo.

ROSA.—*(Muy seriamente.)* Esto es demasiado y no me lo pienso poner. No me podía imaginar que fueras tan... tan morboso.

PEDRO.—Mi vida, no te pongas así. Era una broma. Sólo quería que nos divirtiéramos. Celebrar nuestro tercer año juntos como si fuera el primero: viviendo el carnaval... *(Se corta al ver que a ROSA no le hace ninguna gracia. Guarda el falo. Hay un momento de gran tensión. PEDRO intenta acariciarla y ROSA le quita la mano.)*

ROSA.—Oye... ¿Estás contento de haberte casado conmigo?

PEDRO.—Claro. Me gustaría vivir muchos carnavales contigo.

ROSA.—¿Estás seguro?

PEDRO.—Pero... ¿por qué me preguntas eso ahora?

ROSA.—No sé... Llevas un tiempo tan... Tengo la sensación de que tienes secretos para mí, que te estás alejando. ¡Hace tanto tiempo que no te veía animado...! ¿Cómo vas a estar cuando te quites todo ese maquillaje? No sé.... pero ayer te miraba mientras dormías y me parecías viejo. De verdad, perdona, Pedro, pero es así. Me parecías viejo y triste. Creo que te aburres conmigo, que ya no te estimulo... Hace dos meses que no...

PEDRO.—*(Cortándola.)* Rosa, por favor, ¿por qué no dejamos ese tema? Hoy es nuestro aniversario. Vámonos al carnaval, vamos a emborracharnos juntos y a bailar y a...

ROSA.—Ves, nunca quieres que hablemos. Hoy es un buen día para hacerlo. Podemos hacer un balance de... ¡Son tres años, Pedro! ¡Tres años! *(Decidida.)* Tenemos que hablar. *(Se quita el bigote.)*

PEDRO.—*(Gritando.)* ¡No te lo quites! *(Suavemente se acerca a ROSA y le vuelve a colocar el bigote mientras le dice:)* No te quites el bigote, ¿eh? ¿Sabes que si fueras un hombre yo también intentaría seducirte?

ROSA.—Inténtalo. Hace tiempo que no hacemos el amor...

PEDRO.—*(Acariciándola.)* Házmelo. Házmelo tú.

ROSA.—¿Quieres?

PEDRO.—Inténtalo.

ROSA.—Casi he perdido la práctica. Ya no sé si...

PEDRO.—Vamos a recuperarla. Sedúceme.

ROSA.—*(Después de una pausa.)* Está bien, señorita. Le voy a demostrar cómo se debe conquistar a una mujer. Una lección de vez en cuando no viene mal. ¿Te apetece una copa?

PEDRO.—*(Siguiendo el juego.)* Sí, gracias.

ROSA.—¿Whisky, ron, ginebra...?

PEDRO.—Sí, un whisky, por favor, con hielo.

ROSA.—*(Yendo hacia el mueble bar y sacando los vasos.)* ¿Quieres oír música?

PEDRO.—*(Muy en su papel.)* Bueno, como quieras.

ROSA.—*(Termina de preparar los whiskys. Se acerca al cajón de los discos y busca el preferido de PEDRO. Lo pone y la música comienza a sonar. Se acerca a él y le da el whisky.)* Toma.

PEDRO.—Gracias, Carlos.

ROSA.—*(Sin poder aguantar la risa.)* De nada, Azucena. *(Haciendo un esfuerzo por ponerse seria.)* Bueno, cuéntame algo de ti. No sé nada. ¿A qué te dedicas...? ¿Con quién vives? Esas cosas.

PEDRO.—Soy peluquera. Trabajo en un salón de alta peluquería y vivo con mi madre. En realidad lo que me gustaría es ser modelo de alta costura, pero en las agencias publicitarias me dicen que tengo que adelgazar un poco y que tengo poco pecho.

ROSA.—*(Mirándoselo pícaramente.)* Pues no lo parece.

PEDRO.—No, no lo parece.

ROSA.—Yo lo que creo es que estás muy bien. Tienes unos ojazos preciosos y una boca muy sexy. *(Se le acerca e intenta besarle.)*

PEDRO.—No, todavía no. Por favor...

ROSA.—Pedro, cariño, son las once y media y como no nos demos prisa no llegamos a ningún sitio.

PEDRO.—*(Enfadado.)* O me lo haces bien o no lo hacemos.

ROSA.—Pero no te lo hagas de reprimida, que nos podemos estar así hasta mañana. *(Se rasca el bigote.)* Y esto me pica...

PEDRO.—Tienes una casa muy bonita. ¿Vives solo?

ROSA.—Ahora sí. Hasta hace unos meses vivía con mi mujer. Era una persona estupenda y muy imaginativa. Ella fue la que decoró esto. Yo soy un desastre para estas cosas. Fíjate que he tenido que aprender hasta dónde estaba el cajón de los calzoncillos...

Pedro.—*(Riendo tímidamente.)* Eres muy simpático.

Rosa.—Y tú estás para hacerte madre. *(Intenta lanzarse y Pedro la retira.)*

Pedro.—Y, ¿que pasó? ¿Por qué os separasteis? Bueno..., si no te importa que te lo pregunte.

Rosa.—Pues nada... que yo era un mal marido. Soy un hombre muy ocupado, ¿sabes? Por la mañana en la oficina. Por la tarde doy clases particulares. Después llego agotado a casa y claro...

Pedro.—*(Cortándola.)* Si vas a hacer de mí no jugamos.

Rosa.—¿Es que no te gustas?

Pedro.—Venga, Carlos, no te pongas borde.

Rosa.—Bueno... Pues eso... que ella...

Pedro.—¿Quién?

Rosa.—Mi mujer... La pobre estaba todo el día sola. Así que un día hizo la maleta y... se murió.

Pedro.—¿Se murió?

Rosa.—Sí, de pena.

Pedro.—Qué pena, ¿no?

Rosa.—Ahora soy viudo. Viudo, pero alegre.

Pedro.—Pues yo, cuando me case, será para toda la vida. Con un hombre fuerte y varonil. Me gustaría tener tres hijos y un perro.

Rosa.—*(Pasándole la mano por encima del hombro, insinuante.)* ¿Tres hijos...? *(Tocándole el pelo.)* Tienes un pelo precioso...

Pedro.—Como soy peluquera...

Rosa.—Me vuelves loco. *(Le da un beso en la boca e intenta meterle la mano por dentro del vestido. Pedro se la retira.)* ¡Chico, qué exigente!

Pedro.—Te he dicho que me tienes que seducir.

Rosa.—*(Enfadada.)* ¿Y se puede saber qué tengo que hacer para seducir a la señorita?

Pedro.—De Bogart. ¿No te acuerdas cómo era Bogart?

Rosa.—Pues... no. Yo qué sé. No, no me acuerdo.

Pedro.—Quiero que seas duro y romántico a la vez que profundo. Lo estás haciendo muy mal.

Rosa.—Hombre, mira quién fue a hablar...

Pedro.—Estamos jugando y a mí me gustan los perdedores.

Rosa.—¿Y qué es un perdedor? No sé cómo se hace eso.

PEDRO.—*(Por él mismo.)* No tienes más que mirar a tu alrededor. Vamos, enamórame, Borgart. ¡Bogart!

ROSA.—Bogart... Yo Bogart...

PEDRO.—Eso es.

ROSA.—*(Decidida.)* Te vas a enterar. *(Comienza a actuar de tipo duro. Coge la botella de agua y dice:)* Ron. *(Bebe ostentosamente. Le tira un cigarrillo con desprecio.)* Estamos en una isla repleta de fieras hambrientas. Un lugar que no cambiaría en nada si yo desapareciera...

PEDRO.—No, no sería igual...

ROSA.—... Y un día me iré de aquí sin dejar huellas ni amores. Nada. Me llevaré mi rastro para bañarlo en el agua del océano. Más allá del horizonte...

PEDRO.—Me gustan los poetas...

ROSA.—... Y mataré los monstruos que acechen mi barco...

PEDRO.—Me gustan los asesinos...

ROSA.—... Quiero vagar por un mar de sirenas puras...

PEDRO.—Me gusta la pureza...

ROSA.—... Sirenas que emerjan del agua sin los collares puestos, sin las uñas pintadas, sin olor a perfume barato, sino a algas saladas...

PEDRO.—Me gusta ese mar que dices...

ROSA.—... Sirenas que no necesiten música, ni alcohol, ni palabras estúpidas para hacer el amor. Sólo mis besos...

PEDRO.—¿Y cómo son los besos de ese marino rudo?

ROSA.—Besos sin miedo, nena.

PEDRO.—Quiero ser tu sirena, ¿puedo? *(La intenta tocar, ROSA retira su mano.)*

ROSA.—¿Besos sin miedo?

PEDRO.—Besos, sí, besos. *(Intenta besarla. ROSA se separa de él elegantemente. PEDRO la mira atento y emocionado.)*

ROSA.—Está bien, te llevo. Vamos a celebrar nuestro próximo viaje. *(Pincha el disco.)* ¿Bailas?

PEDRO .—Sí.

(Comienzan a bailar, a rozarse...)

ROSA.—Te quiero..., te quiero. *(Le abraza, le toca, le besa. PEDRO se deja hacer.)* Quítate el vestido.

PEDRO.—No, espera... Vamos a seguir jugando.

ROSA.—*(Besándole el cuello.)* Hueles a mí... *(Se quita los zapatos y comienza a desabrocharse el pantalón.)*

PEDRO.—¡No! No te quites nada. No rompas el encanto. Quiero hacerlo así.

ROSA.—Pero... (PEDRO *no la deja hablar, la empuja hacia sí y la besa.)* Quítame la venda del pecho. No puedo respirar.

PEDRO.—No. (ROSA *intenta hablar.* PEDRO, *descontrolado, la corta con sus besos y caricias.)* Te deseo, mi amor. Te deseo más que nunca. (ROSA *vuelve a intentar desnudarse.* PEDRO *no la deja.)* Tócame las tetas.

ROSA.—*(Metiéndole la mano por el escote con mucha dificultad.)* No puedo. Quítate esto... (PEDRO *le agarra la mano y se la coloca, por fuera del vestido, encima del pecho postizo.)*

PEDRO.—Me encanta. Eres un hombre muy tierno.

ROSA.—*(Con signos de incomodidad.)* Pedro, así no puedo. Me muero de calor. Me duele el pecho. *(Intenta quitarse la venda.)*

PEDRO.—*(Agarrándole las manos.)* Cállate. No lo estropees todo.

ROSA.—*(Muy sofocada.)* No puedo. ¡No puedo hacerlo así!

PEDRO.—Ven, vamos a la cama. (PEDRO *la levanta y prácticamente se la lleva a rastras hasta la cama. Allí la coloca encima de él y la aprieta entre sus piernas. Dándole el pene:)* Métemelo.

ROSA.—¿Qué dices ?

PEDRO.—*(Gritando.)* ¡Métemelo!

ROSA.—¡Pedro...!

PEDRO.—*(Totalmente descontrolado.)* No me llames Pedro... Penétrame, por favor... Penétrame.

ROSA.—No te pases. Ya está bien. *(Intenta levantarse, pero* PEDRO *la agarra y la tira hacia atrás.)*

PEDRO.—No me dejes así. Te necesito.

ROSA.—*(Le arranca la peluca con rabia y salta de la cama.)* ¡Se acabó el juego! *(Empieza a quitarse el disfraz a gran velocidad.* PEDRO *la mira triste y confundido.)*

PEDRO.—¿No vamos al carnaval?

ROSA.—¿Más carnaval? Por hoy ya he tenido bastante. *(Sigue desmaquillándose rápidamente.)*

PEDRO.—Pero Rosa...

Rosa.—¡Cállate ya! Eres un bestia. No te entiendo. No puedo comprender nada. No sé lo que quieres. Me vas a volver loca, ¡loca! *(Se pone el abrigo.)* Me voy a dar una vuelta. Tengo que pensar.

Pedro.—*(Agarrándole la mano.)* No te vayas. Yo te quiero. Te quiero... (Rosa *de un tirón suelta la mano. Abre la puerta y sale de la casa.* Pedro *se queda inmóvil mirando la puerta... Reacciona y dando puñetazos en la pared dice:)* ¡No...! ¡No...! ¡No...!

(La puerta de la calle comienza a abrirse y Rosa *aparece de nuevo. Al ver a* Pedro *en ese estado se asusta y lentamente va hacia la cama y se sienta.* Pedro *está boca abajo sin atreverse a mirarla. Tras una pausa, ella le pone la mano sobre el hombro.)*

Rosa.—Cuéntame qué te pasa. (Pedro *no contesta.)* Cuéntamelo.

Pedro.—Nada... No me pasa nada.

Rosa.—¿No quieres decírmelo?

Pedro.—No, no es eso..., no es que no quiera. Es que... yo tampoco lo sé.

Rosa.—Dime lo que sientes. ¿Por qué has hecho esto?

Pedro.—He hecho..., ¿el qué?

Rosa.—¿Todavía me preguntas el qué...? Todo lo que ha pasado. Lo que has hecho... ¿Te parece normal?

Pedro.—No lo sé.

Rosa.—Tienes que saberlo. Hazlo por mí. Estoy mal, muy mal... Si ya no te gusto, dímelo. Prefiero que me lo digas claramente. ¡No lo soporto!

Pedro.—Yo te quiero, Rosa.

Rosa.—Pero no te gusto. Lo sé. Lo siento a cada momento. Cuando te intento acariciar por las noches me quitas la mano disimuladamente. Cuando te voy a dar un beso tú..., tú lo cortas. Todos tus besos parecen de despedida...

Pedro.—Sabes que estoy cansado.

Rosa.—¡Me da igual! Eres tú el que tiene que solucionarlo. *(Después de un instante.)* He dejado de sentirme mujer. No me siento nada. Estás consiguiendo que me vea fea, horrorosa...

PEDRO.—No digas eso. Eres muy guapa.

ROSA.—No, soy de carne y hueso. Necesito sentirme erótica; persona. Necesito que te empalmes conmigo. Que me mires con otros ojos. Dios, ¡me tienes que disfrazar! ¡Me tienes que esconder para...!

PEDRO.—*(Interrumpiéndola.)* Sólo ha sido un juego.

ROSA.—¡Mentira! Dímelo. Si te has enamorado de otra mujer, dímelo.

PEDRO.—Sólo te quiero a ti. ¡No hay nadie más! ¡Nadie!

ROSA.—Entonces... ¿Qué te pasa?

PEDRO.—Es algo extraño. No sé explicarlo.

ROSA.—Haz un esfuerzo... Por favor.

PEDRO.—*(Después de una pausa.)* Cuando..., cuando era pequeño caminaba con tacones mejor que mi hermana. Ella me lo decía...

ROSA.—Pero... eso, ¿qué tiene que ver?

PEDRO.—Espera. Antes, cuando me puse los zapatos, sentí lo mismo... Que sé andar con tacones. Qué locura, ¿verdad? *(Llevándose las manos a la cabeza.)* Todo está aquí. Tú también estás aquí. Y la gente siempre buscando algo. Tengo que controlar continuamente para que no estalle. ¡Controlar...! ¡Controlar!

ROSA.—¿Controlar el qué?

PEDRO.—Todo. A veces es tan duro ser una persona normal. Quiero decir que a veces uno tiene sensaciones o necesidades... inadmisibles.

ROSA.—¿Inadmisibles? ¿Qué tipo de necesidades?

PEDRO.—No, no son cosas concretas. Es como si lo que esperan de ti estuviera en contradicción con..., o sea, rompiera tu lógica... tu lógica interna.

ROSA.—¿Te refieres a lo que espero yo de ti?

PEDRO.—No sólo tú. Es todo el mundo, siempre. Mira, cuando era pequeño todos los niños de mi barrio jugaban a pelearse los de una calle contra otra... A veces yo también iba, pero no te puedes imaginar el miedo que llevaba, ¡el pánico!

ROSA.—Es lógico. Seguro que todos tenían miedo.

PEDRO.—Para vencerlo gritaba y me reía más que ninguno. Siempre me ponía en primera línea, frente al bando enemigo, y desafiaba las piedras. Entonces sentía cómo crecía ante los demás... Buscaba sus miradas que me decían: ¡Eres un valiente! ¡Un machote!

Rosa.—Pero los niños son así...

Pedro.—¿Sí? ¿Por qué? Yo... yo me sentía tan mal... Tan mal. Después me iba a un descampado que había detrás de mi casa y me sentaba. Solo. A ver las estrellas.

Rosa.—Ya sé que eres una persona solitaria. Eso a mí no me importa. Me gustas así.... solitario. Eres como un gato de descampado. Pero eso no es nada extraño... Hay muchos niños..., muchas personas a las que no les gusta tirar piedras a otros. Estoy asustada, Pedro. Te he sentido agresivo como nunca. Era..., era como si no supieras lo que hacías. Como si necesitaras destruir algo.

Pedro.—Un día mi padre me pegó una hostia, ¿sabes? Estaba cantando para mi hermana Piluca, disfrazado de Marisol. Nos lo estábamos pasando estupendamente. Llegó él y me dio una bofetada. Lo que más me jodió es que le pegara también a ella. Le dijo: «Vas a hacer de tu hermano un maricón.»

Rosa.—Pero todos nos hemos disfrazado de pequeños. ¿Qué niño no se ha puesto los vestidos de su hermana? No, no te entiendo...

Pedro.—Desde ese día me prometí a mí mismo demostrar que yo era más hombre que nadie. ¡No podía fallar! ¿Entiendes? Tenía que hacer lo que esperaban de mí. Y me he pasado la vida así; haciendo cosas que... Ahora ya no sé quién soy yo. No me conozco. Es absurdo, ¿no? A mi edad...

Rosa.—Siempre has sido un poco..., no sé. Pero lo que has hecho hoy es... es otra cosa. Es mucho más grave.

Pedro.—Sí, hoy no te he dado lo que querías y entonces tú has hecho lo mismo que hizo mi padre: me has dado una hostia.

Rosa.—¿Que yo te he dado una hostia? ¿Yo? No sé lo que quieres decir...

Pedro.—¡Que estoy harto! ¿Eso lo entiendes? Que estoy hasta los cojones de que me digan lo que tengo que hacer, cuándo lo tengo que hacer, con quién lo tengo que hacer, cómo lo tengo que hacer... ¿No querías que te contara lo que siento? Pues eso es lo que siento: que siempre tengo que estar demostrando a alguien que sé tirar piedras.

ROSA.—*(Levantando la voz.)* No entiendo nada. Háblame claro de una vez. ¡Y quítate esa ropa! ¡No lo soporto más!

PEDRO.—¿Por qué no me miras?

ROSA.—*(Sin mirarle.)* Ya te he visto suficiente... *(Gritando.)* No aguanto verte más así...

PEDRO.—Espera... Mírame bien. Mírame. ¡Mírame!

ROSA.—*(Se da la vuelta y le mira violentamente.)* ¿Qué? ¿Qué quieres?

PEDRO.—Me gusta estar así...

(ROSA *no le deja acabar. Se lanza hacia él e intenta desnudarle a la fuerza, le rasga el vestido en un intento de sacárselo. Le golpea...)*

ROSA.—¡Quítate eso! ¡Quítate toda esa mierda! ¡Pareces un maricón! ¡Maricón!

PEDRO.—*(Le sujeta las manos para que se tranquilice.)* ¡Estate quieta! ¡Me voy a quitar todo si tú quieres! *(La suelta y comienza a desnudarse con rapidez.* ROSA, *extenuada, se tira en la cama y se pone la almohada sobre la cabeza.* PEDRO, *mientras se quita el disfraz, dice:)* Me hubiera gustado que me ayudaras, pero ni siquiera me has querido oír... Eras la única persona que lo podía comprender... Eso creía yo. Dicen que cuando se ama se comprende todo... Pues es mentira... ¡Es una puta mentira! Yo no me puedo mirar y tú no me quieres ver. *(Se va poniendo su ropa: unos pantalones de tergal clásicos y una camisa blanca. Se quita el maquillaje de prisa. Se sienta en la mesa y comienza a sacar libros y papeles.* ROSA *se da la vuelta en la cama y le mira. Al verle vestido como siempre, con su aspecto habitual, da un respingo como si estuviera despertando de una pesadilla. Se sienta sobre la cama y queda pensativa. Intenta hablar, pero no sabe qué decir. Duda.)*

ROSA.—Pedro... (PEDRO *no contesta.)* ¡Pedro!

PEDRO.—*(Siguiendo con su trabajo.)* ¿Qué?

ROSA.—Lo siento, Pedro, pero es que me he puesto nerviosa y...

PEDRO.—*(Interrumpiéndola.)* No te preocupes, si en realidad lo que te estaba contando era una tontería.

Rosa.—No, no es ninguna tontería. Si yo quería hablar, si yo... lo necesitaba. Para una vez que te pones a contarme cosas reacciono como una histérica. Me has dado miedo. Perdona.

Pedro.—No tiene importancia...

Rosa.—Sí, sí que tiene importancia. *(Hay un silencio.)* Tú... tú en el fondo eres una persona muy sensible... Cuando te conocí me di cuenta en seguida. Tenías algo... Tenías otra forma de mirar. Después...

Pedro.—*(Que sigue a lo suyo, la vuelve a interrumpir.)* Rosa, cariño, déjalo, ¿quieres? Es mejor que nos olvidemos de lo que ha pasado esta noche.

Rosa.—Yo no me puedo olvidar. Necesito que me digas toda la verdad.

Pedro.—La verdad es que estamos juntos, ¿no?

Rosa.—Sí, pero no nos engañemos, Pedro. La cosa no va bien...

Pedro.—No te preocupes. Tú no tienes la culpa. Son neuras mías y yo lo voy a solucionar. *(La mira con cariño.)* No sé cómo puedes verte fea.

Rosa.—¿Cómo lo vas a solucionar?

Pedro.—Necesito unas vacaciones. Tengo que descansar.

Rosa.—¿Tú crees que la culpa de todo esto la tiene el trabajo?

Pedro.—Claro. No sabes lo que es estar aguantando siete horas diarias a los mismos gilipollas... Viendo todos los días los mismos papeles. Escuchando las mismas memeces.

Rosa.—¿Y lo de tu niñez, eso que me has contado?

Pedro.—Mira, Rosa, cuando a uno le van mal las cosas empieza a desvariar. A decir lo que no debe decir. A echar la culpa a quien no la tiene. En una palabra: a sacar las cosas de quicio. *(Convincente.)* No pasa nada, ha sido un mal momento, sólo un mal momento, te lo prometo.

Rosa.—Y... Y lo de que te gustaría ser... lo de que te gustaría ser como estabas antes...

Pedro.—Me gustaría ser muchas cosas que no soy, como a todo el mundo. Ser más inteligente, más simpático, más importante, ganar más dinero. Me gustaría ser bueno y guapo como tú.

Rosa.—¿Y lo de ser mujer?

PEDRO.—No, no me has entendido. Se trataba de jugar a encontrar cosas nuevas, ¿entiendes? A dejarnos llevar por las situaciones. A soñar que somos otros. Cualquiera.

ROSA.—Yo quiero que seas como eres. No quiero que seas otra cosa. *(Decidida, le cierra los libros.)* Deja las clases. Deja las oposiciones por ahora. Yo puedo buscarme un trabajo de lo que sea.

PEDRO.—No digas tonterías. Ese tema ya lo tenemos muy hablado.

ROSA.—Te tengo que ayudar. Te estás desbordando.

PEDRO.—Ya me ayudas con estar a mi lado. Tienes que terminar la carrera. No quiero que trabajes de cualquier cosa y te puteen por ahí... Voy a arreglarlo todo para tenerte como una reina.

ROSA.—¿De verdad quieres que sea tu reina?

PEDRO.—*(Después de una pausa la mira con profundo amor.)* Sí, mi única reina.

ROSA.—¿Sabes una cosa? Cuando yo era pequeña me gustaba jugar a «burro va» y a «dola» y no veas cómo metía las canicas en el gua. Y a las chapas... unos golazos... ¡Era una bestia...!

PEDRO.—Somos dos anormales.

ROSA.—¡Qué va! Los anormales son los otros. Los que se empeñan en hacer lo que se les manda. A mí me da igual lo que piense la gente.

PEDRO.—No, si tú eres una revolucionaria...

ROSA.—Pues sí, mira, ¿por qué no? Yo soy una revolucionaria... ¡Y tu padre era un cabrón...!

PEDRO.—*(Riéndose.)* ¡Estás embalada! ¿eh?

ROSA.—*(Después de un tiempo.)* ¿La única?

PEDRO.—Claro, tonta.

ROSA.—*(Agarra a PEDRO por detrás y casi sin atreverse.)* Entonces... ¿Por qué no tenemos un hijo?

PEDRO.—*(Separándose.)* Porque no podemos. No podríamos darle lo que yo quiero que tenga.

ROSA.—A lo mejor nos trae suerte.

PEDRO.—No seas pesada. Aprovechas cualquier momento para volver a la carga.

ROSA.—Es que estoy segura...

PEDRO.—*(Levantándose bruscamente.)* Con tantas emociones me ha entrado hambre. Voy a ver qué hay por aquí.

ROSA.—*(Inmóvil.)* Ya sí que no hay duda. Vuelves a ser el de siempre. *(Riéndose amargamente.)* ¡Qué tontería! Lo que hace un disfraz, ¿verdad?

PEDRO.—*(Que vuelve comiéndose una manzana.)* ¿Qué decías?

ROSA.—¡Que lo que puede hacer un disfraz! ¿Verdad?

PEDRO.—Sí... *(Le ofrece manzana.)* ¿Quieres? (ROSA *está abstraída en sus pensamientos y no le contesta.* PEDRO *la mira un momento y vuelve a ponerse a trabajar.)*

ROSA.—*(Sujetándose la cabeza.)* Estoy cansada. Agotada. Me voy a acostar.

PEDRO.—Vale, yo me quedo a trabajar un rato, así aprovecho y preparo las clases para el lunes.

ROSA.—Claro.

(ROSA *se pone su camisón y se mete en la cama. Apaga la luz de la mesilla de noche y la zona del dormitorio queda a oscuras.)*

PEDRO.—Buenas noches, reina.

ROSA.—Buenas noches.

(PEDRO *se queda solo y rápidamente abandona la manzana sobre la mesa. Un tiempo. Comienza a leer los papeles que ha estado escribiendo y súbitamente los arruga con fuerza entre sus manos. No sabe qué hacer. Por fin se decide y comienza a cerrar los libros. Observa las cajas de maquillaje, el vestido tirado por el suelo, las medias, los guantes... Y comienza a recoger todo automáticamente. Busca la peluca y ve que está detrás de la cama donde duerme* ROSA. *Se acerca sigilosamente y la recoge. Mira hacia la cama y dice:)*

PEDRO.—¡Rosa...! ¡Rosa...! ¿Estás despierta?

(ROSA *no contesta.* PEDRO *va hacia la mesa y pone la peluca con los demás elementos del disfraz. Una barra de carmín cae al suelo.* PEDRO *la recoge y quita la tapa haciendo girar la rosca hasta que sale una barra de carmín rojo brillante. Se vuelve hacia el espejo y se pinta los labios con timidez. En ese*

100

momento Rosa *se da una vuelta en la cama.* Pedro, *sobresaltado, se limpia la boca con la manga de la camisa, que se mancha de rojo. Queda estático, como si no pudiera ni respirar, mirándose al espejo y esperando lo inevitable. Pero la voz de* Rosa *no se oye y* Pedro *respira de nuevo. Entonces toma la decisión; coge una bolsa y despacio, pero con energía, va guardando todas las cosas: la peluca, el bolso, los zapatos... Todo. Con la bolsa en la mano se dirige a la puerta de salida y coge del perchero su gabardina. Se la pone. Abre la puerta. En ese mismo momento se enciende la luz del dormitorio.)*

Rosa.—¿Adónde vas?
Pedro.—*(Petrificado.)* No tengo sueño, ¿sabes? Y... he pensado... que me vendría bien dar una vuelta. Me voy al carnaval...

(Rosa *se levanta y* Pedro *se apoya en la puerta incapaz de hacer nada.)*

Rosa.—¡Espera! *(Se acerca a la mesa donde hay luz.)* Ven. *(*Pedro *se acerca lentamente hacia ella.)* Se te ha corrido el carmín. *(Toma la barra de labios y le retoca la pintura de la boca con detenimiento. Le mira.)* Así. *(*Pedro *hace un esfuerzo por decir algo, pero no lo consigue.* Rosa, *tranquila:)* ¡Un momento! *(Se acerca al jarrón donde puso las flores y coge una rosa. Le corta el rabito y volviendo hacia* Pedro *se lo coloca en la abertura del abrigo. Se separa de él para mirarle. Comienza a negar con la cabeza. Entonces se lo quita del ojal y le dice:)* Toma. Luego te lo pones donde quieras. *(Con una sonrisa abierta.)* Feliz carnaval.

(Pedro *le devuelve la sonrisa con timidez y, sin decir nada, sale de la casa y cierra la puerta.* Rosa *se queda mirando la puerta unos instantes. Un frío extraño que la hace temblar empieza a apoderarse de ella. Mira la casa desordenada y vacía. Necesita un cigarro. Entonces se acuerda de que están dentro del bolsillo del traje de Bogart. Lo saca y lo mira... Lo toca. Saca el tabaco y lentamente va hacia el tocadiscos. Pone el mismo disco que estaba sonando antes, cuando jugaban jun-*

tos. Su mirada choca ahora con el sombrero de Bogart, va hacia él y se lo pone. Mira la cama donde PEDRO *se sentó para «hacer de otro» y sonríe. Luego se ríe, luego charla, niega, ofrece un cigarro, intenta estar seductor. Súbitamente su risa se congela y se abraza a la cama en un intento desesperado de contener su llanto.)*

(Se va haciendo el oscuro.)

FIN

Resguardo personal

A Elena Moreno.
Y a todas las mujeres libres.

Se estrenó en el Teatro Lavapiés, de Madrid, dentro del Taller de Autores impartido por Jesús Campos, en 1986, con el siguiente reparto:

MARTA, María Luisa Borruel
GONZALO, Jesús Ruymán

Dirección: PALOMA PEDRERO

Salón-comedor de casa modesta o apartamento. Los muebles son típicos de piso de alquiler: toscos, impersonales y baratos. La decoración escasa. En la habitación hay signos de mudanza reciente. Al encenderse la luz vemos a MARTA. *Está arreglada y maquillada, aunque en su rostro hay huellas de cansancio. Abre su bolso de mano y busca un papel que coloca encima de la mesa del teléfono. Va a marcar pero se arrepiente y cuelga. Se sienta en el sofá al lado de una caja de cartón por la que asoma ropa que ella coloca delicadamente.*

Suena el timbre de la puerta. MARTA *se levanta, se pone el abrigo y se dirige a abrir.*

En el umbral de la puerta aparece GONZALO.

MARTA.—*(Sin dejarle entrar.)* ¿Qué quieres?

GONZALO.—¿Cómo que qué quiero? Déjame pasar.

MARTA.—¿Para qué?

GONZALO.—Tenemos que hablar.

MARTA.—Ahora no puedo. Tengo prisa. Iba a salir en este momento.

(GONZALO *empuja la puerta y se introduce dentro de la casa.*)

GONZALO.—Creo que me debes una explicación.

MARTA.—¿Otra? No me quedan.

GONZALO.—¿Dónde está Nunca?

MARTA.—Tú sabrás. Estaba en tu casa. Tal vez se cansó y salió a tomar el sol.

GONZALO.—Ha desaparecido. Tú eres la única que tiene las llaves del piso y sabías que iba a estar dos días fuera. Te has llevado a la perra ¿no?

MARTA.—*(Mirando alrededor.)* Llámala. Estará deseando verte.

GONZALO.—*(Abriendo las puertas de las habitaciones.)* ¡Nunca! *(Silba.)* ¡Nunca! ¡Nunca, soy yo...!

MARTA.—Ya lo ves. No está.

GONZALO.—¿Dónde está la perra? No me voy a enfadar, Marta. Sólo quiero que me des una explicación. Me la has quitado.

MARTA.—¿Me vas a denunciar? No te lo aconsejo. Vas a hacer un ridículo espantoso. *(Se ríe.)* Ya lo estoy viendo: marido agraviado denuncia a su esposa por secuestro de perrita cariñosa. *(A carcajadas.)* ¡Qué divertido!, ¿no?

GONZALO—No empieces a ponerme nervioso. Estoy intentando ser razonable. Te pido que no me hagas perder los estribos.

MARTA.—Grita, grita. Es muy sano. Sé que lo necesitas.

GONZALO.—*(Levantando la voz.)* ¡Deja de hablarme en ese tono! ¡Vas a conseguir que ocurra lo que estoy intentando evitar! ¿Dónde está la perra?

MARTA.—Habla bajito, por favor. No me encuentro bien del todo. Llevo dos días sin salir de casa. Todavía estoy un poco...

GONZALO.—¿Qué te pasa?

MARTA.—Fiebre. He estado con cuarenta grados.

GONZALO.—¿Te ha visto un médico?

MARTA.—He tenido unos delirios terribles. Anteanoche me desperté gritando; soñé que te habías convertido en una araña roja...

GONZALO.—*(Preocupado.)* ¿Cuándo tuviste los primeros síntomas? ¿Dolor? ¿Inflamación? ¿Has tomado antitérmicos? ¿Quieres que te explore?

MARTA.—No te preocupes, ya estoy bien. He tomado antibióticos y hoy ya no tengo fiebre. Por cierto, Gonzalo, cuando anestesiáis a un enfermo para operarle, ¿oye?

GONZALO—¿Cómo que si oye? Bueno, si es una anestesia de tipo quirúrgico, evidentemente no.

MARTA.—¿Y si es superficial? ¿Si es superficial, escucha lo que pasa a su alrededor?

GONZALO.—Pues... sí, pero, ¿por qué me preguntas eso?

MARTA.—No, era una imagen. Cuando deliraba con la fiebre me sentía como anestesiada. *(Pausita.)* Pero lo oía todo.

GONZALO.—Te noto cansada. No deberías estar sola.

MARTA.—¿A qué hora ha llegado tu tren? Te esperaba antes. Te has retrasado diez minutos. Llegaste a Chamartín a las seis y media ¿no?

GONZALO.—¿Por qué lo sabes?

MARTA.—Te esperaba.

GONZALO.—Sabías que iba a venir por la perra, claro. Estás reconociendo que te la llevaste.

MARTA.—La recuperé. Abrí la puerta y vino corriendo hacia mí. «Ah, no», le dije yo, y le expliqué claramente su situación. Entonces ella decidió libremente que prefería vivir conmigo. Te aseguro que no la coaccioné.

GONZALO.—Me desconciertas, Marta. No sé si es que estás desarrollando un nuevo sentido del humor o es que te estás quedando conmigo.

MARTA.—*(Con sorna.)* No, no tengo ningún interés en quedarme contigo. Tengo prisa.

GONZALO.—Escúchame. Vamos a hablar como personas civilizadas. Nos estamos jodiendo la vida demasiado el uno al otro. Esto no tiene sentido.

MARTA.—*(Mostrándole un poster.)* ¿Qué te parece si pongo este cartel en esa pared? Está todo tan feo...

GONZALO.—¡He venido a hablar contigo!

MARTA.—¿Me vas a dar el piano? El piano era de mi padre, me lo regaló a mí.

GONZALO.—¡Cállate! Quiero... estoy jodido, Marta. ¿No te das cuenta?

MARTA.—*(Le mira fijamente.)* Ya lo sé. No soportas sentirte abandonado. Te pone enfermo. Pues deberías tranquilizarte, porque es mentira; tú me dejaste primero y después yo... me fui.

GONZALO.—Yo nunca te he dejado. Eso no es verdad.

MARTA.—No, claro, sólo trabajabas tanto... Pues estás mejor ahora. Al menos no me hablas de sístoles y diástoles.

GONZALO.—No te entiendo.

MARTA.—No pretendo que me entiendas a estas alturas. Soy un poco... paranoica, pero no gilipollas.

GONZALO.—Yo siempre te he tenido en mente.

MARTA.—Me has tenido en casa. Tengo un vecino que dice

que lo mejor de estar casado es no tener que preocuparse de pasear a la novia.

GONZALO.—¿Por qué no me lo dijiste?

MARTA.—No ha sido grave. Ya sabes que mis fiebres son psicosomáticas.

GONZALO.—¿Por que no me dijiste que me estabas poniendo los cuernos?

MARTA.—¡Qué expresión mas desacertada! ¿Tú sabes de dónde viene? Nunca he conseguido averiguar el significado.

GONZALO.—Si al menos te hubieras enrollado con ese gilipollas discretamente... pero no, tenías que subirle a casa. Que te viera el portero.

MARTA.—Jamás lo hicimos en nuestra cama.

GONZALO.—¡Eso es lo de menos! Ya te he dicho que lo que no soporto es... ¡Me siento traicionado!

MARTA.—Gonzalito, déjalo ¿quieres? Se me hace muy aburrido... No nos entendemos. La gente no se puede comunicar con todo el mundo, es normal. Es una cuestión de ondas... La tuya y la mía chocan y ¡plaf! caos, caos, caos...

GONZALO.—¿Sigues con él?

MARTA.—No. Estoy intentando encontrar la paz.

GONZALO.—Ya sabía yo que era un hijo de puta. Me alegro de que, al menos, te hayas dado cuenta.

MARTA.—Estaba hablando del caos.

GONZALO.—O sea, que sigues viéndole.

MARTA.—Qué más da.

GONZALO.—Sabes que no me da igual.

MARTA.—No estoy con nadie. Ya te he dicho que necesito estar sola.

GONZALO.—¿Hasta cuándo?

MARTA.—Hasta que olvide y vuelva a creer en cosas imposibles.

GONZALO.—Necesito que vuelvas a casa. Esto es absurdo.

MARTA.—Es totalmente absurdo. Me ha costado mucho tomar esta decisión pero ya está, ya la he tomado.

GONZALO.—Tienes que volver. No me acostumbro a estar solo.

MARTA.—Es una cuestión de aprendizaje.

GONZALO.—Marta, yo te quiero. Te juro que te quiero.

MARTA.—Ya lo sé. Me enseñaste algo que no conocía...

GONZALO.—Vuelve a casa. Podemos arreglar las cosas...

MARTA.—Me enseñaste lo insólito del amor: la destrucción.

GONZALO.—Quiero seguir viviendo contigo. Creo que no está todo perdido...

MARTA.—Puede ser que la destrucción sea parte del amor...

GONZALO.—Mira, Marta, he estado pensando mucho en nosotros, sé que soy un tío jodido pero... voy a hacer un esfuerzo por salvar nuestra relación.

MARTA.—Sí, eres muy jodido y bastante sordo.

GONZALO.—Tienes que comprenderme. Sabes que tengo muchas responsabilidades. Estoy luchando para que me den la plaza de Jefe de Servicio. Tengo treinta camas a mi cargo. Me paso diez horas diarias en el quirófano...

MARTA.—¡No! Lo de siempre no, por favor. Sueño con personas deformes, con extracorpóreas, transfusiones, ecocardiogramas.... tic-tac, tic-tac, tic-tac, corazones que nunca se paran.

GONZALO.—Lo hago por nosotros, por nuestros hijos. Quiero ganar dinero para que vivamos bien...

MARTA.—Eso es interesante. ¡Suerte! Nos equivocamos; yo necesito otras cosas y tú otra mujer.

GONZALO.—No me hagas perder la paciencia. He decidido que te perdono... que te comprendo. Sé que estás un poco... desequilibrada y sé también que yo, en parte, soy responsable. Vamos a ayudarnos. Si no me echas una mano no voy a conseguir sacar la plaza.

MARTA.—¡Me importa un carajo! ¡Dios, toda la vida con el mismo rollo!

GONZALO.—¡No me quieres escuchar!

MARTA.—No.

GONZALO.—No tienes interés en hablar conmigo, ¿no?

MARTA.—Sí.

GONZALO.—¿Sí?

MARTA.—Sí que no, que no tengo interés.

GONZALO.—¿Vas a volver a casa?

MARTA.—No.

GONZALO.—Te advierto que no te lo voy a pedir más.

MARTA.—Te lo agradezco. Tengo prisa.

GONZALO.—Es tu última oportunidad.

MARTA.—No la quiero.

GONZALO.—Es increíble el resentimiento que tienes. Estás enferma.

MARTA.—Sí, me provocas palpitaciones.

GONZALO.—¡No te consiento que me hables así!

MARTA.—Me tengo que ir.

GONZALO.—¿A dónde?

MARTA.—Vete, Gonzalo. Lárgate de mi casa. No te he invitado a venir.

GONZALO.—Está bien, tú lo has querido. He venido aquí por algo...

MARTA.—Por algo que no está. *(Mira su reloj.)* ¡Dios mío, las ocho menos once minutos! *(Se dirige hacia la puerta.* GONZALO *se pone delante para no dejarla salir.)*

GONZALO.—Tú no sales de aquí hasta que no me digas dónde está la perra.

MARTA.—Quítate de ahí. Tengo algo muy urgente que hacer.

GONZALO.—Devuélveme lo que me has robado.

MARTA.—¡Es mía! Yo la he criado, la he cuidado cuando estuvo enferma...

GONZALO.—Eso es una chorrada. Yo la sacaba a mear...

MARTA.—¡Mentira! Yo le daba de comer, le hacía todo...

GONZALO.—¿Quién la pagó?

MARTA.—Tú no compras nada, imbécil. Nada que esté vivo. ¡Y quítate de ahí...!

GONZALO.—¿Dónde está la perra?

MARTA.—*(Después de una pausa.)* ¿Quieres saber dónde está? ¿Quieres que te lo diga? En la Perrera Municipal.

GONZALO.—¿Que la has metido en la Perrera?

MARTA.—De tu casa a la Perrera directamente. ¿Qué te crees? ¿Que iba a estar aquí esperándote?

GONZALO.—¡Eres una hija de puta...!

MARTA.—Y no te molestes en ir a buscarla porque no te la van a dar. Tengo un papel en el que consta que yo soy su dueña y sólo entregando ese resguardo te la dan.

GONZALO.—¡Dame ese papel ahora mismo!

MARTA.—¡Me has quitado todo pero a la perra no la vuelves a ver!

*(*MARTA *intenta salir de nuevo.* GONZALO *la agarra.)*

MARTA.—¡Déjame salir! ¡Tengo que irme!

GONZALO—¡El papel...!

MARTA.—Esta tarde termina el plazo para ir a recogerla. La perrera la cierran a las ocho. Me quedan ocho minutos. *(Histérica.)* ¡Ocho minutos!

GONZALO.—¿Para qué?

MARTA.—Me dieron setenta y dos horas. Si no voy ahora mismo y cierran, la sacrifican esta noche.

GONZALO.—¡Eso es mentira!

MARTA.—¡Te lo juro por Dios! *(Llorando.)* He estado enferma y sola. No he podido salir a la calle antes.... Cuando has llegado me iba a buscarla. Por favor, te lo suplico, déjame salir. ¡No me queda tiempo!

GONZALO.—No. (MARTA *se lanza hacia él y le golpea.)*

MARTA.—¡Hijo de puta! ¡Eres un...! ¡La van a matar por tu culpa!

GONZALO.—Por la tuya. Fuiste tú quien la llevó al matadero.

MARTA.—*(Suplicante.)* Todavía tengo tiempo. La Perrera está aquí al lado... Quedan cuatro minutos...

GONZALO.—No.

MARTA.—*(Le entrega el resguardo.)* Toma, vete tú. Corre, yo te digo dónde...

GONZALO.—No.

MARTA.—¿Cómo? ¿No vas a ir?

GONZALO.—Los caprichos de loca hay que pagarlos. *(Lee el papel y mira el reloj.)* Se acabó, ya no hay tiempo.

MARTA.—Eres tú. Lo veo tan bien, tan claro... Siento cierta felicidad por no haberme equivocado. Eres despreciable. Eres una araña roja; te has comido mis raíces, mis hojas..., has matado a mi perra...

GONZALO.—Tú la has matado. Estás loca, Marta. Y sólo por orgullo...

MARTA.—Sólo por odio.

GONZALO.—Estás más grave de lo que pensaba.

MARTA.—Puede sentirse satisfecho con su trabajo, doctor.

GONZALO.—Las ocho.

MARTA.—Adiós.

GONZALO.—Un momento, tengo que cerciorarme. *(Se dirige al teléfono.)*

MARTA.—¿Qué vas a hacer?

GONZALO.—Llamar a la perrera.

MARTA.—*(Señalando el resguardo.)* El teléfono viene ahí.

(GONZALO *marca el número. Espera y cuelga.*)

GONZALO.—Han cerrado. *(Satisfecho.)* Tu perrita ya... *(Hace un gesto de inyectar y rompe el papel en pedazos.* MARTA *se derrumba.)* Adiós. *(Sale.)*

(MARTA *mira hacia la puerta. Después de unos segundos de angustia comienza a reírse a carcajadas. Corre hacia una caja de embalaje, la abre y sale* NUNCA *desperezándose.*)

MARTA.—*(Sorprendida.)* ¿Ya estás despierta? Pobrecita... Muy bien, te has portado estupendamente. *(Le da algo de comer.)* ¿Has oído, Nunca? Necesitaba que lo oyeras todo, que supieras cómo es tu padre. Bueno, ya te vas a ir espabilando... Sólo ha sido un sueñecito. *(Saca una jeringuilla de la caja.)* La culpa es de Gonzalo; esto era suyo. *(La tira con desprecio.)* ¿Has visto cómo todo ha salido bien? Le conozco tanto... Sabes, yo misma me creía que era verdad; casi me muero. Pero ya se acabó, ya no volverá a molestarnos... por lo menos a ti, ¿nos vamos a la calle? Hale...

(NUNCA *mueve el rabo contenta.* MARTA *coge la cadena. Salen.*)

FIN

El color de agosto

*A Panchika Velez, mi directora francesa
del alma.*

Palabras para ti

Habla algo sobre el teatro, me dicen. Aprovecha y cuéntale tus impresiones o experiencias al bueno del lector. Está bien. Encantada. Sé que sois pocos, poquísimos. Me lo dicen mis editores: «El teatro no se compra, no se lee. Es una ruina.» Así que si tú estás leyendo esto eres un ser excepcional, casi único, maravilloso. ¡Enhorabuena! Te quiero. Y lo malo no es que no se lea teatro, lo malo es que tampoco se va a verlo.

Estamos en la España de 1989, acabamos de renacernos europeos, el partido del poder se dice socialista, se habla de cultura hasta en los burdeles, se gastan millones y millones en túnicas y luces, pero cuando la sala se apaga sólo unos pocos despiertan a la magia del escenario y, muchas veces, al rato se duermen de aburrimiento.

En los teatros comerciales los ancianos pudientes se aferran a que nada cambie en el mundo y, si algo, pocas veces, les dice que sí, que las cosas no son como ellos quieren, agarran el visón por los cuernos y se echan a la calle, y dejan abandonados a los cómicos, cómicos con plantón de esquina y sin billete.

En los teatros públicos se evoca a los grandes y a los muertos entre oro y tecnología. Allí van por barato, por cultura, por prosperidad y por mala conciencia, otra gente inquieta, tampoco mucha, pero más variada y colorida. A veces, como llega la onda, sobre todo en los espectáculos importados, se hacen algunas colas.

Y en las cuatro cuevas del teatro alternativo van los cómicos jóvenes y sus amigos a buscar la pureza, que de pureza viven no de pesetas —coplilla casual, lo juro.

115

Después de este repasillo por lo más obvio, me niego a analizar los porqués. Dicen lo de la televisión, el paro, la crisis de valores no materiales, la vuelta al conservadurismo, lo caro de la entrada, la pésima política cultural, la falta de talentos... Todos echamos la culpa a los demás. Yo no sé de quién será la culpa, pero te aseguro, querido lector, personaje extraordinario, que la culpa no es del teatro.

El teatro es un lugar donde ocurren acontecimientos notables, amables y mágicos. El teatro es un arte antiguo y sagrado, profano y divertido, joven y luminoso. Teatro es un actor. Una bella melodía dramática, un escenario para mirarse, una estrella que habla... Esto y mil cosas así, es el teatro. Y si aún no lo has descubierto te pido que lo busques. No hagas caso a los críticos que no se enteran de nada, ni a los políticos que siempre mienten, ni a los grandes neones que deslumbran. Ponte delante del espejo y píntate un colorete de payaso, ¡ya estás cerca! Lee la escena del bosque de *Bodas de sangre* de Federico. Imagina que tu chica es Julieta, o tu chico Montesco. Toma un tranvía llamado deseo... y descubre que «A veces se aparece Dios».

Amo el teatro, lector amigo, lo amo porque se lo merece, lo amo sin esfuerzo, porque él no es el que me hace sufrir. El teatro es inocente, como tú y como yo. Y vivirá para gozo y transformación de las gentes.

Me confieso una ingenua.

Y sonrío.

PALOMA PEDRERO

María Luisa Borruel y Encarna Aguerri en *El color de Agosto*. Dirigida por Pepe Ortega. Estrenada en 1987 en el Centro Cultural Galileo de Madrid.

Se estrenó en el Centro Cultural Galileo, de Madrid, el 28 de julio de 1988, con el siguiente reparto:

MARÍA, Encarna Aguerri
LAURA, María Luisa Borruel

Dirección: PEPE ORTEGA

Estudio de pintura acristalado y luminoso, paneles y cuadros en las paredes, caballetes, esculturas. Desorden en una nave de lujo con cierto aire esnob.

En el centro una fuente-ducha con un angelote abajo que echa agua por la boca a otro angelote que está colgado arriba con la boca abierta. Cuando se mueve el ángel de abajo comienza a echar agua por la boca el ángel de arriba, convirtiéndose así en una sofisticada ducha.

También hay una nevera y un televisor. En el centro una Venus de escayola con una jaula en el vientre. Dentro de la jaula un pájaro vivo.

Es una calurosa tarde de agosto.

Entra MARÍA *por la puerta del jardín. Es una mujer de unos treinta y cinco años muy bien llevados. Viste únicamente una camiseta de tirantes a modo de minifalda que nos deja ver sus largas y bronceadas piernas. Su pelo está cortado a la última en mechones desparejos y coloreados.* MARÍA *es una pieza perfecta a juego con su estudio. Trae flores en la mano que coloca en un jarrón. Enciende la televisión. Pone música. Se acerca al contestador telefónico y pulsa la tecla. Entre todos los sonidos oímos la voz de un hombre que sale del aparato.*

MARÍA *ordena el estudio sin parecer percibir el ruido que la envuelve.*

MARÍA—*(Entre nerviosa y contenta se acerca a la jaula y juega con el pájaro.)* Así, así... Canta, canta... *(Coge una carpeta y saca varios lienzos que va colgando en la pared. Son todos dibujos o bocetos de una misma mujer. En algunos vemos a* MARÍA *dibujada a su lado. Mientras los cuelga va enumerándolos con títulos.)* Laura con manzana. Laura con Osa Mayor. Laura triste. Laura sentada. Laura con cubo de basura. Laura vieja. Laura mira a María... *(Mira el reloj inquieta.)* ¡Las ocho! *(Pasea nerviosa.*

Se sienta frente al televisor. Inmediatamente se aparta y decide pintar. Está desasosegada y no se concentra. De pronto, como sacudida por una idea, apaga todos los aparatos y tapa la jaula con una tela negra. La habitación queda en silencio. Sólo se oye el ruido del agua. Al cabo de unos instantes suena el timbre. MARÍA *corre y destapa al pájaro.)* ¡Canta, vamos, canta...! *(Se prepara para abrir. Respira profundamente. Se acerca a la puerta, la abre ligeramente y con rapidez se esconde.)*

VOZ DE LAURA EN OFF.—¿Se puede? ¿Se puede pasar?

    *(*LAURA *se introduce lentamente en el estudio. Aunque se adivina que es la mujer de los cuadros ha cambiado profundamente. Está envejecida y menos bella. Su vestuario es pobre y su piel maltratada. Quizá sólo sus ojos son más hermosos, más vivos, más reales que los de los dibujos.* LAURA *mira el estudio y al ver sus retratos se queda petrificada. Después de un largo momento reacciona. Mira a su alrededor buscando a alguien asustada y casi involuntariamente, se dirige a la puerta de salida. Aparece* MARÍA.*)*

MARÍA.—¡Laura!

    (Se miran un momento en silencio. MARÍA *se lanza hacia ella cierra la puerta y la abraza.)*

MARÍA.—¿Por qué no me dijiste que habías vuelto? Eres... eres... *(Se separa y la mira.)* Estás..., estás guapa. Un poco delgada pero... ¿Qué? ¿No me vas a decir nada? ¿No te alegras de verme?

LAURA.—Sí.

MARÍA.—Pero pasa. Ven, ponte cómoda... Estás sudando.

LAURA.—Hace mucho calor.

MARÍA.—Mójate en la fuente... Ven...

LAURA.—Déjalo... Déjalo...

MARÍA.—Voy a poner el aire.

LAURA.—No; por mí, no.

MARÍA.—Pero siéntate... *(*LAURA *no se sienta.)* Dime algo. ¿Qué te ha parecido la sorpresa?

LAURA.—*(Recuperándose.)* Algo brusca.

María.—*(Agarrándole las manos.)* ¿Por qué tiemblas?

Laura.—*(Se suelta.)* No tiemblo.

María.—*(La abraza.)* Qué alegría... No me lo puedo creer. Ven, siéntate aquí. ¿Qué quieres tomar?

Laura.—Cualquier cosa.

María.—Whisky. Tengo preparada para ti una botella especial. ¿Quieres?

(Laura *asiente.* María *saca la botella y prepara las copas.* Laura *observa el estudio.)*

María.—¿Te gusta?

Laura.—Sí, sí, mucho.

María.—Bah, ya no cabemos todos.

Laura.—¿Todos?

María.—Aparte de éstos, tengo dos gatos en el jardín.

Laura.—¿Gatos? ¿En el jardín?

María.—Sí, tengo un jardín ahí atrás.

Laura.—Pero a ti no te gustaban los gatos. Me echabas de casa todos los que recogía en la calle.

María.—*(Dándole la copa.)* Aprendí a comprenderlos. Me lo propuse y aprendí. *(Frívola.)* Además en un jardín se pueden tener gatos y en una buhardilla no. *(Levanta la copa.)* Di algo.

Laura.—Por tu triunfo.

María.—Por nuestro encuentro. *(Beben.)*

Laura.—¿Por..., por qué me has hecho venir aquí?

María.—Fui a la agencia a buscar una modelo y vi tu foto. Casi me muero... ¿Por qué no me llamaste para decirme que habías regresado?

Laura.—Todavía no he regresado.

María.—... Así que pensé darte una sorpresa y le dije a la de la agencia un nombre falso. *(Se ríe.)* Me reconoció enseguida, claro, y me dijo asombrada: «Pero usted es María Dehesa.» Y yo muy seria, le dije: «¡Ojalá...! No, no, soy...»

Laura.—*(Tirándole el papel que traía en la mano.)* Carmen Robles.

María.—Sí. Me extrañó tanto ver tu foto que no podía pasar un minuto sin verte. Pero dime, ¿cuándo llegaste de New

121

York? ¿Cómo te ha ido? ¿Por qué dejaste de escribirme? ¿Por qué trabajas de modelo?

LAURA.—¿Cuál de todas las preguntas quieres que te conteste primero?

MARÍA.—*(Dándose golpecitos en la frente.)* ¡Idiota! ¡Soy idiota! Toda la vida juntas y todavía no he aprendido que odias los interrogatorios.

LAURA.—Toda la vida menos ocho años.

MARÍA.—Sí, es mucho ocho años, ¿no?

LAURA.—Sí.

MARÍA.—Pero no has cambiado.

LAURA.—No mientas. He cambiado. Tú también. Mucho. Estás más alta. (MARÍA *ríe.*) Más estirada.

MARÍA.—*(Después de un momento.)* ¿Cómo estás?

LAURA.—Estupendamente. ¿No lo ves?

MARÍA.—Yo... yo...

LAURA.—*(Se levanta.)* ¿Cómo quieres que pose para ti? Vestida o desnuda?

MARÍA.—¿Estás loca? Pero si era una excusa. Una simple excusa para verte.

LAURA.—¿Y te has preguntado si yo quería verte a ti?

MARÍA.—Pues...

LAURA.—Me han contratado para dos horas. Dime dónde quieres que me ponga.

MARÍA.—No digas tonterías. Tenemos que contarnos tantas cosas...

LAURA.—Creo que ya sabemos lo suficiente la una de la otra. Te he visto en las galerías y en las revistas. Conozco tus premios y tu estudio. He venido a trabajar.

MARÍA.—Yo no sé nada de ti.

LAURA.—Ah, ¿no? ¿No has podido averiguarlo? Pues ya ves, poso por hobby. Te lo imaginabas, ¿verdad?

MARÍA.—Yo quería...

LAURA.—¿Me vas a pintar o no?

MARÍA.—Yo... yo te pago de todas formas.

LAURA.—*(Después de una pausa.)* Gracias, pero quiero más. Para ti soy más cara.

MARÍA.—¿Cuánto?

LAURA.—¿Cuánto ofreces?

MARÍA.—Lo que quieras.

LAURA.—*(Señalando un cuadro.)* Ese.

MARÍA.—¿Te gusta?

LAURA.—¿Cuánto vale?

MARÍA.—¿Para ti?

LAURA.—En el mercado.

MARÍA.—Mucho.

LAURA.—¿Cuánto?

MARÍA.—Medio millón.

LAURA.—Quiero dos de esos.

MARÍA.—No tengo dos.

LAURA.—Uno es poco.

MARÍA.—Si posas para mí te doy los que quieras.

LAURA.—Tres.

MARÍA.—*(Después de un momento.)* De acuerdo.

LAURA.—Vendidos. Eso te será más fácil a ti.

MARÍA.—Sí.

LAURA.—¿Tanto me necesitas? Pensé que el tiempo...

MARÍA.—¡Esto es un delirio! No entiendo nada...

LAURA.—Tú te lo has buscado. Pues no, querida, ni tres, ni ocho, ni quince. No voy a posar para ti. *(Se dirige a la puerta.)*

MARÍA.—¿Adónde vas?

LAURA.—Me voy. Olvídate de que me has visto, ¿vale? Un día te llamaré y, si tú quieres, nos podremos ver.

MARÍA.—No; por favor, no te vayas.

LAURA.—Este ambiente me ahoga.

MARÍA.—*(Suplicante.)* Llevo todo el día preparándome para verte.

LAURA.—A traición.

MARÍA.—He preparado tu tarta favorita. Esa de trufa y nata...

LAURA.—Gracias, María, pero ya no me gusta. *(Abre la puerta.)*

MARÍA.—¿Por qué?

LAURA.—Esto es un miserable montaje.

MARÍA.—*(Derrotada.)* Sí. Nada se mueve. Creía que lo tenía todo claro... ¡Qué imbécil soy! Lo he tenido todo claro hasta que te vi.

LAURA.—Has disimulado muy bien. Enhorabuena. Adiós.

123

MARÍA.—No seas cruel.

LAURA.—¿Qué quieres de mí?

MARÍA.—*(Después de un momento.)* Nada.

(LAURA *va a salir. Repentinamente se vuelve. Se miran un momento y se abrazan con cariño.)*

MARÍA.—Perdóname. Perdóname.

LAURA.—Ahora te reconozco.

MARÍA.—¡Dios mío, creí que te marchabas!

LAURA.—¿Irme? ¿Habiendo tarta de trufa y whisky de lujo?

MARÍA.—Te odio.

LAURA.—Te odio.

MARÍA.—Vamos a beber.

LAURA.—Sí, lo necesito.

(MARÍA *llena las copas y bebe.)*

LAURA.—Creo que tendríamos que empezar de nuevo.

MARÍA.—¿Cómo?

LAURA.—En igualdad de condiciones. Te lo has preparado muy bien. En tu terreno y con todas las armas puestas. Yo venía desarmada.

MARÍA.—Ya estamos en igualdad. Me has desarmado.

LAURA.—Qué tonta... Querías impresionarme, ¿no?

MARÍA.—Era una fantasía. Olvidé lo fuerte que eres.

LAURA.—Estás guapa. Se nota que te ha tratado bien la vida.

MARÍA.—Sí.

LAURA.—Oye, ¿y qué se siente?

MARÍA.—¿Cuándo?

LAURA.—Cuando se triunfa.

MARÍA.—*(Piensa.)* No sé. Se siente, se vive. Tengo todo lo que deseaba; esto, un chalet con piscina, dos criadas, un marido...

LAURA.—Ah, ¿el marido también entra en el paquete del triunfo?

MARÍA.—Yo no he dicho eso.

LAURA.—Lo has dicho.

MARÍA.—*(Después de una pausa.)* Puede ser. ¿Y tú?

LAURA.—Yo qué.

MARÍA.—¿Te casaste?

LAURA.—¿Yo? *(Se ríe.)* No, hija... Dios mío, qué calor...

MARÍA.—¿Quieres más?

LAURA.—No, gracias. Bueno, un poquito más. Calma la sed.

MARÍA.—Tengo más botellas. Vamos, ponte cómoda, quítate los zapatos. *(Se los quita ella.)* Dime, ¿cómo te fue?

LAURA.—No.

MARÍA.—¿Por qué?

LAURA.—No quiero hablar del pasado.

MARÍA.—Una sola pregunta, ¿vale?

LAURA.—Una.

MARÍA.—¿Le olvidaste?

LAURA.—¿A quién? *(Se levanta y mira los cuadros.)*

MARÍA.—No disimules, a Juan.

LAURA.—*(Se ríe nerviosa.)* Ah, sí, fue fácil...

MARÍA.—No tan fácil. Tuviste que hacer un largo viaje.

LAURA.—*(Por un cuadro.)* Es sorprendente. En ocho años ha cambiado totalmente tu visión del mundo.

MARÍA.—¿Nos hemos distanciado?

LAURA.—¿Esto es un útero?

MARÍA.—Sí.

LAURA.—Hay fuego dentro. Y un fósil, algo vivo... Quizá un caracol que busca la salida...

MARÍA.—Sí.

LAURA.—Pero la salida está tapada por un enorme monolito.

MARÍA.—*(Ansiosa.)* ¿Te gusta?

LAURA.—Esa mano está muerta.

MARÍA.—Lo pretendía.

LAURA.—Todo anestesiado, perfecto, inmóvil.

MARÍA.—No te gusta.

LAURA.—Está bien.

MARÍA.—Este es el último.

LAURA.—La primavera.

MARÍA.—Puede ser.

LAURA.—Un hombre-mujer descendiendo del agua con peces en la cabeza.

MARÍA.—Es una mujer.

LAURA.—Tiene un pene.

125

María.—Es un pez.

Laura.—¿Por qué está bizca?

María.—No está bizca, está mirando para arriba.

Laura.—Eso te lo imaginas tú. Más bien parece que está a punto de sufrir un ataque o un corte de digestión.

María.—No te gusta.

Laura.—Está bien.

María.—*(Mostrándole el caballete con un lienzo en blanco.)* Este es el último.

Laura.—Es el mejor.

María.—*(Señala la Venus.)* Será esa Venus con el pájaro en el vientre y una mano abriendo la jaula. Una mano de mujer.

Laura.—*(Se coloca por detrás de la estatua y pone su mano en la jaula.)* ¿Así?

María.—A ver... Un poco más abajo.

Laura.—¿Así?

María.—Espera. Abrázala fuerte. ¡Qué bonito! La mano en la jaula. Eso es. No, no muevas los dedos... (Laura *los mueve.)* Los dedos tensos. Más. A ver... *(Coge un lápiz y comienza a dibujar.* Laura *cambia la composición.)* Un minuto... No te muevas. Déjame verlo...

Laura.—No. Ni lo sueñes... Ni lo sueñes... *(Se quita.)*

María.—Era hermoso.

Laura.—Yo que tú pondría una mano de plástico, o una mano de hierro. Eso es, un garfio de pirata.

María.—Me gustaría ver tus cosas... Las he echado mucho de menos. Fuiste una gran maestra para mí.

Laura.—*(Riéndose.)* Una mala maestra. No aprendiste nada.

María.—Los entendidos no dicen eso.

Laura.—*(Le toca el pelo.)* Claro. Era una broma. *(Bebe.)*

María.—Vendo mucho. He tenido suerte, ¿y tú?

Laura.—También.

María.—¿En qué?

Laura.—*(Grita.)* ¡¡¡Ah!!!

María.—¿Qué te pasa?

Laura.—Creo que vamos a tener que empezar de nuevo. La verdad o me largo.

María.—No te entiendo.

Laura.—Estamos fingiendo.

MARÍA.—Es difícil empezar después de tantos años.

LAURA.—*(Se sirve alcohol.)* Tendremos que beber.

MARÍA.—Sí. *(Beben.)*

LAURA.—Anda, mírame bien.

MARÍA.—Te miro.

LAURA.—Yo también te miro. ¿Tienes un espejo?

MARÍA.—Ese.

LAURA.—Vamos. *(Se sitúan frente al espejo.)*

MARÍA.—Siempre tuviste más tetas que yo. La primera vez que te vi en la ducha pensé: yo nunca tendré esas tetas.

LAURA.—Teníamos doce años. Tú estabas plana.

MARÍA.—Y nunca las tuve. Tan redonditas y con los pezones tan claros. Ni tampoco tu cara, ni tu pelo, ni tus piernas, ni tus manos, ni tu voz...

LAURA.—Tuviste las tuyas. Las mías era imposible.

MARÍA.—No tuve nada.

LAURA.—¿Nada?

MARÍA.—Tu talento nunca.

LAURA.—¿Qué es eso?

MARÍA.—Una luz... Es como un antojo. Se viene al mundo con él pegado a la piel.

LAURA.—¿Y dónde se esconde?

MARÍA.—*(Le da un golpecito en la cabeza.)* Aquí.

LAURA.—No.

MARÍA.—En las tetas no.

LAURA.—No sé... No sé... *(Bebe.)* ¿Sabes una cosa? Esto me gusta. ¿Sabes otra? Estás nostálgica como un muerto. Sí, estás como muerta. Joven, muy joven y bonita, pero... la fama y el dinero te han hecho demasiado perfecta. Increíblemente perfecta.

MARÍA.—Tú estás vieja.

LAURA.—¿Te alegras?

MARÍA.—*(Ríe.)* Sí.

LAURA.—Pero estoy viva. Mira, mírame.

MARÍA.—Y sigues siendo mala.

LAURA.—¿Sigo? No has cambiado nada. Sigues necesitándome.

MARÍA.—Ya no. He continuado sin ti y lo tengo todo. Tú, la grande, la genial, Laura Antón, ¡plaf!, al pozo.

LAURA.—Y sin embargo me sigues necesitando.

127

MARÍA.—No.

LAURA.—No finjas. Me escribiste más de mil cartas. Me das citas a traición.

MARÍA.—Quiero ayudarte.

LAURA.—¿Sí?

MARÍA.—Sé que estás en la miseria.

LAURA.—Bien. Creo que estamos dejando de fingir.

MARÍA.—Quiero sacarte.

LAURA.—Qué fuentecita más ridícula...

MARÍA.—Quiero que dejes de posar para los demás.

LAURA.—*(Mojándose.)* ¡Qué calor...! *(Bebe.)*

MARÍA.—Estás manca y me necesitas.

LAURA.—¡Tú a mí!

MARÍA.—¿Yo? ¿Para qué?

LAURA.—Tú sabrás...

MARÍA.—Quiero que poses sólo para mí.

LAURA.—*(Ríe.)* Mira la niñita tonta...

MARÍA.—Eso es lo que fui siempre para ti. Una perfecta idiota a la que se podía usar como lienzo y como trapo. Pero la vida ha cambiado los papeles. Me utilizaste siempre. Me hundiste en la mierda siempre. Fui una esclava a la que ni siquiera diste de comer. Y no pude empezar a respirar hasta que te largaste. ¡Dios, no sabes lo que le agradecí a Juan que te abandonara!

LAURA.—Te equivocas. Nunca me abandonó porque nunca me tomó...

MARÍA.—Es cierto. Fue el más inteligente de los tres. Juan tuvo...

LAURA.—¡No quiero hablar de eso!

MARÍA.—¿Por qué?

LAURA.—Han pasado ocho años. Se acabó, ¿entiendes?

MARÍA.—¿No decías que no te importaba?

LAURA.—¡No me importa!

MARÍA.—¿No quieres saber nada de él?

LAURA.—No.

MARÍA.—Sé cosas que...

LAURA.—¡No me interesan!

MARÍA.—No te creo. Te pones muy tensa cuando pronuncio su nombre. A ver... Juaann, Juaann...

128

LAURA.—Cómo te has afilado las uñas. Me sorprende. Siempre pensé que eras...

MARÍA.—Que era una mofeta.

LAURA.—*(Se ríe.)* Eras un poco mofeta, ¿no?

MARÍA.—Pero ahora tengo las uñas largas. *(Le araña.)*

LAURA.—Me has hecho daño.

MARÍA.—Tú a mí también.

LAURA—¿Qué quieres de mí?

MARÍA.—Tengo mucho oro. Quiero dártelo.

LAURA.—¿Se te han acabado las ideas? *(Bebe.)*

MARÍA.—Está alcoholizada.

LAURA.—¿Y qué?

MARÍA.—Quiero recuperar a un genio para la humanidad.

LAURA.—*(Se desternilla de risa.)* ¡Qué estupidez...! ¿No tienes un argumento mejor?

MARÍA.—Te quiero.

LAURA.—*(Después de un momento.)* Y tienes mucho dinero.

MARÍA.—Sí.

(LAURA *se echa a llorar.*)

MARÍA.—Laura, Laurita, perdóname. Soy una cabrona, pero... Tú eres la mejor... No puedes estar así... así, sin crear...

LAURA.—Abrázame.

MARÍA.—Ven. Ya no estás sola. Has vuelto a casa. No voy a dejar que nadie te haga daño.

LAURA.—Mamá...

MARÍA.—Sí, quiero ser tu mamá...

LAURA.—Dame de eso.

MARÍA.—No. Estás bebiendo demasiado...

LAURA.—Un poquitín sólo... Como si fuera un biberón...

MARÍA.—Toma. Un poquitín sólo. Ya Laurita, ya...

LAURA.—¿Eres feliz?

MARÍA.—Ahora sí.

LAURA.—No digo ahora. Digo antes.

MARÍA.—No.

LAURA.—Gracias.

MARÍA.—¿Y tú?

LAURA.—Yo no tengo por qué serlo. Estoy sola y no tengo nada. María, hace cuatro años que no pinto y ocho que no amo, que no puedo. Soy muy desgraciada...

MARÍA.—Yo te cuidaré...

LAURA.—Sigo soñando con ese hijo de la gran puta todas las noches... Con sus ojos negros, con el lunar de su pecho. Con su fuerza de hombre no enamorado...

MARÍA.—Yo te haré olvidarle...

LAURA.—Me arruinó la vida. Cuando empezaba a destacar, a ser alguien, tuve que dejarlo todo y salir huyendo...

MARÍA.—Yo te haré olvidarle...

LAURA.—María, los hombres no nos entran por la vagina, es mentira. Nos entran por otro sitio...

MARÍA.—Duérmete...

LAURA.—Por un sitio que se cierra y no tiene salida. ¿Dónde está la salida? ¿Dónde?

MARÍA.—*(Besándola.)* Tranquila... Tranquila...

LAURA.—Me he acostado con tantos tíos... He bebido tanto, me he metido tantas cosas para amar. He tenido oportunidades de olvidar... ¡Estoy loca! No he podido...

MARÍA.—Yo también estoy loca. Nadie en su sano juicio se salva.

LAURA.—*(Sin escuchar.)* Y el ensueño también para él. Todo mi ensueño desperdiciado en un encuentro. Cierro los ojos y me monto la película: llego y llamo al timbre... Pasos que vienen, sus pasos. Abre la puerta. Nos miramos. Yo llevo el vestido rojo y él me ve guapísima, se lo noto. Habla: «Hola, Laura.» Yo le beso suavemente cerca de los labios y él se echa a temblar. Entonces me dice: «Ocho años esperando este momento.» *(Silencio.)* Otras veces le encuentro en la calle, casualmente, casi nos chocamos. Una puerta giratoria... No sé... *(Pausa.)* Y ahora que le tengo en la palma de la mano... ¡No puedo! ¡Tengo miedo! Sé que ocurrirá lo de siempre...

MARÍA.—¡Olvídale! No dejemos que se meta entre nosotras...

LAURA.—Lo de siempre se llama sexo. Los hombres pueden desear brutalmente y no haber nada más. Nada. Ni una gotita de sangre, ni una lágrima... Sólo semen... semen...

MARÍA.—¡Déjalo, Laura! Déjalo...

LAURA.—Era el hombre que mejor lo hacía... Mi cuerpo era un puro beso en su cuerpo. Todo mi cuerpo un punto débil en sus manos. Sólo su roce suave me bastaba para sentirlo todo. Para entender que merecía la pena estar viva. Por eso no iré. Se acabó.

MARÍA.—¡Sí, por Dios, se acabó!

LAURA.—Y si le veo le diré: «Ya no quiero besarte, ni morderte. ¡No te acerques...!» *(Bebe.)* Quiero meterme entera por su boca y acariciarle por dentro. El último viaje hacia la muerte. Pero no, no le voy a arrancar el corazón...

MARÍA.—¡Laura, por favor, estás delirando!

LAURA.—Eso sería una muerte dulce. Al corazón le diré: «Hola, amor mío...» Si yo le quitara el corazón seguiría vivo.

MARÍA.—¡Laura!

LAURA.—Entonces bajaría por sus tripas, encontraría el hueco, metería la cabeza y ya ¡Cruafff! ¡El pene roto! ¡Juan muerto!

MARÍA.—Por favor, no digas barbaridades. Estás delirando... Estás enferma... Juan era... Juan es un hombre normal.

LAURA.—¿Cómo estará?

MARÍA.—Yo sé cómo está.

LAURA.—Su voz será igual...

MARÍA.—Yo no me fui. La vida siguió aquí para todos. Mucho tiempo después de tu huida...

LAURA.—¡No quiero saber nada!

MARÍA.—Pero tienes que saberlo. Tenemos que volver a la realidad... Un día...

LAURA.—¿Te imaginas a Juan celoso por mi culpa?

MARÍA.—¡Laura!

LAURA.—¿Qué te pasa?

MARÍA.—¡No me escuchas! Estoy intentando decirte algo...

LAURA.—No le veré. Esa es la única muerte auténtica.

MARÍA.—*(Zarandeándola.)* ¿Quieres escucharme?

LAURA.—Y todo... ¿para qué?

MARÍA.—Juan...

LAURA.—¡No le nombres! *(Le tapa la boca suavemente.)* Ese hombre... *(Se toca el corazón.)* Se fue de aquí ya. (MARÍA *niega.)* No me cuentes nada, te lo suplico. No quiero saberlo.

MARÍA.—*(Después de una pausa.)* Está bien. Como tú quieras. Siempre es como tú quieras... Ven.

LAURA.—¿A dónde?

MARÍA.—Te voy a lavar tu hermosa carita.

LAURA.—*(Yendo hacia el agua, abrazada a* MARÍA.) Lávame los pensamientos... ¿Eso se puede hacer?

MARÍA.—Lo intentaré. *(Le da agua en la cara y en el pelo.)* ¿Qué tal? ¿Cómo van esos pensamientos?

LAURA.—Revueltos y enredados. Péiname. ¿Quieres?

MARÍA.—*(Riéndose.)* Sí. Te voy a poner guapa, guapa, guapa como a una novia.

(MARÍA *seca la cara a* LAURA. *La peina. Saca un estuche de maquillaje y le da sombra en los ojos.* LAURA *se deja hacer.)*

MARÍA.—Un poco de sombra azul... Así... Sigues teniendo ojos de duende.

LAURA.—Pero ahora están rodeados de arrugas... Anda, quítamelas.

MARÍA.—Tienes la cara que te mereces. Y es absolutamente bella.

LAURA.—Gracias. *(Mira a* MARÍA *a los ojos.)* ¿Y por qué tú no te mereces arrugas?

MARÍA.—*(Dándole coloretes.)* No me has visto bien. Cuando me río, o lloro, o digo la verdad, se ve el truco. Las arrugas son como los fantasmas, están deseando salir de sus escondites.

LAURA.—*(Riéndose.)* ¿Vas a taparme los fantasmas?

MARÍA.—Sólo un poco de color... *(Le pinta los labios de rojo.)* Así estás mucho más guapa. Guapa como...

LAURA.—¡Una novia! ¿Te imaginas dos novias en un altar? Las dos de blanco y seda. Las dos con el velo tapándoles la cara. Y el cura diciendo: «¿Rosa, quieres por esposa a Margarita hasta que la muerte os separe? ¿Y tú, Margarita, quieres por esposa a Rosa... ta ta ta... ta ta ta... ta ta ta...?» Y el cura: «Os podéis besar.»

MARÍA.—Y las dos levantan sus velos, se miran y mezclan el carmín rojo de sus bocas.

LAURA.—Y los invitados preguntándose: «¿Y tú de quién eres amigo, de la novia o de la novia?»

MARÍA.—Y un mal pensado susurrando: «Están embarazadas.» «Van las dos embarazadas.»

LAURA.—Y después la apertura del baile nupcial. ¿Te imaginas? Los dos padrinos varones cediendo a las novias... blancas...

MARÍA.—*(Poniéndole una sábana blanca por la cabeza a* LAURA.*)* Así de blancas por fuera. *(Se pone ella otra sábana.)* ¡Blancas, blancas...! *(Gira y baila. Pone un disco. Suena un vals.)*

*(*MARÍA *comienza a bailar con un hombre imaginario.* LAURA *se levanta y le sigue el juego. Las dos bailan con dos hombres imaginarios. En una vuelta se quedan frente a frente. Dan las gracias a los padrinos y empiezan a bailar juntas.)*

LAURA.—¿Y después?

MARÍA.—Las novias se quitan los trajes de novias... *(Quita las sábanas.)* Y mezclan el carmín rojo de sus bocas. *(Se acerca lentamente hacia la boca de* LAURA.*)*

LAURA.—*(Separándose.)* María, ¿tú te casaste vestida de novia?

MARÍA.—*(Respira.)* Sí, de blanco y en la Iglesia.

LAURA.—¡Qué horror! ¡Qué mentirosa!

MARÍA.—¿Por qué?

LAURA.—Ah, ¿te has hecho creyente?

MARÍA.—Fue una representación preciosa. No faltó de nada. Hasta el cura estuvo brillante...

LAURA.—Y María Dehesa la primera actriz.

MARÍA.—Sí, tan auténtica que durante todo el día me lo creí. Emocioné a los invitados. Hice felices a mis padres... ¡Fui feliz!

LAURA.—Qué falsa eres.

MARÍA.—No creas. Lo importante estaba. Lo único imprescindible era verdad.

LAURA.—¿El amor?

MARÍA.—Sí. Estaba enamorada de... el novio. Estábamos enamorados los dos.

LAURA.—*(Después de una pausa.)* ¿Cómo es tu marido?

MARÍA.—Es... es un hombre... *(Se ríe.)* Es un hombre.

LAURA.—¿Le sigues queriendo?

MARÍA.—Creo que sí.

LAURA.—¿Te trata bien?

MARÍA.—Bueno, no es lo que parecía. Pero nadie somos lo que parecemos mientras nos estamos seduciendo. Ahora, a veces, es un poco bruto.

LAURA.—*(Fuma.)* ¿Sí?

MARÍA.—Creo que le hace sufrir mucho que gane tanto dinero.

LAURA.—¿Por qué?

MARÍA.—No sé. Creo que se siente... disminuido. Los hombres no están acostumbrados a ser... iguales a la mujer. A veces, sin querer me tortura y creo que le gustaría verme fracasar. *(Se ríe.)* A veces..., me viola.

LAURA.—¿Te viola?

MARÍA.—Es una forma de hablar. Yo hago que me gusta, pero mientras él me penetra yo cuento: uno, dos, tres, cuatro, cinco, seis... Antes llegaba hasta ciento quince, ahora a veintiuno.

LAURA.—¡Dios! ¿Y qué haces?

MARÍA.—Nada. Vivo la rutina, que es lo mismo que vivir la realidad.

LAURA.—No siempre.

MARÍA.—Y tú qué sabes... ¿Durante cuántos años has visto afeitarse al mismo hombre en tu espejo?

LAURA.—Hasta que su barba me pinchaba. En ese momento, adiós.

MARÍA.—¡Qué romántica...! Las cosas no son como te imaginas. No son ni siquiera peor. Al principio de estar con un hombre su ropa tirada por el suelo de la habitación, el cinturón de sus pantalones al lado de una copa de champán derramada, es la escenografía de una gran fiesta. Después, si la copa llega al dormitorio y se cae, vas a buscar la fregona para que no se estropee la madera, y de paso te llevas los calzoncillos sucios para meterlos en la lavadora.

LAURA.—*(Cariñosa.)* Eso es muy tuyo.

MARÍA.—La convivencia mata el deseo, lo fulmina.

LAURA.—El deseo hay que cuidarlo. Es tan vulnerable...

MARÍA.—Mi marido tiene accesos de mal humor y cólicos nefríticos. Cuando orina piedrecitas me las enseña y las guarda en la cómoda como si fueran pepitas de oro. Exige comer a las tres en punto y no se puede perder un solo partido de fútbol. Cuando menos me lo espero... *(Grita.)* ¡Gol! (LAURA *se sobresalta.)* A mí antes me pasaba igual. Padece insomnio y me hace cantarle nanas para dormir...

LAURA.—Divórciate.

MARÍA.—No, no me entiendes. No puedo explicártelo. Mi marido, aparte de todo, es un hombre fiel, guapo e inteligente.

LAURA.—Pero no le deseas. No te gusta.

MARÍA.—Y qué me importa... Tengo mi vida. Te aseguro que tampoco es nada fácil aguantar el triunfo de otro. ¿Sabes lo que dice Durrell? Que los amantes no están nunca bien aparejados. Siempre hay uno que proyecta su sombra sobre el otro impidiendo su crecimiento, de manera que aquel que queda a la sombra está siempre atormentado por el deseo de escapar, de sentirse libre para crecer.

LAURA.—¿Y por qué no escapa?

MARÍA.—Porque ha elegido amar.

LAURA.—¿Y tú?

MARÍA.—*(Triste.)* Ser una sombra.

LAURA.—Eh, eh, eh, no te pongas triste...

MARÍA.—No, no. Uf, qué lío... ¡Qué calor...! ¡Qué calor!

LAURA.—*(La salpica.)* Pero tenemos agua. ¡Agua, agua! ¡Agua, vamos, alegría...!

(Ambas se echan agua. MARÍA *la abraza con cierta angustia.)*

MARÍA.—Me alegro tanto de tenerte aquí. Tanto...

LAURA.—(Se *separa.)* Tengo hambre.

MARÍA.—Te he hecho la tarta de chocolate y nata...

LAURA.—Sácala, mamá.

MARÍA.—No me gusta que me llames mamá.

LAURA.—¿Te acuerdas cuando se murió mi madre? Yo estaba desolada. Tú eras una niña como yo. Pero a los pocos días, una noche me hiciste una trenza, una trenza larga y apretada, y pensé: qué bien me peina mi mamá, y comencé a amarte.

MARÍA.—Y a utilizarme.

LAURA.—Porque te gustaba.

MARÍA.—No me gustaba.

LAURA.—Te gustaba hacerme la cama en la residencia y después ser mi policía cuando tuvimos nuestra casa.

MARÍA.—Y a ti te gustaba tener una criada. La criada hacía la casa mientras la señorita hacía arte.

LAURA.—Me enseñaste mucho de disciplina. Luego se me olvidó.

MARÍA.—Sí. ¡Te admiraba tanto...! Y tú emborronabas mis lienzos con tu mirada.

LAURA.—Eran malos, cariño.

MARÍA.—El tiempo ha dicho lo contrario.

LAURA.—¿No me digas que te lo has creído? ¿Te han engañado?

MARÍA.—No estás en condiciones de ironizar...

LAURA.—*(Coge un cuadro.)* ¿Te gusta de verdad?

MARÍA.—Me gustan más los tuyos. Esos cuadros invisibles que inundan las galerías.

LAURA.—Yo soy honrada. Nunca podría vender bazofia...

MARÍA.—Te quedaste sin mí y te fuiste a la mierda.

LAURA.—Te dejé. Y tú me guardas rencor. Dame el vaso, por favor. Si no me emborracho no te aguanto. ¿Sabes? A veces, cuando bebo mucho, pinto. Si me das más te lo voy a demostrar.

(MARÍA *le pasa la botella.)*

MARÍA.—Toma, sigue destruyéndote a tu gusto.

LAURA.—Y tú disfrutándolo... *(Bebe.)*

MARÍA.—¿Por qué nos tenemos que pelear siempre? Ya somos mayores...

LAURA.—No, veo que somos las mismas. *(Se ríe.)* ¡Qué gracia... Siento que he entrado en el túnel del tiempo!

MARÍA.—¿Quieres la tarta o no?

LAURA.—¿Ves cómo te gusta cuidarme?

MARÍA.—¿Quieres la tarta?

LAURA.—Me reprochas cosas que te encantan...

MARÍA.—*(Enfadada.)* ¿Quieres la tarta?

LAURA.—¿Has puesto mi nombre con chocolate arriba?

(MARÍA *abre la nevera y saca la tarta.)*

136

LAURA.—Dámela a cucharaditas.

(MARÍA *le tira la tarta a la cara.*)

MARÍA.—Toma, a cucharaditas...

LAURA.—*(Riéndose.)* Me has manchado. Me has puesto perdida...

MARÍA.—Tienes un cuadro precioso...

LAURA.—¿Un cuadro? Sí, vamos a pintar. Tengo ganas de pintar. Ahora te pintaré yo a ti. Te pintaré el cuerpo como cuando éramos pequeñas. Me gustaba tu cuerpo de colores. *(Coge pintura y le mancha las piernas.)*

MARÍA.—Déjame. Si quieres pintar te doy un lienzo.

LAURA.—Quiero que tú seas mi lienzo.

MARÍA.—Yo no quiero.

LAURA.—¿Por qué?

MARÍA.—No quiero que volvamos a ser pequeñas. No quiero volver a ser tu trapo. No quiero que me manches.

LAURA.—Tú has empezado.

MARÍA.—¿Y qué?

LAURA.—Antes te gustaba. *(Va a por ella con pintura.)*

MARÍA.—Ahora no.

LAURA.—Ahora también. Te divertías...

MARÍA.—Porque era el único momento en que me mirabas.

LAURA.—Quítate la camiseta.

MARÍA.—Pero...

LAURA.—Estoy inspirada.

MARÍA.—Quítate el vestido. Yo también estoy inspirada.

LAURA.—¿Tú? Si tú no sabes.

MARÍA.—*(Se acerca y de un tirón le abre los botones.)* Ya lo veremos.

LAURA.—*(Le da un pincel.)* Toma, hija puta.

MARÍA.—*(Tira el pincel.)* Con las manos.

(LAURA *tiñe sus manos de rojo y pinta sobre el vientre de* MARÍA.)

LAURA.—El infierno. El infierno en el vientre vacío. *(Aprieta las manos contra el vientre de* MARÍA. *Esta emite un suave queji-*

do.) El rojo estéril ya. Vientre estéril a los treinta y cinco años.

MARÍA.—*(Pintando grandes franjas negras en el cuerpo de* LAURA.) ¡La cárcel! Las rejas donde se esconde la frustración. El fracaso.

LAURA.—*(Más rápido, en amarillo.)* Un sol en cada pecho. Con grandes nubarrones negros en los pezones.

MARÍA.—Ocres en el otoño. La caída de la hoja.

LAURA.—Basura en el ombligo de mi carcelero. ¡Me mataste, me mataste!

MARÍA.—*(Por detrás.)* Rosas en la espalda y verdes de gritos. Un pájaro estúpido se te posa en el culo. ¿Tienes amantes?

LAURA.—Sí, sí, sí...

MARÍA.—¡Todos muertos! *(La pinta con violencia.)* ¡Todos muertos!

LAURA.—Malvas y morados. El color de las frígidas que sólo tienen orgasmos en los sueños.

MARÍA.—*(Pintándola con furia.)* ¡Pero yo todavía puedo fingir! ¡Todavía tengo con quién fingir! ¿Y tú?

LAURA.—*(Pintándole la cara.)* ¡Fingidora! ¡Fingidora!

MARÍA.—*(En velocidad.)* ¿Y tú? ¿Y tú?

LAURA.—Los amantes son otra cosa. *(Frenéticamente.)* Si no lo hacen bien no vuelven al día siguiente. Yo no amo, pero gozo.

MARÍA.—¡Puta!

LAURA.—¡Fingidora!

MARÍA.—¡Puta! ¡Zorra de mierda!

(Se pintan enloquecidamente, casi haciéndose daño.)

LAURA.—Puta. Guarra. Mentirosa.

MARÍA.—Fingidora. ¡Fingidora!

(Se pegan, para acabar abrazándose desesperadamente. Sus colores se mezclan.)

MARÍA.—¿Por qué te enamoraste como una imbécil? Lo teníamos todo.

LAURA.—Menos lo más importante...

MARÍA.—Te fuiste y te llevaste las ideas y el agua. Me dejaste vacía.

LAURA.—Y lo perdí todo.

MARÍA.—¿Por qué te fuiste?

LAURA.—Ya lo sabes.

MARÍA.—Teníamos el tesoro agarrado con dos manos. Una era tuya y otra mía. Ya lo has visto, sin mí no eras nada. Yo... yo era tu mano. ¿Has vuelto?

LAURA.—*(Se separa.)* ¡No quiero darte explicaciones!

MARÍA.—Yo quería ser tu mano.

LAURA.—Yo no quería. Me estabas asfixiando... Creo que... ¿Quién le dijo a Juan que esa noche...?

MARÍA.—Yo no.

LAURA.—Estabas empeñada en que me dejara. No soportabas la idea...

MARÍA.—Te tenía enferma. Te estabas muriendo.

LAURA.—Y tú lo arreglaste todo. Pero te salió mal.

MARÍA.—Juan no te quería.

LAURA.—¿Y a ti qué coño te importaba? No me dejaste que luchara...

MARÍA.—No sigas engañándote. A Juan nunca le importaste lo más mínimo. Sólo eras la zorra más barata que encontró.

(LAURA *le escupe a la cara.* MARÍA *se derrumba.*)

LAURA.—Perdona. Dios mío, estamos locas. Perdona, estoy borracha. No te pongas así, por favor...

MARÍA.—Me duele tanto... Me duele tanto...

LAURA.—¿El qué?

MARÍA.—Aquí, aquí, todo. Las entrañas.

LAURA.—Mira, mira, se te está corriendo la pintura de la cara con las lágrimas. ¡Qué imagen más hermosa! Ven, mírate en el espejo. (MARÍA *llora delante del espejo.*) Ahora tu rostro es el paraíso terrenal.

MARÍA.—No. Me haces daño. ¿No puedes darme algo?

LAURA.—Lo siento, pero no.

MARÍA.—¿Por qué? Yo puedo ayudarte.

LAURA.—No puede ser.

(MARÍA *furiosa corre la mampara de la fuente y queda dentro. Oímos el ruido del agua.*)

139

LAURA.—¡María!

MARÍA.—*(Desde dentro. Seca.)* ¿Qué?

LAURA.—Es puta la vida, ¿verdad?

MARÍA.—Sí.

LAURA.—Si tú y yo fuéramos un hombre y una mujer seríamos felices. *(Risas irónicas de* MARÍA.*)* ¿Por qué te ríes así?

MARÍA.—Nos destrozaríamos.

LAURA.—No.

MARÍA.—Ya nos destrozamos siendo dos mujeres.

LAURA.—Nos destrozamos porque no somos un hombre y una mujer.

MARÍA.—*(Saliendo.)* Puedes ducharte.

(LAURA *se mete en la ducha y cierra.*)

MARÍA.—*(Volviendo a la actitud del principio.)* De todas formas quiero echarte una mano. Tengo muchos amigos. Mucha gente importante que sabrá apreciar tu talento. ¿Dónde vives?

LAURA.—En una pensión.

MARÍA.—Tengo un piso vacío en el centro. Mi estudio antiguo. Puedes irte a vivir allí. Hasta que consigas algo yo te pasaré un dinero. No me supone nada, ya lo sabes. Iré de vez en cuando para ver qué haces. Y bueno, si quieres pagármelo de alguna forma, necesito una modelo. Tendrías que venir sólo dos tardes por semana. Martes y jueves, por ejemplo. Bueno, eso si quieres pagármelo de alguna manera, que no es necesario. Tienes que comprarte ropa, vas vestida como un adefesio y la imagen es la imagen. Dejar de beber, por supuesto, y...

(LAURA *abre la mampara.*)

LAURA.—Pásame la toalla.

MARÍA.—Mañana mismo puedes hacer el traslado. En el estudio hay una cama y material de trabajo. (LAURA *se viste.*) Si necesitas algo más me llamas y me lo pides. (LAURA *coge su bolso.*) ¿Adónde vas?

LAURA.—A mi casa.

MARÍA.—¿Ahora?

LAURA.—Sí.

MARÍA.—Tenemos que arreglar...

LAURA.—Nada.

MARÍA.—¿Qué dices?

LAURA.—Que no voy a ir tu estudio.

MARÍA.—¿Por qué?

LAURA.—Porque no. Sencillamente, porque no.

MARÍA.—No seas orgullosa.

LAURA.—*(Negando con la cabeza.)* Te lo agradezco mucho, de verdad, pero...

MARÍA.—Está bien. *(Saca un cheque y lo firma.)* Toma, pon tú la cantidad que quieras.

LAURA.—*(Lo coge, lo mira, lo rompe.)* Gracias.

MARÍA.—Prefieres que te coman los piojos, morirte de hambre a que yo...

LAURA.—Sí. No estoy tan mal como yo creía. Verte me ha consolado. La riqueza, la salud, el amor... El triunfo no... No. ¿Entiendes?

MARÍA.—Eres una masoquista.

LAURA.—Pero todavía tengo dignidad. No estoy en venta. Adiós.

MARÍA.—*(Cae de rodillas.)* Así no. No me puedes dejar así.

LAURA.—No quiero más numeritos. Quiero dormir.

MARÍA.—Pídeme algo. Aunque sea una sola cosa. ¿Puedo darte algo?

LAURA.—No.

MARÍA.—Mi amistad.

LAURA.—No.

MARÍA.—¿Por qué? ¿Por qué?

LAURA.—Me exiges demasiado y no tengo nada a cambio.

MARÍA.—No quiero nada a cambio.

LAURA.—No quiero hacerte más daño.

MARÍA.—No quiero nada. Te lo juro. Nada.

LAURA.—*(Con una caricia.)* Me voy.

(MARÍA *se levanta como un rayo y se pone delante de la puerta.*)

María.—No.

Laura.—Estoy muy cansada.

María.—No te vas.

Laura.—¿Quieres hacer el favor de dejarme salir?

María.—No.

Laura.—No seas ridícula...

María.—No me vas a humillar nunca más... *(Echa la llave.)* Ya no puedes salir.

Laura.—¿Qué pretendes?

María.—Tienes que quedarte aquí hasta que lo sepas todo.

Laura.—Abre esa puerta.

María.—Ni loca.

Laura.—*(Intenta quitarle las llaves. Forcejean.)* Dame las llaves.

(María *corre y coge una tijera. Se la muestra.*)

María.—Si no me obedeces soy capaz de matarte. ¡Te lo juro!

Laura.—*(Acercándose.)* Vamos, no digas tonterías...

María.—No te acerques... ¡Siéntate ahí!

Laura.—¿Qué te pasa?

María.—¡Siéntate en esa silla!

Laura.—¿Te has vuelto loca?

María.—*(Levantando la mano.)* Siéntate en esa silla o te mato. Te advierto que lo estoy deseando.

(Laura *se sienta.* María *busca una cuerda y un trapo.*)

María.—Pon las manos atrás.

Laura.—María...

María.—¡Cállate! (Laura *obedece y* María *comienza a atarla.*)

Laura.— *(Suavemente.)* María, esto es una locura...

María.—Ahora te va a tocar ver, oír y callar por un rato. *(La amordaza.)* Tú lo has querido, Laura, cariño. Has venido a humillarme y a pisotearme como cuando éramos... como siempre. ¡No te muevas! Tengo que darte una gran sorpresa. *(La mira.)* Laurita, qué poca cosa eres así... *(La coge del cuello.)* Con la boca cerrada de serpientes. *(La aprieta y acaba acariciándola.)* No te mato porque te haría un favor. Porque para ti sólo hay una cosa que vale la pena. Esa sombra que no te ha dejado crecer, que te ha convertido en una enana. Escucha, cariño, voy a hacer magia. Te dejo a solas con él.

(Apaga la luz y pone el contestador automático.)

VOZ DE JUAN EN OFF.—¡María! ¡María! ¿Estás por ahí? Oye, mi amor, que no me esperes para cenar que tengo trabajo. ¿Estás bien? Hasta la noche. Un beso.

(MARÍA entra y enciende la luz.)

MARÍA.—Juan es mi marido.

(LAURA la mira fijamente.)

MARÍA.—Es mío. Di que sí.

(LAURA mueve levemente la cabeza. Está paralizada. MARÍA le quita la mordaza.)

MARÍA.—Habla. (LAURA *calla.)* ¿No vas a decir nada? (LAURA *no contesta.)* Jaque mate.

(La va desatando. Silencio.)

MARÍA.—Vamos, di algo. (LAURA *le sonríe.)* No hagas eso. (LAURA *la acaricia.)* Pégame. Mátame. Yo... yo me enamoré de él cuando te fuiste. Me enamoré desesperadamente, ¿qué podía hacer? Dime algo, por favor. Insúltame al menos. Dime que soy perversa, que soy... *(En un grito desesperado.)* ¡He intentado decírtelo antes... No me has dejado! ¡Dime algo!
LAURA.—Gracias.
MARÍA.—Eso no.

(LAURA saca una carta de su bolso y se la tiende.)

LAURA.—Toma.

MARÍA.—*(Sin cogerla.)* ¿Qué es eso?

LAURA.—Es de tu marido.

(Silencio.)

MARÍA.—¿Qué te dice?

LAURA.—*(Saca la carta del sobre y lee lentamente.)* Madrid, a uno de agosto de mil novecientos noventa y...

MARÍA.—*(Cortándola.)* ¿Qué te dice?

LAURA.—*(Deja caer la carta sobre* MARÍA.) Dile que no iré.

*(*MARÍA *lee la carta. Después mira a* LAURA.)*

LAURA.—Lo siento.

MARÍA.—¿No le has visto todavía?

LAURA.—No. Abre.

MARÍA.—¿Por qué no has ido?

LAURA.—No lo tenía claro.

MARÍA.—¿Vas a ir?

LAURA.—¿Me das permiso?

(Silencio.)

MARÍA.—Está guapo... Más guapo que nunca. Y, a veces, todavía siento que huele a ti.

LAURA.—¿Me dejarás verlo esta vez?

MARÍA.—Claro. Tienes que ir esta misma noche.

LAURA.—Pero querrá acostarse conmigo...

MARÍA.—Hazlo.

LAURA.—Y yo no contaré: uno, dos, tres, cuatro, cinco... No contaré, María.

MARÍA.—Mejor.

LAURA.—Quizá le has dejado impotente...

MARÍA.—*(Abre la puerta.)* Compruébalo por ti misma. Adelante, es tu turno. Tal vez después del polvo te vuelva la inspiración.

LAURA.—Nunca, cariño. Nunca tomaré nada que sea parte tuya. *(Pausa.)* Gracias por prestarme tus ojitos para ver lo que no veían los míos. Gracias. *(Va a salir, pero se da la vuelta y señala el lienzo.)* Ah, las manos tienen que ser las de ella. No, no importa que no tenga brazos... Es algo como... ¡Ya está! *(Deprisa.)* La figura en movimiento hacia abajo intentando llegar a la cerradura con la boca. El pájaro mirando hacia arriba con el pico abierto. *(En velocidad.)* La luz sólo por detrás, luz blanca. Y en el suelo... trozos de cuerpo roto... manchas... *(Pausa.)* Es una idea.

MARÍA.—*(Suavemente.)* Te odio. Te odio con toda mi alma.

LAURA.—Yo a ti no.

(LAURA sale. MARÍA se acerca lentamente al pájaro. Abre la jaula. El pájaro vuela.)

FIN

NOCHES DE AMOR EFÍMERO

Mireille Coffrant y Gérard Malabat en *Esta noche en el parque,* por la Compañía Arguia Théâtre de París. Dirigida por Panchika Velez. Estrenada en el Théâtre du Chaudron de París el 26 de abril de 1994.

Esta noche en el parque

A Ángela Colorado y sus manos sanadoras.

Se estrenó en el Teatro Alfil, de Madrid, el 13 de noviembre de 1990, dentro del espectáculo «Noches de amor efímero», con el siguiente reparto:

YOLANDA, Berta Gómez
FERNANDO, Vicente Ayala

Dirección: JESÚS CRACIO

Parque infantil de juegos. Hay algunos columpios oxidados. Un pe-
queño tobogán. Un laberinto con tubos descoloridos. Otoño. Anochecer.
  YOLANDA *entra y busca a alguien con la mirada: silba, mira el*
reloj. Después de unos momentos se introduce en el laberinto y jugue-
tea con las barras. Es una chica de veintimuchos años, robusta y fle-
xible. Viste vaqueros ajustados y botas de cuero negras. Aunque ju-
guetea, aparentemente despreocupada, no deja de mirar hacia la en-
trada De pronto, corre y se esconde debajo del aparato. Entra un
hombre algo mayor que ella y de aspecto intachable. Inquieto, retira
las hojas secas de un banco y se sienta. YOLANDA, *intentando no ser*
vista, se acerca por detrás y le pone una navaja en la espalda.

YOLANDA.— Déme todo lo que lleve encima o le rajo, amigo.

  (FERNANDO *se levanta sobresaltado. Al verla reacciona.*)

FERNANDO.—Me has asustado. (YOLANDA *ríe.*) A mí no me
  ha hecho ninguna gracia.
YOLANDA.—Un sitio perfecto para un atraco, ¿verdad?
FERNANDO.— Sí, para atracadores desesperados. No pasa
  nunca un alma...
YOLANDA.—Sólo amantes sin casa, como nosotros.
FERNANDO.—*(Cogiéndole la navaja.)* ¿Y esto?
YOLANDA.—*(Quitándosela.)* Con esto me defiendo. Si no la
  llevara no podría salir sola de noche. En estos tiempos sólo
  se puede salir con mucho dinero o con mucho miedo. Y
  yo, como no tengo dinero...
FERNANDO.—¿La has utilizado alguna vez?
YOLANDA.—Por ahora sólo he tenido que tocarla. Apretarla

fuerte, ¿entiendes? (FERNANDO *asiente. Hay una pausa.*)
¿No me vas a dar un beso?

FERNANDO.—*(Besándola.)* ¿Cómo estás?

YOLANDA.—Algo cansada de buscarte. La primera noche me
dijiste que me ibas a llamar al día siguiente.

FERNANDO.—He estado muy ocupado.

YOLANDA.—*(Suave.)* No seas vulgar... ¿Qué pasa? ¿No te gustó el polvo que nos echamos?

FERNANDO.—*(Cortado.)* Cómo no me iba a gustar... Fue maravilloso.

YOLANDA.—Sí, aquí detrás del tobogán, como los perros. *(Se
ríe.)* Se nos llenó la ropa de barro. Y a mí el culito... Culito
chocolate cortado con leche.

FERNANDO.—*(Incómodo.)* Tengo poco tiempo. Tengo que trabajar esta noche.

YOLANDA.—Ah. ¿Esta noche no me la vas a dedicar?

FERNANDO.—No puedo. He venido hasta aquí dada tu insis-
tencia. Aunque hubiera preferido quedar en una cafetería.

YOLANDA.—¡Qué poco romántico! Éste es el escenario de
nuestro amor. ¿O es que ya no me quieres?

FERNANDO.—¿Para qué me has llamado? ¿Qué es lo que era
tan urgente?

YOLANDA.—Me debes algo.

FERNANDO.—Perdona, no te entiendo.

YOLANDA.—¿Qué pasa? ¿ Es que tú follas gratis?

FERNANDO.—*(Sorprendido.)* Doy sexo a cambio de sexo.

YOLANDA.—¡Qué pretencioso! Eso sólo lo saben hacer los
hombres expertos y tú no lo eres. No tienes ni puta idea de
lo que necesita una mujer.

FERNANDO.—Creí que te lo habías pasado bien.

YOLANDA.—Sí, me gustó la cena. Pero la pagamos a medias.

FERNANDO.—¡Porque tú te empeñaste!

YOLANDA.—Sí, no me gusta que me compren con un solo-
millo. Es demasiado barato, ¿comprendes?

FERNANDO.—No.

YOLANDA.—Me gustó la cena y también tu forma de mentir.
Me gustó como me cogías de la mano...

FERNANDO.—¡Vámonos de aquí, se está haciendo de noche!

YOLANDA.—El otro día también era de noche y no te fuiste.

FERNANDO.—El otro día vinimos aquí a... hacer el amor porque no quisiste ir a un hotel. Hoy aquí no pintamos nada.

(Se levanta. YOLANDA *le agarra y le sienta.)*

YOLANDA.—No he acabado.

FERNANDO.—Podemos hablar en otro sitio.

YOLANDA.—¡Me vas a escuchar aquí!

FERNANDO.—¿Qué coño quieres?

YOLANDA.—¡Que me des lo mío!

FERNANDO.—¡Qué raro te lo haces, chica!

YOLANDA.—La otra noche me llamabas Yolanda.

FERNANDO.—La otra noche no sabía de qué ibas.

YOLANDA.—¿Qué pensabas que era?

FERNANDO.—Una mujer normal.

YOLANDA.—*(Se ríe.)* Ah, ¿sí? Qué poca vista tienes.

FERNANDO.—*(Sacando la cartera.)* ¿Cuánto quieres?

YOLANDA.—¿Cuánto tienes?

FERNANDO.—Venga, mujer, dime un precio y acabamos esta farsa. Me estás aburriendo.

YOLANDA.—La otra noche eras más educado. Hasta me dejaste tu chaqueta... Hacía tanto frío como hoy. ¡Déjame tu chaqueta!

FERNANDO.—Por supuesto. *(Se la quita y se la da.)* ¿Qué más quieres?

YOLANDA.—Tú sabrás.

FERNANDO.—Tienes unos ojos preciosos. ¿Qué son, marrones o verdes?

YOLANDA.—De noche, negros.

FERNANDO.—La otra noche eran menos agresivos.

(Se levanta.)

YOLANDA.—Todavía no me has dado lo mío.

FERNANDO.—*(Harto.)* ¿Cuánto quieres?

YOLANDA.—*(Rompiendo los billetes.)* Tienes un puto cerebro de puta mierda. ¡Quiero lo mío!

FERNANDO.—O sea, ¿que no eres una puta? Eres una loca.

153

YOLANDA.—Sí, supermacho, soy una loca. ¿Cómo se paga a las locas?

FERNANDO.—No lo sé. Quizá con un par de hostias.

YOLANDA.—*(Aprieta la navaja.)* Inténtalo.

FERNANDO.—*(Después de una pausa.)* Ah, ya. Quieres casarte conmigo.

YOLANDA.—Sí.

FERNANDO.—*(Se ríe.)* ¡Lástima que ya esté casado! Eres una mujer brava, como a mí me gustan.

YOLANDA.—No me casaría contigo ni aunque fueras Rokefeler. Hueles a macho blando y usado. Eres mentiroso y vulgar.

FERNANDO.—¿Qué quieres?

YOLANDA.—Mi orgasmo. *(Pausa.)* El orgasmo que me correspondía y no me diste. El orgasmo que me robaste poniéndome ojos de enamorado.

FERNANDO.—Mira, guapa, yo no soy sexólogo. Las terapias para frígidas se hacen en gabinetes acondicionados.

YOLANDA.—¡Y en el barro!

FERNANDO.—No me volvería a acostar contigo ni drogado.

YOLANDA.—No quiero tu cuerpo. Quiero mi orgasmo.

FERNANDO.—¡Estás completamente loca!

(Va a irse.)

YOLANDA.—*(Violenta.)* ¡Como des un paso más te pincho! ¡Te aseguro que te bordo la cara!

FERNANDO.—*(Asustado.)* Tranquila. Vamos, tranquila. ¿No te das cuenta de que soy más fuerte que tú?

YOLANDA.—Sí. Y lo seguirías siendo con la costura en la cara.

FERNANDO.—Estás perdiendo los estribos...

YOLANDA.—¡Siéntate en el columpio! ¡Vamos! (FERNANDO *se sienta.)* ¡Colúmpiate como la otra noche! ¡No se te ocurra hacer ninguna tontería! (FERNANDO *se columpia.)* Ahora me vas a decir la verdad. ¡No pares, colúmpiate más alto! Eso es. ¿Por qué no has contestado a mis llamadas?

FERNANDO.—¡Ya te lo he dicho! ¡Estaba ocupado!

YOLANDA.—¡Mentira!

FERNANDO.—De acuerdo. Porque no me interesas.

YOLANDA.—¡Muy bien! Ésa es la verdad, ¿no?

FERNANDO.—Sólo te conocía de un día. ¿Por qué me ibas a interesar?

YOLANDA.—Entonces, ¿por qué me mentiste? ¿Por qué coño me dijiste que era una mujer especial? ¿Por que me trataste como si lo fuera? ¿Por qué me susurrabas Yolanda, Yolanda, Yolanda...? ¡Párate y contéstame!

FERNANDO.—Hice lo que sentía en ese momento.

YOLANDA.—¡Mentira! ¡Me engañaste como a una imbécil! Me hiciste el verso y yo me llevé tu semen dentro contenta. Me lleve tu olor para esperarte. Y tú como un cobarde, desapareciste.

FERNANDO.—¿Por qué no guardas la navaja y hablamos como personas?

YOLANDA.—No quiero hablar.

FERNANDO.—¿Quieres tu orgasmo?

YOLANDA.—Sí.

FERNANDO.—Estoy dispuesto a dártelo.

YOLANDA.—Venga. (FERNANDO *va a bajarse del columpio.*) ¡Un momento! Quítate esa corbata asquerosa y pon las manos atrás.

(YOLANDA *le ata. Después comienza a meterle la mano por el pantalón.*)

FERNANDO.—Entonces, ¿cómo te voy a tocar?

YOLANDA.—¡No necesito tus sucias manos! Esto no funciona. *(Se ríe.)* Joder, con el guaperas. El otro día la tenías a punto desde que me viste.

FERNANDO.—El otro día no tenía una navaja en el estómago.

YOLANDA.—Mira, te la quito del estómago. Ahora está un poquito más lejos. Uy, uy, uy..., sigue sin funcionar. *(Le acerca la lengua poniéndole la navaja en la cara.)*

FERNANDO.—Yolanda, escúchame, estás jugando un juego peligroso. No sé qué te está pasando pero... esto es absurdo... Casi no nos conocemos. Podríamos haber tenido una buena historia. Podemos, todavía, tener una buena historia. Yo..., yo no soy el culpable de tus odios.

YOLANDA.—Tú y todos los que son como tú hacéis daño.

FERNANDO.—¿Quién te ha hecho tanto daño?

YOLANDA.—Tú.

FERNANDO.—Si es así, te pido perdón. Yo no sabía... No me di cuenta de tus... sentimientos. Quiero reparar el daño que te he hecho.

YOLANDA.—*(Llorando furiosa.)* Una va sola por la vida. Va con una navaja para que no la roben ni la violen. Lucha, pasa miedo. Me defiendo. Tengo el corazón partido en cachitos así de pequeños por chulos, por bestias que nunca me han dejado ni... su chaqueta cuando... yo sentía mucho frío. Tú, tú me trataste de una forma distinta. Creí que tú me podrías querer. Tonta, tonta... (FERNANDO *intenta acercarse a ella.)* ¡No te muevas! ¡No te levantes! Ya me has jodido, ya no puedes repararlo.

FERNANDO.—*(Amable.)* Suelta eso y dame un beso.

YOLANDA.—El otro día me diste muchos besos...

FERNANDO.—Éste va a ser diferente. Aparta la puta navaja esa y dame un beso.

YOLANDA.—No.

FERNANDO.—¿No te fías de mí?

YOLANDA.—No.

FERNANDO.—No seas estúpida. ¿Qué te voy a hacer?

YOLANDA.—Huir como lo que eres. Como un cobarde.

FERNANDO.—No. Te voy a dar lo tuyo primero. Es verdad, a eso tienes derecho. Seré un cobarde pero no soy ingrato. No sabía que la otra noche tú no habías llegado...

YOLANDA.—¿Ni siquiera sabes lo que le pasa a una mujer cuando se corre?

FERNANDO.—Ven, ahora te conozco mejor y lo sabré. Déjame abrazarte.

YOLANDA.—No.

FERNANDO.—Con la navaja. Dame un beso con la navaja en la mano.

> (YOLANDA *se le acerca. Le pone la navaja en la tripa y le besa. La navaja se va aflojando. De pronto,* YOLANDA *grita y pincha a la vez.* FERNANDO *grita y se revuelca.)*

YOLANDA.—*(Con el labio ensangrentado.)* ¡Traidor! ¡Cabrón! ¡Hijo de puta!

(FERNANDO, *herido, pelea cuerpo a cuerpo. La navaja cae.*
FERNANDO *la agarra. Ella le da un rodillazo. Él, en un grito, clava la navaja en pleno vientre de ella. Asustado, agarra
a* YOLANDA.)

FERNANDO.—¡Yolanda! ¡Yolanda! ¡Habla, coño! ¡Habla!
YOLANDA.—*(Con la voz débil.)* Cobarde. Macho de mierda.
  ¿Para qué me ha servido la navaja...? Ayúdame... Ayúda-
  me... Ayúdame... *(Se desvanece.)*

(FERNANDO, *aturdido, le toma el pulso. Temblando mira hacia todos lados. Se toca la herida. Coge a* YOLANDA *en brazos.
La sienta absurdamente en el columpio y la balancea. Coge la
navaja, se la guarda y sale corriendo.* YOLANDA, *muerta, se
balancea en el columpio con la chaqueta de él.)*

(Se va haciendo el oscuro.)

FIN

Nuria Gallardo e Iñaki Miramón en *Noches de amor efímero (La noche dividida)*. Dirigida por Jesús Cracio. Estrenada en Noviembre de 1990 en el Teatro Alfil de Madrid. Foto Carlos Sánchez.

La noche dividida

*A Luis María Anson, al que conocí gracias
a esta «noche».*

Se estrenó en el Teatro Alfil, de Madrid, el 13 de noviembre de 1990,
dentro del espectáculo «Noches de amor efímero», con el siguiente reparto:

SABINA, Nuria Gallardo
ADOLFO, Iñaki Miramón
JEAN LUC, Joaquín Casares

Dirección: JESÚS CRACIO

Terraza de un piso ático de Madrid. Se ven las ventanitas de algunos edificios más altos, antenas de televisión, ropa tendida, etc. La terraza está llena de plantas. En el centro, una mesa con sillas de tijera y un árbol pruno con grandes hojas rojas. Una hamaca. Apoyado contra la pared un espejo. Mes de septiembre. Anochecer.

Entra SABINA *con una botella y una copa llena en la mano. Es una hermosa mujer de unos veinticinco años. Su cuerpo es esbelto y proporcionado. Su piel, como una manzana verde y apretadita. Canta con voz ondulante, ebria, y triste. Deja la botella y la copa encima de la mesa y vuelve a salir. Oímos en off su canción dentro de la casa. Vuelve trayendo un teléfono que coloca encima de la mesa y un guión que repasa un momento. Bebe y llena la copa. Se levanta y se coloca frente al espejo.*

SABINA.—*(Interpretando.)* ¡Déjame! ¡Suéltame, bestia! ¡No me toques! ¡Te he dicho...! *(Hace ademán de dar un rodillazo.)* Así.... así..., retuércete como una lagartija. No, no es eso... *(Mira el guión y da un trago.)* Así, así me gusta verte, retorciéndote como una sabandija. *(Piensa.)* ¿Las sabandijas se retuercen? Da igual... *(Sigue.)* ¡...Retorciéndote como una sabandija! Tú te lo has buscado. ¿Quién te dio permiso para empeñar mi reloj de oro? El único recuerdo que me quedaba de mi abuela materna. ¡No digas nada...! ¡No me repliques! ¿Y todo para qué? ¡Mentira! ¡Todo para pagar los caprichos de esa zorra que se acuesta contigo! *(En otro tono.)* Todo para pagar los caprichos de esa zorra que se acuesta contigo. *(En otro tono.)* Todo para pagar los caprichos de esa zorra que se acuesta contigo. *(Da un trago y sigue.)* ¡No, no me digas nada! ¡No quiero escucharte! Haz tu maleta y lárgate ahora mismo de mi casa. Te he dicho que no quiero explicaciones. *(Bebe y lee el guión.)* Ya no me creo tus cuentos

161

fantásticos... ¿Que me quieres? Ja, ja, ja... lo único que amas es mi dinero, cerdo. *(Lee el guión y bebe.)* Mi dinero, cerdo. Pero levántate ya del suelo, rata, que pareces un gusano. ¿No te da vergüenza? *(Lee el guión.)* Armando, mi pequeño león. Pensé que tú serías el último hombre de mi vida. Que eclip..., que eclip... eclipsarías a anteriores y adversarios. Había soñado ir a tu entierro de viejecita y llorarte... *(Escupe.)* Esto es lo que te mereces. ¿Qué haces? ¿Por qué me miras de ese modo? Vamos, Armandito, si todo era una broma, pichón mío. No hagas tonterías y suelta ese cuchillo... *(Vuelve la cabeza bruscamente hacia el teléfono y lo coge.)* ¿Alló? ¿Dígame? ¿Sí? ¿Dígame? *(Cuelga y toma otro trago.)* Si todo era una broma, pichón mío. No hagas tonterías y suelta ese cuchillo. *(Retrocede.)* Armando... ¡Armando! *(Un quejido y cae.)* Sabía que serías el último. *(Muere.)* ¡Qué horror! ¡Es espantoso...! ¡Pichón mío... pichón mío...Qué gilipollez. *(Suena el timbre de la calle. SABINA, sobresaltada, se levanta del suelo y coge el teléfono)* Hola, cariño. Hola. ¡Hola!

(Se vuelve a oír el timbre de la calle. SABINA cuelga y sale a abrir tambaleándose. Se oye en off.)

ADOLFO.—¿Está el cabeza de familia?
SABINA.—Pasa, hombre, pasa. No te cortes. Estoy completamente sola. Esta casa desde ahora es también tu casa. *(Entra con ADOLFO.)* Esta terraza, tu terraza. Y este trozo de cielo, tu cielo también, ¿vale?* (ADOLFO *asiente tímidamente. Es un muchacho de aspecto torpe y simpático. Pelo grasiento peinado hacia atrás. Lleva una corbata pasada de moda y una raída chaquetilla de verano. Usa gafas. En la mano sostiene una pesada cartera.)* Pero siéntate, no seas tímido. Me vienes al pelo para asesinarme. ¿Sabes? Es difícil morirse sola, así, sin que nadie te clave nada. *(Le da algo que hay sobre la mesa.)* Toma. Clávamelo. (ADOLFO *se levanta.)* No te asustes, hombre, clávamelo flojito. Mira, así. (ADOLFO *se queja.)* ¿Te he hecho daño?
ADOLFO.—No, pero...
SABINA.—Morirnos es lo que más nos gusta a los actores. Es una gozada. Poder retorcerte, poner caras y luego... ¡Plaf!

162

Expirar. Es lo único que me gusta de esta estúpida secuencia. Lo demás es una escena espantosa, zoofílica... ¿Se dice así?

ADOLFO.—¿El qué?

SABINA.—Pues eso... Cuando se utilizan muchos animales. *(Con énfasis.)* ¡Pareces una rata!

ADOLFO.—Señorita...

SABINA.—Es una metáfora, hombre. Cerdo a secas o rata a secas no. Pero, por ejemplo, te retuerces como una sabandija, sí es una metáfora, ¿no?

ADOLFO.—Sí, exactamente, señorita. La vida misma es una metáfora. *(Saca una biblia de la cartera.)* Y la biblia es el libro de la metáfora por excelencia. Creo entender que es usted una enamorada de las metáforas.

SABINA.—¿Yo? ¡No!

ADOLFO.—Quizá, entonces, de los signos, de los símbolos... Pues aquí esta todo condensado. Vengo a ofrecerle el libro de los libros. La única filosofía que perdurará a través de los siglos.

SABINA.—¿Por qué me llamas de usted? No soy tan vieja... ¿Qué edad me echas?

ADOLFO.—Pues... veinte, veintiún años a lo sumo. La edad ideal para empezar a comprender lo que hay aquí encerrado...

SABINA.—¿Veintiuno? Eso es, tengo veintiuno. *(Tira el guión.)* Y no me va este papel. ¡No me va! ¿Me imaginas a mí casada con una sabandija que me empeña las joyas y me pone los cuernos con una zorra? Y encima la protagonista es la zorra. Eso es lo peor de todo. De mí se habla mucho, pero no salgo. Me sacan al final para que se vea el asesinato. ¡Es absurdo! No puedo identificarme en nada con ese personaje. No puedo encontrar realidades paralelas. No tengo joyas. Yo, yo... *(Repentinamente.)* ¿Ha sonado el teléfono?

ADOLFO.—Yo no he oído nada.

SABINA.—*(Descuelga.)* ¿Dígame? ¿Dígame? *(Cuelga, siempre decepcionada.)* Es que estoy esperando una llamada. *(Bebe.)* Todos los martes me llama, ¿sabes? ¿Qué hora es?

ADOLFO.—*(Nervioso.)* Las ocho y media.

SABINA.—¡Las ocho y media ya! Tiene que llamar de un momento a otro. *(Bebe.)* Perdona, ¿quieres una copa?

163

ADOLFO.—No, gracias. No bebo.

SABINA.—¿No bebes? Yo normalmente tampoco pero... Hay que beber de vez en cuando para ver las cosas de otra manera, de una forma más real, ¿comprendes? Porque..., ¿quién soy yo verdaderamente? ¿O quién eres tú verdaderamente? ¿Quién eres tú?

ADOLFO.—Agente de ventas de La Luz S. A. Única empresa española dedicada exclusivamente...

SABINA.—No. ¿Quién soy yo? ¿Yo normal o yo borracha? El alcohol da lucidez, activa las neuronas vagas. Y nos conduce al extremo de nuestras auténticas necesidades. Los solitarios beben para poder hablarse en el espejo. Los tímidos para mirar. Y los cobardes para... para actuar. ¡Eso es! Por eso bebo yo. ¡Champán para acabar una historia! *(Bebe.)* Es bueno, ¿quieres una copa?

ADOLFO.—No, de verdad. No bebo... en horas de trabajo. Sólo quería robarle cinco minutos de su tiempo para...

SABINA.—¿Robarme cinco minutos? No hace falta que me los robes, te los regalo. Te regalo cinco minutos y una copa de champán. Voy por ella.

ADOLFO.—No se moleste, yo...

> (SABINA *sin hacerle caso va a buscar la copa. Mientras,* ADOLFO *va sacando diferentes tipos de biblias y las coloca encima de la mesa.* SABINA *vuelve con la copa. Se la llena y mancha un libro que* ADOLFO *retira y limpia rápidamente.)*

SABINA.—Debes de pensar que soy una loca o una frívola, ¿verdad? Pues es mentira, yo creo en Dios.

ADOLFO.—*(Radiante.)* De eso precisamente venía yo a hablarle, si me concede...

SABINA.—Lo que pasa es que estoy borracha.

ADOLFO.—Eso no es inconveniente. Usted misma acaba de decir que la bebida da lucidez. Hay cosas que no se pueden apreciar si no...

SABINA.—*(Interrumpiéndole de nuevo.)* Y todo porque estoy enamorada. Sí, estoy total y fatalmente enamorada de un fantasma que me llama los martes por la tarde, es decir, hoy. Y yo, para que no me tiemble la voz bebo un poquito. Sólo suelo beber un poquito así, ¿sabes? Pero hoy todo es distinto porque he tomado una decisión.

ADOLFO.—Tal vez precipitada.

SABINA.—¿Precipitada? ¿Y tú qué sabes? Esta decisión la tenía que haber tomado hace un año, cuando él se fue a su país. Y tú que no sabes nada me llamas precipitada...

ADOLFO.—No se enfade señorita. Yo sólo...

SABINA.—Si me vuelves a llamar señorita dejamos de hablar. Rompemos la comunicación. ¿Me oyes?

ADOLFO.—Déjeme que le explique. Cuando dije lo de la precipitación se debe a que a veces uno necesita ayuda antes de tomar una decisión importante. Usted me entiende. Vivimos en un mundo lleno de prisas, de angustias. Estamos siempre agobiados por nimiedades y nos olvidamos de lo fundamental: las grandes verdades de la vida. ¿Ha leído usted la biblia?

SABINA.—¿Y a ti qué te importa? Si quieres hacerme sentir una inculta, si quieres que aparte de sentirme borracha, idiota, dejada y maltratada por los guionistas... Si encima quieres que me sienta inculta...

ADOLFO.—Ni hablar. Que no posea usted todavía una no significa nada. Para eso estoy yo aquí. Hay una oferta especial este mes. Algo realmente excepcional. Este tomo, por ejemplo, forrado en piel y con un coste habitual de veinticinco mil pesetas, lo estamos ofertando, sólo este mes, por la insignificante cantidad de veinte mil novecientas noventa y nueve pesetas.

SABINA.—*(Coge el teléfono.)* ¿Sí? ¿Dígame? *(Cuelga y mira a* ADOLFO.*)* Nadie.

ADOLFO.—Le puedo asegurar que es una verdadera ganga. ¡Una auténtica oportunidad! Ademas la tenemos en casi todos los colores, siempre pensando en el cliente y en los tonos de su mobiliario. Al entrar me he fijado en sus muebles, madera de pino, de un gusto exquisito por otra parte, y tanto la verde como la marrón irían estupendamente...

SABINA.—No puedo... ¡No voy a poder...!

ADOLFO.—También las tenemos más baratas. *(Busca otra.)*

SABINA.—Seguro que al oír su voz no podré hablar y me quedaré como el enano pequeño de Blancanieves. Muda. *(Se ríe.)*

ADOLFO.—*(Se ríe sin entender.)* Ésta, por ejemplo, más clásica, solo cuesta dieciocho mil doscientas.

SABINA.—¡Dieciocho mil miserables pesetas me pagan a mí por la sesión de mañana!

ADOLFO.—Señorita...

SABINA.—*(Gritando.)* ¿Qué?

ADOLFO.—Perdone, no sé cómo se llama.

SABINA.—¿Yo?

ADOLFO.—¿Cómo se llama?

SABINA.—¿El de verdad? ¿Mi nombre de verdad?

ADOLFO.—El que quiera.

SABINA.—Sabina García.

ADOLFO.—*(Se levanta y le tiende la mano.)* Adolfo Guzmán. Encantado.

SABINA.—*(Sin verle, sirviéndose una copa.)* No me gusta Sabina, no me pega. Le pegaría a una mujer muy alta y con el pelo casi blanco y las cejas blancas y los ojos azules, casi blancos. Por eso me he cambiado el nombre. Mi nombre artístico es Luna Aláez. Y llámame de tú, ¿vale?

ADOLFO.—Me suena. Te he debido ver en el cine...

SABINA.—¿Puedo hacerte una confesión? Te advierto que es algo muy triste. ¡Eh, tú! ¿En qué piensas?

ADOLFO.—Pensaba en lo de tu sesión de mañana. Sería... sería tan simbólico que invirtieras tu sesión en mí.

SABINA.—¿En ti?

ADOLFO.—Si me compraras una biblia. A plazos, por supuesto.

SABINA.—Ahora todo es a plazos. El amor también es a plazos.

ADOLFO.—No he conseguido vender ninguna en todo el día.

SABINA.—El amor a plazos. Jean Luc me promete todos los martes que vendrá la semana siguiente y nunca llega. Pero hoy le voy a decir que se acabó. *(Se ríe con tristeza.)* Y encima me pide fidelidad, fidelidad... *(Seria.)* Y yo soy fiel porque... le amo. *(Mientras SABINA habla, ADOLFO hace cuentas.)* Pero hoy te juro que le voy a decir que se acabó. ¡No aguanto más! Y tú serás el testigo mudo de mi dolor. ¿Qué haces? No me estás escuchando...

ADOLFO.—*(Sobresaltado.)* Perdona pero... Tú a mí tampoco me escuchas. Y mi tiempo es tan importante como el tuyo.

SABINA.—¿Qué has escrito ahí?

ADOLFO.—¿Te interesa?

SABINA.—Sí.

ADOLFO.—Mira, si la pagas en un año te saldría a mil setecientas cincuenta mensuales. Menos un cinco por ciento...

SABINA.—Eres un monstruo... No puedes olvidarte ni por un segundo de... Tú, tú tienes que ser algo más que tú y esos libracos...

ADOLFO.—Lo siento mucho, Sabina, pero si no vendo una esta tarde... En fin, no creo que te interesen mis problemas.

SABINA.—¿Cuánto has dicho que cuesta eso?

ADOLFO.—¿A plazos o al contado?

SABINA.—¿Qué es? *(La coge.)* ¡Ah, pero si son biblias! ¿Tú vendes biblias? Lo que es la vida. Conoces a un extraño y luego resulta que tienes un montón de cosas en común. Yo antes de trabajar como actriz también vendía biblias por las casas. Al final me despidieron porque era muy mala. Y yo en venganza me quedé con todas las que tenía en casa. Ven, ¿quieres que te las enseñe? Tengo por lo menos quince.

ADOLFO.—*(Derrotado.)* No, no, déjalo, te creo. Pero podías haber empezado por ahí.

SABINA.—No me lo preguntaste.

ADOLFO.—Te pregunté si la habías leído y me dijiste que no.

SABINA.—Es que no la leí. *(ADOLFO comienza a recoger.)* Oye, ¿cómo te llamas?

ADOLFO.—Adolfo Guzmán. *(Saca una tarjeta.)*

SABINA.—¡Mierda! No te puedes olvidar ni un segundo de tu profesión. ¿Tienes absorbido el cerebro?

ADOLFO.—Cuando no vendo nada, sí. Lo siento, Sabina, pero tengo que seguir trabajando.

SABINA.—Oye, tómate una copa conmigo.

ADOLFO.—Me encantaría pero...

SABINA.—Por favor..., no quiero quedarme sola. ¿Es que acaso soy tan desagradable?

ADOLFO.—No lo eres en absoluto, pero si no vendo una biblia esta tarde me despiden.

SABINA.—Te haría bien. Te estás quedando muy flaco.

ADOLFO.—Lo sé, pero tengo una madre y cuatro hermanos, y además...

SABINA.—¿Sí? Yo tengo siete. Tengo siete soles pequeños y brillantes. Y me gustaría tener siete hijos, lo que pasa es que no tengo marido. Escucha, ¿ha sonado el teléfono?

ADOLFO.—No lo cojas. No suena. *(Mira su reloj.)* Bueno, lo siento mucho pero...

(Se dirige a la salida. En la puerta SABINA *le agarra.)*

SABINA.—No te vayas. Si te quedas te la compro.

ADOLFO.—No, no... Tienes muchas.

SABINA.—¿Qué importa?

ADOLFO.—En serio, déjalo. Tengo tiempo todavía para intentarlo de nuevo.

SABINA.—No te hagas el duro.

ADOLFO.—No puedo vendértela a ti. Una cosa es una cosa y otra...

SABINA.—Al contado y te quedas.

ADOLFO.—No, no. Tienes quince. No soy un atracador.

SABINA.—*(Le quita la cartera.)* Déjame elegir una que no tenga... A ver... Esta con la tapa verde es muy...

ADOLFO.—*(Se le escapa.)* Te va con la estantería.

SABINA.—¿Qué?

ADOLFO.—Nada. No he dicho nada. Es la deformación profesional.

SABINA.—¿En serio que eso te funciona?

ADOLFO.—Bastante... poco.

SABINA.—Te compro ésta con la tapa negra. A juego con mi corazón. *(Se ríe.)* ¿Cuánto cuesta?

ADOLFO.—No, de verdad. Mañana te arrepentirías. No estás en condiciones...

SABINA.—Ni tú tampoco de decir que no. No seas bobo. Tú salvas tu empleo y yo mi miedo. ¿No te parece suficiente para que perdamos la dignidad?

ADOLFO.—*(Después de una pausa se quita las gafas.)* Sí.

SABINA.—Muy bien. Ahora mientras esperamos beberemos los dos. *(Llena las copas.* ADOLFO *alza la suya.)* No, antes de beber pide un deseo.

ADOLFO.—¿Un deseo?

SABINA.—Sí, corre, tienes una pestaña en la nariz.

ADOLFO.—*(Piensa.)* Ya. ¿Y tú?

SABINA.—Ya. *(Se acerca y le sopla la nariz.)* ¡Ha volado! ¡Se cumple! Ahora bebamos toda la copa de un trago. *(Lo hacen.)* ¿Qué has pedido?

ADOLFO.—No te lo digo.

SABINA.—¿Por qué?

ADOLFO.—No se puede.

SABINA.—Si ya voló. Dímelo, anda.

ADOLFO.—*(Después de una pausa.)* Que suene el teléfono.

SABINA.—Sí, por Dios, que suene. Lo tengo todo ensayado, sé hasta la última palabra que le voy a decir. Y le voy a pedir que me devuelva las llaves. Eso es simbólico, ¿no? Porque cuando se quiere algo o a alguien no hay excusas que valgan. Yo lo dejaría todo por él... *(Le mira.)* ¿Tú estás enamorado?

ADOLFO.—No lo sé.

SABINA.—Si no lo sabes es que no. Y no podrás comprender nada de lo que te diga.

ADOLFO.—No te preocupes, no soy tan estúpido como parezco.

SABINA.—Mira, cuando hablo con él me tiemblan las manos. Cuando voy por la calle me lo encuentro en las esquinas. Le confundo con los árboles. Cuando pongo música escucho su voz. Y lo peor no es eso. Lo peor es todo lo que eso no me deja ver. Hoy he bebido porque si no, no podría decírselo. Hoy se va a terminar una historia. Fin. The end.

ADOLFO.—¿Por qué?

SABINA.—¿Por qué? ¿No te lo puedes imaginar?

ADOLFO.—No te quiere.

SABINA.—Si me quisiera vendría. Abriría mi puerta y se metería en mi cama. ¿No harías tú eso con tu dama? ¿No?

ADOLFO.—Pero a veces... No sé. Lo que estaba pensando era

169

una chorrada porque si yo fuera él no tendría ninguna duda. *(Bebe nervioso.)*

SABINA.—¿Por qué me has mirado así? ¿Te doy pena?

ADOLFO.—¿Pena? Si eres un ángel...

SABINA.—*(Se ríe.)* ¿Un ángel de la biblia?

ADOLFO.—¡No...! Un ángel-mujer. Una mujer hermosa. Un ángel deseable.

SABINA.—¿Y tú cómo eres? No te veo bien.

ADOLFO.—Está anocheciendo.

SABINA.—*(Llorando.)* ¡Y no me llama! Ya ni siquiera me llama. *(Golpeando el teléfono.)* Suena, maldito. ¡Suena ya! Estoy preparada. Jean... Jean... Te vas a enterar de cada dolor que me has dejado dentro.

ADOLFO.—Tranquila, vamos tranquilízate... Toma, ¿quieres un cigarro?

SABINA.—*(Encendiéndolo.)* Soy yo quien le va a abandonar. Tiene que dejarme hacerlo. ¿Sabes una cosa? Con él nunca he tomado una sola decisión en mi vida. Me llama y voy, me aparta y me quito, me besa y me entrego. Y eso no puede ser, ¿verdad? ¿Y sabes por qué no puede ser? Porque a la larga se siente miedo. Te sientes indefensa, frágil... Y cuando tienes miedo mucho tiempo te pones triste, y a los hombres no les gustan las mujeres tristes. ¿A ti te gustan las mujeres?

ADOLFO.—Algunas...

SABINA.—¿Las mujeres tristes?

ADOLFO.—Sólo me gusta una mujer triste cuando la puedo hacer feliz.

SABINA.—¿Ves? Eso es egoísta. A mí me gusta Jean siempre. Me gusta observarlo de lejos cuando está triste. Me gusta cuando llora. Cuando Jean llora chupo sus lágrimas y me saben a gloria, a vino bueno, a pan y quesillo.... Te estoy dando la tabarra, ¿no?

ADOLFO.—No, para nada. Me siento como si me hubiera metido dentro de una pantalla de cine. Y no es un sueño, es todo verdad. Dime dónde está la luz, quiero verte bien.

SABINA.—Ahí...

(Se oyen aullidos de gatos. ADOLFO enciende la luz y se apoya en la barandilla de la terraza.)

170

ADOLFO.—Qué bonito se ve todo desde aquí. Ven, mira los tejados llenos de gatos. Salen cuando anochece y se buscan...

SABINA.—*(Pasándole la mano por encima del hombro.)* Los gatos no tienen pareja. Se enrollan cuando tienen ganas y no se mienten.

ADOLFO.—Y cuando están heridos se lamen con sus lenguas rosas y pequeñas.

SABINA.—Van a lo suyo. Se parecen a nosotros, pero no se engañan. Ninguno conoce a ninguno.

(De pronto corre hacia el teléfono, pero no lo descuelga. Piensa. Después mira a ADOLFO *de una forma fija y extraña.)*

ADOLFO.—¿Por qué me miras así?

SABINA.—*(Sin dejar de mirarle.)* Ya ni siquiera me llama. *(Pausa. Seductora.)* ¿Cómo decías que hacían los gatos?

ADOLFO.—¿Cuándo?

SABINA.—Cuando se buscan en los tejados.

ADOLFO.—Se persiguen y dan vueltas el uno alrededor del otro...

SABINA.—¿Bailan?

ADOLFO —Algo así.

SABINA.—¿Bailas?

ADOLFO.—Yo...

*(*SABINA *le llena la copa y se la da. Después pone música.)*

SABINA.—Ahora soy tu gata. *(*ADOLFO *comienza a dar vueltas alrededor de ella. Se van animando y bailan desenfrenadamente. Es un baile de guerra lleno de erotismo.* SABINA, *sin dejar de bailar, se llena la copa.)* Bebe. Quiero que te emborraches como yo.

ADOLFO.—*(Bebiendo.)* ¡Perdamos la cabeza!

SABINA.—¡Perdamos la conciencia! Miau..., miau..., miau...

ADOLFO.—Miau..., miau..., miau... *(Se ríen.)*

SABINA.—*(A gatas.)* Agárrame. Cógeme...

ADOLFO.—*(La persigue a gatas por el suelo.)* No corras... Te huelo. Te deseo...

SABINA.—*(Escapándose.)* Ven, gatito... Vamos... *(Ronronea.)*

ADOLFO.—*(La agarra.)* Me estás poniendo a cien. Te voy a co-

171

mer... *(La besa. Comienza a desabrocharle la camisa. SABINA se echa a llorar.)* ¿Qué te pasa? ¿Por qué lloras?

SABINA.—No puedo. Él..., él esto no me lo perdonaría...

ADOLFO.—Olvídale. ¿No ves que no está?

SABINA.—No puedo. No puedo.

ADOLFO.—¿No le ibas a dejar?

SABINA.—Sí. ¡Juro que se acabó!

ADOLFO.—¿Entonces? Vale más un hecho que mil palabras.

SABINA.—*(Después de una pausa.)* Hay otra botella en la nevera. Tráela.

ADOLFO.—¿Por qué?

SABINA.—Tenemos que perder la cabeza del todo.

(ADOLFO *sale y trae la otra botella. Llena las copas y ambos se la beben de un trago.*)

¿Cómo te llamas?

ADOLFO.—Adolfo.

SABINA.—Adolfo, te amo.

ADOLFO.—Eres preciosa.

SABINA.—Acaríciame la espalda y dime cosas. (SABINA *se da la vuelta y* ADOLFO *la acaricia.*)

ADOLFO.—Cosas, cosas, cosas... (SABINA *se ríe.*) Así, ríete, ríete. Tienes la espalda más divina que he tocado en mi vida. Así, mi gata fiera, ronronea, ronronea. ¡Qué hermoso caminito he encontrado...! ¿A dónde llevará? Huy..., me muero...

SABINA.—¿Estás tan borracho como yo o menos?

ADOLFO.—Me has emborrachado... Empiezo a alucinar. Déjame mirarte. *(La mira.)* Bella, bella, bella...

SABINA.—¿Me amas?

ADOLFO.—Me vuelves loco.

SABINA.—Dímelo mucho. Hace tanto que no lo oigo...

ADOLFO.—Te deseo. Te voy a comer... Te quiero, te quiero.

SABINA.—¿Cuanto? ¿Cuánto?

(ADOLFO *enciende el mechero y prende una biblia.*)

¿Que haces?

ADOLFO.—Contestarte. Ahora todos los ángeles están en el infierno... *(Bebe de la botella.)* Adiós San Pablo. Adiós San Juan. Adiós San Mateo... Adolfo Guzmán os condena a la hoguera para purificar su alma...

SABINA.—Y entonces vienen los bomberos... *(Sale.)* ¡Fuego! ¡Fuego...! ¡Fuego...!

ADOLFO.—¡Es la noche de San Juan! *(Toma carrerilla y salta por encima de las llamas.)* En mi pueblo siempre me daban el premio. *(Vuelve a saltar.)* Casi me quemaba los talones pero seguía saltando. Eran fogatas más grandes que esta terraza. ¡Cien veces más! ¡Mil veces más! *(Vuelve a saltar.)* Miau.... miau... ¿Dónde se ha metido mi gata en celo?

(La busca. SABINA entra haciendo sonar una sirena con la boca y con una jarra de agua.)

SABINA.—¡Los bomberos...!

(Echa el agua y apaga el fuego. Pierde el equilibrio y cae al suelo. ADOLFO la recoge y la abraza.)

ADOLFO.—Ven, vamos a la hamaca.

(Con dificultad llegan hasta la hamaca y se tumban.)

SABINA.—*(Casi sin voz.)* ¿Quién eres? Dime quién eres. No me has contado nada de ti. No sé nada de ti. Me da muchas vueltas la cabeza? Me mareo... Dame otra copa, por favor.

ADOLFO.—No. Ya no hay más. *(La acaricia.)*

SABINA.—¿Cómo te llamas?

ADOLFO.—Benito Pérez Galdós.

SABINA.—Benito, cuéntame algo.

ADOLFO.—Sí, y tú tranquila te duermes en mis brazos. Chiquitita, chiquitita... Duérmete mi niña, duérmete mi amor, duérmete la prenda de mi corazón...

SABINA.—Estoy muy mareada. Todo me da vueltas. Estoy... ¿Dónde estamos?

ADOLFO.—Aquí, en la terraza. Se ven muchas cosas desde aquí. Hay un montón de estrellas; la Osa Mayor, las Siete Hermanas... ¡La Luna!

SABINA.—¿Qué?

ADOLFO.—Chist... También veo muchas antenas de televisión... Y ahora, mientras todos se aburren viendo el telediario, nosotros estamos aquí en el tejado haciendo... el amor. Ha pasado un avión muy alto. Yo nunca he montado en avión pero debe ser parecido a esto. Oye... (SABINA *no contesta. Su respiración es profunda.*) Mañana cogeré un avión y me iré al Lago Ness, haré un reportaje sobre el monstruo y lo venderé muy caro, carísimo. Dejaré de vender biblias para siempre... *(Con voz débil.)* Nunca me dirán que no... Nunca más me dirán que no. *(Suena el timbre de la puerta.)* ¡Qué demasiado, esto es como ir en un avión! *(Casi sin voz.)* Rung... Rung...

(Se queda dormido. Se vuelve a escuchar el timbre. Al cabo de un momento unas llaves y la puerta que se abre. Después pasos afuera.)

VOZ DE JEAN LUC EN OFF.—Sabina... ¡Sabina! Je suis arrivé... ¡Sabina! Je suis ici. Où est tu?

(JEAN LUC aparece en el umbral de la terraza. Se le congela la sonrisa y se queda paralizado. Después de un momento deja las llaves encima de la mesa y sale. Pasos afuera. Sonido de una puerta que se cierra.)

(Oscuro.)

FIN

Solos esta noche

A Pedro de Casso y todos los que me convencieron para que escribiera una obra con «final feliz».

Se estrenó en el Teatro *Alfil*, de Madrid, el 13 de noviembre de 1990, dentro del espectáculo «Noches de amor efímero», con el siguiente reparto:

CARMEN, Paloma Paso Jardiel
JOSE, Antonio Carrasco

Dirección: JESÚS CRACIO

Estación de metro. No hay nadie en el andén. Entra CARMEN. *Es una mujer de treinta y bastantes años. Va vestida de forma elegante, pero muy convencional. Pelo de peluquería y uñas largas muy pintadas.* CARMEN, *con cierta inquietud, se sienta en un banco y espera. Al poco, aparece* JOSE. *Es un joven moreno de piel y musculoso.* CARMEN, *al verlo, disimula un sobresalto. El joven se sienta en otro banco y enciende un cigarro. Mira a* CARMEN. CARMEN *pasea nerviosa por el andén. Después de un momento, el joven comienza a acercarse a la mujer.* CARMEN, *asustada, se agarra el bolso y se dirige hacia la salida. El joven la llama con un «Eh, oye...»* CARMEN *se para en seco.* JOSE *llega hasta ella.*

CARMEN.—*(Muy asustada. Hablando muy deprisa.)* No tengo nada. Me he metido en el metro porque me he quedado sin dinero. Ni un duro, te lo juro... Toma. *(Le da el bolso.)* Puedes quedarte con él. El reloj es caro. Toma, puedes venderlo... Los anillos... ¡No puedo sacármelos! Por favor, los dedos no. No me cortes los dedos...

JOSE.—*(Interrumpiéndola perplejo.)* Pero, ¿qué dices? ¿Qué te pasa? ¿Te he pedido yo algo?

CARMEN.—¿Qué quieres? ¿Qué quieres de mí?

JOSE.—Joder, qué miedo llevas encima, ¿no? ¿Tengo tan mala pinta?

CARMEN.—No, no, es qué... es muy tarde. No estoy acostumbrada a estar sola a estas horas... No cojo nunca el metro y...

JOSE.—Ya. A estas horas estás en tu casa viendo la televisión. Toma tus cosas y relájate. (CARMEN *asiente.)* Tranqui, ¿eh? Tranqui...

(Vuelve al banco y se sienta.)

177

CARMEN.—¿Qué querías?

JOSE.—Te iba a preguntar que si llevas mucho tiempo esperando.

CARMEN.—Sí, bastante. Me dijeron que tenía que pasar el último metro...

JOSE.—El último suele tardar. *(Mira el reloj.)* Aunque ya tenía que haber llegado.

CARMEN.—*(Mirando hacia el tunel.)* Creo que ya viene.

JOSE.—*(Después de un momento.)* Yo no lo oigo.

CARMEN.—No, yo tampoco.

JOSE.—Bueno, habrá que esperar. *(Saca un bocadillo.)* ¿Quieres?

CARMEN.—*(Sin mirarle.)* No fumo, gracias.

(CARMEN *pasea nerviosa por el andén.*)

JOSE.—Estáte quieta, chica, es que me estás mareando. ¿Tienes hambre?

CARMEN.—No, gracias.

JOSE.—Es de jamón. (CARMEN *sigue paseando sin hacerle caso.*) Oye, que es de jamón.

CARMEN.—¿Y qué?

JOSE.—Que es de jamón. ¿No quieres un cacho?

CARMEN.—No, de verdad, gracias. He cenado hace un rato.

(*Sigue paseando cada vez más nerviosa.*)

JOSE.—¿En un restaurán?

CARMEN.—¿Cómo?

JOSE.—Que si has cenado en un restaurán.

CARMEN.—Sí.

JOSE.—¿Sola?

CARMEN.—Se está retrasando demasiado.

JOSE.—¿Eh?

CARMEN.—El metro. No es normal que un metro tarde tanto.

JOSE.—El último sí. A veces tarda mucho. ¿Por qué no te sientas?

CARMEN.—No, gracias, prefiero estar de pie.

178

Paloma Paso Jardiel y Toni Carrasco en *Noches de amor efímero
(Solos esta noche).*

JOSE.—Tú misma.

CARMEN.—Gracias.

JOSE.—¿Por qué?

CARMEN.—¿Por qué, qué?

JOSE.—¿Que por qué me das tanto las gracias? No lo entiendo.

CARMEN.—Ah, no sé... *(Alejándose.)* ¡Dios mío, lo que tarda...!

JOSE.—*(Levantando la voz.)* ¿Y has cenado sola en el restaurán?

CARMEN.—No.

JOSE.—¿Con tu novio?

CARMEN.—¡Dios mío, este metro no llega nunca!

JOSE.—Pues por aquí no se ve un alma. Lo mismo se ha averiado y esta colgado en el túnel.

CARMEN.—Espero que no.

JOSE.—¿Tienes que madrugar mañana?

CARMEN.—*(Enfrentándole asustada.)* ¿Por qué dices eso?

JOSE.—¿Digo el qué?

CARMEN.—¿Por qué me preguntas que si tengo que madrugar mañana?

JOSE.—Joder, ni que te hubiera preguntado la talla del sostén.

CARMEN.—¡Ah! Me voy.

JOSE.—No seas estrecha, mujer, que era una broma. Te lo preguntaba por si currabas. ¿Curras o no?

CARMEN.—Sí. ¿Por qué?

JOSE.—Yo cuando curro me acuesto pronto para rendir. Ahora estoy en paro. Mira. *(Se quita la cazadora y se abre la camisa.* CARMEN *grita.)* ¿Qué te pasa?

CARMEN.—¿Qué haces?

JOSE.—Que te voy a enseñar la cicatriz. Mira, una viga que se desprendió y me cayó encima. Casi me destroza el tatuaje. *(*CARMEN *no sabe dónde meterse.* JOSE, *tranquilamente, sigue hablando.)* Con el «toras» que yo tenía de película, ahora «marcao». Ya ves, ni guapos nos dejan ser a los cabrones. Es una cosa que siempre he pensado, lo guapa que es la gente de pelas. Y no es la ropa cara, ni el pelo tan brillante, ni las alhajas... No, es la piel. Es la puta piel que se hace distinta. Oye, por cierto, tú tienes una piel tela de fina. ¿Qué haces tú en una alcantarilla a estas horas?

180

CARMEN.—Me voy. Este metro no viene. Intentaré coger un taxi.

JOSE.—¿Pero no decías que no tenías pelas?

CARMEN.—No tengo aquí. Lo pagaré en casa. Eso es lo que tenía que haber hecho desde el principio. Sí, me voy. Adiós.

JOSE.—Bueno, mujer, adiós.

(CARMEN *sale a toda prisa.* JOSE *termina su bocadillo. Saca una botellita de alcohol y da un trago. Mira hacia dentro del túnel. Canta. Aparece* CARMEN *histérica.*)

CARMEN.—¡Está cerrado! ¡Están cerradas las puertas de la calle!

JOSE.—No jodas...

CARMEN.—¡Y no hay nadie! ¡Nadie! ¡Ni una taquillera, ni un guardia, ni un solo empleado! ¡No hay nadie!

JOSE.—Tranquilízate. Vamos, tranquila, mujer. Tiene que pasar el último metro.

CARMEN.—*(Aterrada.)* ¿Y si no hay último metro? ¿Y si el último ha pasado ya?

JOSE.—Entonces no nos habrían dejado entrar.

CARMEN.—¿Y si se han equivocado? ¿Y si nos han dejado entrar por un error y no pasa ningún metro más.

JOSE.—*(Después de un momento.)* Bueno, por lo menos aquí no pasaremos frío.

CARMEN.—No digas eso ni en broma. ¡Dios mío, no puede ser! ¡Esto es una pesadilla! Por favor, vete tú a ver si encuentras a alguien. Vamos los dos.

JOSE.—¿Y si mientras pasa el metro, qué?

CARMEN.—Vete tú, yo esperaré.

JOSE.—Ya, y si viene me quedo yo aquí solo.

CARMEN.—Les diré que te esperen. ¡Por favor! ¡Por favor, te lo suplico!

JOSE.—Eh, eh, vamos, tranquilízate, no nos han podido dejar aquí encerrados. Esperaremos unos minutos más, si no llega el tren iré a buscar a alguien.

CARMEN.—*(Medio llorando.)* No hay nadie. Yo he visto que no había nadie. *(Grita.)* ¡Oigan! ¡Oigan! ¡¿Hay alguien por aquí?! ¡¿Hay alguien?!

181

JOSE.—Cálmate, mujer. Como haya alguien, va a salir corriendo.

CARMEN.—¡No viene el metro! ¿No lo ves? ¡No queda ningún metro!

JOSE.—Está bien, voy a ver qué pasa.

CARMEN.—Voy contigo.

JOSE.—*(Le agarra la mano con naturalidad.)* Vamos.

CARMEN.—*(Soltándose con miedo y asco.)* Yo me quedo.

JOSE.—Sí, mejor espera aquí por si las moscas... (JOSE *va a salir.* CARMEN *le sigue.)* ¿Qué haces?

CARMEN.—Que... mejor voy contigo.

JOSE.—Es mejor que te quedes por si llega. Se ha podido averiar en el túnel y... podría llegar retrasado.

CARMEN.—*(Duda.)* Bueno, pero no tardes, por favor.

JOSE.—*(Da un trago y le pasa la botella.)* Toma, da un trago, esto calma los nervios. Ahora vuelvo.

(Sale. CARMEN *se queda sola. Mira la botella pero no se decide a beber. Después saca un pañuelo de su bolso, limpia la botella con ahínco y bebe. Pone cara de asco pero enseguida da otro trago rápido. Éste parece gustarle más. Da un tercer trago más largo.)*

CARMEN.—*(Hablando hacia adentro del túnel.)* ¿Hay alguien por ahí? ¡Por favor! ¿Puede oírme alguien? ¡Estoy aquí! ¡Estoy aquí!

(Entra JOSE.)

JOSE.—Aquí no hay ni Dios.

CARMEN.—*(Llorando.)* Tengo que llegar a mi casa. Quiero llegar a mi casa...

JOSE.—No llores... Toma, bebe otro trago.

CARMEN.—No, yo no bebo. ¡Un teléfono! ¿No hay aquí un teléfono?

JOSE.—*(Negando.)* Lo único que he visto es una máquina de chocolatinas. Toma, he sacado dos.

CARMEN.—Ese chocolate está rancio.

JOSE.—*(Con actitud cada vez más segura.)* Si vamos a pasar aquí la noche será mejor que cojamos calorías.

CARMEN.—No puede ser. No nos pueden dejar aquí encerrados toda la noche. Es imposible.

JOSE.—Cosas más raras he vivido yo. *(Le tira la chocolatina.)*

CARMEN.—*(Intentando calmarse.)* ¿Qué hacemos?

JOSE.—De momento fumarnos un cigarro.

CARMEN.—No, yo no fumo. Yo quiero salir de aquí.

JOSE.—Espera, déjame pensar. *(Piensa.)* Lo único que se me ocurre es coger el túnel e intentar llegar hasta la otra estación. Es más importante que ésta y...

CARMEN.—¿Estás loco?

JOSE.—Es la única solución.

CARMEN.—No, los túneles están llenos de ratas así de grandes. Por la noche salen para vivir. Nos chocaríamos con ellas. Nos morderían las piernas...

JOSE.—¡Eh, para el carro! Las ratas cuando pasan los hombres se apartan.

CARMEN.—*(Señalando el túnel.)* Pero es que ésa es su casa. ¿No te das cuenta?

JOSE.—No hay otro remedio. O darnos el paseo o dormir aquí.

CARMEN.—¡Vamos!

JOSE.—Vamos.

(Se acercan hacia la vía. CARMEN mira hacia abajo con terror.)

CARMEN.—No puedo saltar. Está muy alto.

JOSE.—Salto yo y te cojo.

CARMEN.—Peso mucho.

JOSE.—*(En un alarde de fuerza la levanta en brazos.)* Podría saltar hasta contigo encima.

CARMEN.—*(Pataleando.)* No, no. Suéltame.

JOSE.—¿Pero tú de qué vas? ¿Quieres salir de aquí o no?

CARMEN.—Sí.

JOSE.—Pues venga.

CARMEN.—¿Y los tacones? Yo no puedo andar por ahí con estos tacones.

JOSE.—Quítatelos.

CARMEN.—¿Descalza? ¡Qué horror...! Me morderían los pies...

JOSE.—Oye, ¿qué te pasa?

CARMEN.—*(Después de una pausa.)* Me da miedo. Pánico.

JOSE.—Está bien. Iré yo solo. A mí no me da miedo. Conozco bien las alcantarillas y la mierda. Tú espera aquí. Volveré a buscarte.

(Cuando va a saltar, CARMEN *le detiene.)*

CARMEN.—Oye.

JOSE.—¿Qué quieres?

CARMEN.—¿Cómo te llamas?

JOSE.—Jose, ¿y tú?

CARMEN.—Carmen.

JOSE.—Hasta pronto, Carmen.

CARMEN.—*(Le para.)* Jose, ¿y si llegas a la otra estación y está también cerrada?

JOSE.—La siguiente estación es mas importante. Tiene oficina, creo.

CARMEN.—¿Y si tampoco hay nadie?

JOSE.—No perdemos nada.

CARMEN.—Sí. Nos quedamos separados cada uno en una estación.

JOSE.—*(Después de una pausa.)* Escucha, Carmen, si no hay nadie allí, volveré para estar contigo.

CARMEN.—Eres muy... amable. Gracias.

JOSE.—*(Dándole un cachete cariñoso.)* Será un placer. ¡Hostias!

CARMEN.—¿Qué pasa?

JOSE.—¡Soy un genio! ¡Un genio! Esto de llevar la casa encima tiene sus ventajas. Tengo una linternilla en el macuto.

CARMEN.—¡Bien! Así llegarás antes.

(Abre el macuto y saca la linterna.)

JOSE.—Toma, quédate la botella y el tabaco. Si te pones nerviosa te fumas uno.

CARMEN.—Pero si nunca he fumado...

JOSE.—Tampoco te has quedado nunca encerrada en una estación de metro, ¿o sí? Tú aquí, tranquilita, sentadita; que te pones nerviosa, un trago y unas caladas; que aparece alguien, vais a rescatarme, ¿de acuerdo? *(Se acerca a la vía para saltar.)*

CARMEN.—¡Jose! (JOSE *la mira.*) ¿Y si aparece gente en las dos estaciones y nos sacan a cada uno por una puerta?

JOSE.—¿Qué?

CARMEN.—No, nada, qué tontería...

JOSE.—Tontería, ¿el qué?

CARMEN.—*(Ruborizada.)* Que... que me quedaré con tu botella y tu tabaco.

JOSE.—*(Sonríe.)* Disfrútalos. *(Va a saltar, pero se da la vuelta.)* Yo no tengo teléfono. ¿Me das el tuyo por si acaso?

CARMEN.—Sí. *(Saca una tarjeta de su bolso.)*

JOSE.—*(Leyéndola.)* Joder, qué mujer más importante. Jefa de sección del departamento de documentación bibliográfica del Ministerio de Cultura. ¿Qué es esto?

CARMEN.—Una oficina llena de papeles y corbatas.

JOSE.—En fin, señora, me voy.

CARMEN.— No tardes. *(En el momento en que* JOSE *salta se apagan las luces del andén.)* ¡Han apagado la luz! ¡Oigan! ¿Hay alguien? ¡Socorro! ¡Socorro! ¡Estamos aquí! ¡Estamos aquí!

JOSE.—*(Que ha vuelto a subir.)* No te esfuerces, estas luces funcionan automáticamente. Ven, siéntate en el banco y espérame, tengo que llegar rápidamente.

CARMEN.—Jose, no te vayas. No me dejes aquí sola.

JOSE.—Pero...

CARMEN.—Dame la mano, por favor. Tengo miedo. Quédate aquí conmigo.

JOSE.—Pero aquí no va a venir nadie hasta mañana.

CARMEN.—No, no me sueltes por favor.

JOSE.—Eh, no tiembles así. Vamos, no va a pasar nada. Estoy yo aquí contigo. Toma, fuma. (JOSE *se sienta a su lado, le enciende un cigarro y se lo pone en la boca.* CARMEN *da caladas a toda velocidad. Tose.* JOSE *la alumbra con la linterna.)* A que divierte el humo.

CARMEN.—Yo ya no sé nada. No sé nada...

JOSE.—Pero deja de temblar. Si no te va a pasar nada. ¿No ves que estoy yo aquí?

CARMEN.—Eres..., eres muy valiente.

JOSE.—Por cosas peores he pasado yo. Qué digo peores, si

185

esto es como quedarse encerrado en un castillo con una princesa.

CARMEN.—Qué pensará mi marido cuando no aparezca esta noche...

JOSE.—¿También tienes marido? ¡Joder, tienes de todo!

CARMEN.—Seguro que pensará que estoy por ahí con un amante...

JOSE.—¡¿También tienes amantes?!

CARMEN.—¡No! ¡Nunca! Nunca he tenido un amante. *(Pausa.)* Tampoco he dejado nunca de ir a dormir a casa. ¿Y tú, tienes novia?

JOSE.—¡Qué dices! A un parado no le quiere nadie. Tuve una muy maja, así morenita como tú, pero cuando me quedé en la calle se lió con un gilipollas con futuro.

CARMEN.—¿Con futuro?

JOSE.—Sí, estaba estudiando una carrera.

CARMEN.—Menudo futuro.

JOSE.—Eso digo yo. Yo sé que el futuro no está en el puto dinero. Aunque todo el mundo diga lo contrario, yo sé que el futuro no está en el dinero.

CARMEN.—¿Tú sabes dónde está?

JOSE.—Mira, Carmen, aunque suene raro... Yo pienso que el futuro.... está en el amor, en que la gente se quiera.

CARMEN.—*(Hablando muy deprisa.)* Estoy de acuerdo contigo, Jose, totalmente de acuerdo. El dinero hace a los hombres cobardes, obsesivos, aburridos, gordos, gordos..., gordos. ¡Ay, Dios mío, ya no sé lo que digo!

JOSE.—*(Riéndose.)* ¿Es gordo tu marido?

CARMEN.—Chist, calla. Es..., es que me pones nerviosa.

JOSE.—¿Yo?

CARMEN.—Estás tan cerca... (JOSE *hace un ademán de retirarse.)* No, ni se te ocurra alejarte.

JOSE.—*(Acercándose más.)* Ni se me ocurre, princesa.

CARMEN.—¿Puedo ver el tatuaje?

JOSE.—Claro.

(Se desabrocha la camisa. CARMEN lo alumbra con la linterna.)

CARMEN.—Qué mariposa más bonita...

JOSE.—Pues si la tocas mueve las alas.

CARMEN.—*(Tocándola.)* Qué bonita, parece de verdad, con sus antenitas y todo... y sus patitas... y sus ojitos... y su... ¡Abrázame!

JOSE.—*(Abrazándola.)* ¿Sigues teniendo frío?

CARMEN.—Qué pecho más fuerte... Qué brazos mas fuertes...

JOSE.—*(Rodeándola con fuerza.)* Y todo para ti.

CARMEN.—Apaga la linterna.

JOSE.—¿Ya no tienes miedo?

CARMEN.—¿Miedo, con esta muralla...? Apaga la linterna.

JOSE.—¿Y si llega el tren?

CARMEN.—Que pase. Que pase.

(JOSE *apaga la linterna. En el oscuro se oyen besos y susurros...*)

FIN

De la noche al alba

*A José María Rodríguez Méndez,
gran autor, unido a mí por el amor a las
criaturas desvalidas.*

Paloma Pedrero y Robert Muro en una lectura escenificada de *De la noche al alba*, realizada en el teatro Metropol de Tarragona en abril de 1997.

A propósito
de *De la noche al alba*

Esta cuarta noche de amor efímero surge mucho tiempo después que las otras. En realidad nace después de ver la primera puesta en escena de la obra y percibir la difícil aceptación que *Esta noche en el parque* tiene entre un sector amplio del público. Observo que la obra desagrada sobre todo a los hombres, siendo, sin embargo, algunos hombres excepcionales, sus más fieles defensores. Por otra parte, reflexiono sobre mi responsabilidad en lo que atañe a la construcción del texto: falta de antecedentes en los personajes, violencia en el desarrollo de la acción, síntesis excesiva. La cuestión queda abierta y tal vez sólo el tiempo pueda darme una respuesta: otras visiones de puesta en escena, otros actores, otra distancia...

Sin afán de renegar de *Esta noche en el parque* pero movida por estas dudas, decidí intentar una nueva «noche» más cercana a la clave de humor de las otras dos. El fracaso ha sido estrepitoso como podrán comprobar a continuación. Esta nueva «noche» se me fue, otra vez, por caminos de dureza y descontento. Quizás, sencillamente, porque la situación planteada no me permitía otros; quizás porque uno no escribe siempre lo que quiere sino lo que le sale.

A pesar de todo *De la noche al alba* tiene un final mezclado, abierto a la posible transformación, a la esperanza. No es poco para los tiempos que corren.

PALOMA PEDRERO

191

Se estrena oficialmente dentro del espectáculo nuevas «Noches de amor efímero», el 6 de Septiembre de 2002, en el Teatro Cervantes de Valladolid, con el siguiente reparto:

VANESA, Ana Otero
MAURO, Mariano Alameda
YONKI, Israel Elejalde
RAMÓN, Juan Carlos Talavera

Dirección: ERNESTO CABALLERO

VANESA *sale del club nocturno donde trabaja. Mira la calle. Todavía es de noche. Es una mujer esbelta y sensual. Lleva melena ru-
bia y suelta, la cara con un maquillaje ya gastado y un vestido negro
y ajustado.*
Camina hacia el borde de la acera en busca de un taxi.
MAURO, *un hombre con aspecto de niño grande, sale a su encuentro en la calle solitaria.*

MAURO.—¡Vanesa!
VANESA.—*(Se asusta hasta que le reconoce.)* ¿Qué haces aquí? Te
he dicho que no me esperes a la salida.
MAURO.—He traído un coche para llevarte a casa. Es peligro-
so que andes sola por la calle a estas horas y... con ese ves-
tido...
VANESA.—Lárgate y déjame en paz. ¿Vale? *(Camina cojeando.)*
MAURO—¿Por qué no te quitas esos zapatos de tacón? Ya no
los necesitas.
VANESA.—¿Por qué no metes la lengua en una alcantarilla?
(Busca un taxi.) No se qué coño pasa con los taxis a estas
horas...
MAURO.—Están desayunando. Los taxistas digo. (VANESA *se
quita un zapato y se masajea el pie.* MAURO *le coge el zapato.)*
¿Qué número gastas?
VANESA—*(Quitándole el zapato.)* Trae aquí, ¿a ti qué te impor-
ta...?
MAURO.—Son grandes, ¿quieres que te preste los míos?
VANESA.—No delires, tío.
MAURO.—Tengo ahí un coche, me lo ha dejado un colega del
banco.
VANESA.—¿Colega? Los maderos de banco no tenéis colegas.

Sois como un adorno violento, ¿no? Sois como porteros brutos.

MAURO.—Déjame que te lleve a casa. Me queda una hora para entrar a trabajar.

VANESA.—Que no, joder, que no te enteras, que estoy fuera de servicio. *(Grita.)* ¡Taxi! Taxi!

MAURO.—Está ocupado.

VANESA.—¡Mierda! Y encima algunos van vacíos y no paran. Será que les damos miedo a los maricones... Pensarán que les vamos a meter mano... Estoy hasta las tetas de esos chulos. Como llevan motor y estan calentitos, pues hala, a seleccionar el bicho. Pues como un día se me hinchen a mí las narices...

MAURO.—Me han dejado un Opel Corsa con asiento reclinable y música.

VANESA.—Ya, me encanta el morro que tienes, tío. ¿Te han dejado también el condón o eso lo tienes que poner tú?

MAURO.—Sólo quiero llevarte a casa.

VANESA.—Eso dicen todos... ¡Joder, qué pasa hoy con los taxis! *(Vuelve a caminar.)*

MAURO.—*(La coge del brazo.)* ¿Cómo te llamas?

VANESA.—*(Soltándose.)* ¿Y eso a qué viene? ¿Has bebido?

MAURO.—Vanesa no te llamas. Ese es tu nombre de... *(Duda.)*

VANESA.—Sí, mi nombre artístico. Eso es lo que querías decir, ¿no?

MAURO.—Tu nombre de puta.

VANESA.—¡Qué bestia eres, corazón! Ni con Opel Corsa se te refinan las neuronas.

MAURO.—Me pones nervioso, negro.

VANESA.—¿Ah, sí? ¿Entonces para qué me esperas? Ya te dije el otro día que si quieres follar entres y pagues, como todos.

MAURO.—No tengo tanto dinero. Es muy caro ese club.

VANESA.—Ya, a partir del día diez se te acaba el presupuesto, ¿no? Pues te aguantas y esperas a primeros de mes... Y si no, haces horas extras como yo.

MAURO.—*(Cerrando los puños nervioso.)* No quiero follar. No quiero follarte.

VANESA.—Oye, tío, tranquilo que no quiero líos... *(Camina.)*

MAURO.—¿No puedes dedicarme unos minutos gratis?

VANESA.—No, mierda, no. Estoy cansada. Estoy agotada, ¿no lo ves? Llevo siete horas ahí metida aguantando tipos neuróticos, babosos, impotentes, prepotentes... Tengo los pies molidos. Está a punto de amanecer, ¿lo ves? Se acabó mi jornada y quiero llegar a casa.

MAURO.—Dame unos minutos. Tengo que hablar contigo. Dame diez minutos gratis, por favor.

VANESA.—*(Camina y se sienta en un banco. Dice con resignación:)* Diez minutos. *(Se quita los zapatos y enciende un cigarro.)*

MAURO.—*(Se acerca y se sienta a su lado. Coge un zapato de ella y lo estruja, lo huele.)* Están duros.

VANESA.—¿Qué haces?

MAURO.—Ablandarlo. ¿Tienes colonia?

VANESA.—No, trae, déjalo.

MAURO.—Tienes que rellenarlos con trapos mojados en alcohol. Metes todos los que puedas y los dejas varios días hasta que...

VANESA.—*(Interrumpiéndole.)* Oye, estás gastando el tiempo.

MAURO.—*(Conteniéndose.)* Vale, como quieras, destrózate los pies.

VANESA.—¿Qué querías decirme?

MAURO.—¿Vamos al coche? Aquí hace fresco y me gustaría que escucharas una cinta que he traído.

VANESA.—*(Harta.)* Que no, tío, que no te enrolles, que me...

MAURO.—Bueno, vale, vale... *(Hace una pausa. Respira.)* Me llamo Mauro Campos López.

VANESA.—Ya lo sé.

MAURO.—Lo de López no lo sabías.

VANESA.—Y lo de López, a mí qué me importa.

MAURO.—A mí sí, es el apellido de mi madre.

VANESA.—Buenooo...

MAURO.—¿Qué pasa?

VANESA.—Nada, hijo, nada. Que López, sí.

MAURO.—Soy de un pueblo de Toledo. Mi padre tiene vacas...

VANESA.—Qué bucólico...

MAURO.—¿Qué?

VANESA.—Nada.

MAURO.—¿Qué has dicho?

VANESA.—Que no he dicho nada, hombre... (MAURO *la mira mal.*) Que debe de ser bonito ser vaquero, ¿no?

MAURO.—A mí no me gusta.

VANESA.—Ya, a ti te gusta más la pistola.

MAURO.—Mas que la mierda de las vacas sí.

VANESA.—Pues a mí me gusta más la mierda de las vacas. Es abono y no mata.

MAURO.—¿Me vas a dejar hablar o no?

VANESA.—Ah, tengo que seguir escuchando... ¡Dios mío, qué condena!

MAURO.—No te preocupes, voy a ser breve.

VANESA.—Gracias.

MAURO.—Y si pudieras dejar el cachondeo te lo agradecería, ¿vale?

VANESA.—No te mosquees, hombre, si es que estoy harta de escuchar rollos. Además no he desayunado.

MAURO.—¿Quieres un café? Ahí, al lado del banco, hay un bar abierto.

VANESA.—No, déjalo, tengo azúcar. *(Saca un terrón.)* Necesito glucosa porque tengo la tensión baja.

MAURO.—*(Interesado.)* ¿Muy baja?

VANESA.—Bastante.

MAURO.—¿Cuanto tienes?

VANESA.—Nueve-seis. A veces menos.

MAURO.—Yo sé tomarla, me enseñaron en un cursillo de primeros auxilios.

VANESA.—Ah.

MAURO.—Tengo aparato.

VANESA.—Ya, ya lo sé.

MAURO.—¿Por qué lo sabes?

VANESA.—*(Bromeando y tocándole.)* Lo he probado, pillín...

MAURO.—*(Retirándole la mano.)* No digas tonterías... Tengo un tensiómetro, lo mangué de la enfermería, en la mili.

VANESA.—¡Ay va...! Yo pensaba que los maderos no robabais. Cómo esta el mundo...

MAURO.—No soy madero, soy vigilante jurado.

VANESA.—Peor.

MAURO.—¿Por qué? ¿Se puede saber por qué te parece tan mal? Es un trabajo honrado.

VANESA.—No me gusta ese tipo de trabajo honrado, ni siquiera me parece tan honrado. Los bancos son lugares indecentes.

MAURO.—Será más decente un puticlub.

VANESA.—Seguro, por lo menos los negocios son más claros.

MAURO.—No me hagas reír.

VANESA.—No pretendo hacerte reír, tío. Te estoy diciendo que no me gustan los bancos, ni los banqueros, ni los policías. Y es muy tarde. *(Apaga el cigarro.)*

MAURO.—Espera, no me has dejado hablar. Bueno, no te he dicho lo que quería decirte.

VANESA.—*(Mirando el cielo.)* Venga, cinco minutos. Cinco.

MAURO.—Dime cómo te llamas.

VANESA.—No le digo mi nombre a los clientes.

MAURO.—No voy a ser tu cliente. No voy a volver más.

VANESA.—Ah, pensé que te gustaba...

MAURO.—No voy a volver a verte dentro de ese antro.

VANESA.—Vale, tú mismo.

MAURO.—Tú no eres como las otras.

VANESA.—No, corazón, ese rollo no. Está muy visto. Verás, no sólo soy como las otras sino que soy la peor. Me gusta cantidad la pasta y soy la que más gana, no tengo competidora...

MAURO.—Eso es porque eres la más guapa. Les gustas a todos, lo he notado. *(Alterado.)* Me pone negro entrar ahí. Me pone negro verte entre tanta basura. *(Da un golpe en el respaldo del banco.)* Me dan ganas de liarme a tiros.

VANESA—Vale, chaval, tranquilo. No vuelvas y se acabó. No quiero tener problemas con nadie. No me gustan los líos, ¿entiendes?

MAURO.—¿Nunca lo has hecho por amor?

VANESA.—¿Cómo?

MAURO.—Que si nunca has follado por amor. Con un hombre que te gustara, que te volviera loca...

VANESA.—*(Cortante.)* Dime lo que me tengas que decir y terminamos, ¿vale?

MAURO.—*(Ofendido.)* No, no te voy a decir nada. Cómo voy

a hablar con una piedra, qué voy a decirle a una mujer sin corazón, a una mujer que no es capaz ni de decirme su nombre. Voy a buscarte un taxi.

VANESA.—No te molestes... *(Se levanta.* MAURO *camina hacia el otro lado, triste, cabizbajo.* VANESA *se vuelve y lo llama:)* ¡Mauro! (MAURO *se vuelve y la mira.)* Tengo hombre. Vivo con un hombre peligroso y... Me llamo María, María López.

MAURO.—*(Lívido y emocionado se acerca a ella.)* No puede ser verdad. No puede ser verdad... María López.

VANESA.—¿Qué pasa? Claro que es verdad. Es un nombre vulgar, hasta tú te llamas López.

MAURO.—¿Sabes que antes de ir al club ya te conocía?

VANESA.—¿Qué?

MAURO.—Te vi llegar una tarde, y otra tarde y otra. Te esperaba todos los días para verte, hasta el día que me dije: tengo que verla de cerca, tengo que entrar en ese club, y pagué. ¿Te acuerdas?

VANESA.—No, no lo sé...

MAURO.—¿No te acuerdas de la primera vez?

VANESA.—No, no sé, creo que fue hace poco...

MAURO.—No pude decir tres palabras seguidas...

VANESA.—Muy hablador ahí adentro no eres, no. En el fondo eres de los que me gustan, calladitos y rápidos.

MAURO.—*(Ensimismado.)* María López...

VANESA.—Bueno, tío, tampoco hace falta que me llames por el nombre completo, que no tengo cargo.

MAURO.—Es como un milagro... *(De pronto, como cayendo.)* ¿Y dices que vives con un hombre?

VANESA.—Sí, y ya debe de andar mosqueado. Tiene mala hostia.

MAURO.—¿Te pega?

VANESA.—¿Eh? No, no..., qué dices... Estaría bueno.

MAURO.—¿Y te quiere?

VANESA.—*(Se queda cortada ante la pregunta.)* Pues..., yo qué sé. No sé. A veces... ¡Qué más da!

MAURO.—A él le dejas, ¿verdad?

VANESA.—*(Inquieta.)* ¿Le dejo el qué?

MAURO.—Le dejas que te bese en la boca, ¿verdad?

VANESA.—Pero...

MAURO.—A mí nunca me has dejado.

VANESA.—No, no me gusta. Es lo que más asco me da de todo... Me dan arcadas.

MAURO.—¿Y con tu hombre también?

VANESA.—*(Descolocada.)* Él..., él no..., él no lo intenta nunca.

MAURO.—Entonces es que no te quiere.

VANESA.—*(Reaccionando.)* ¿Y tú qué sabes? ¿Y a ti quién te ha dado vela en este entierro? Te estás pasando, tío. Me estás cabreando.

MAURO.—Yo, desde que te conozco, desde que te vi llegar aquel día... Sí, recuerdo perfectamente tu vestido... Era rojo con lunares blancos. Y llevabas la cara lavada, muy blanca... Desde que te vi te quise. Te quise siempre, no a veces. Te quise siempre.

VANESA.—Me lo temía.

MAURO.—¿Qué?

VANESA.—*(Nerviosa.)* Que no me gustan los hombres enamorados; que traen problemas, ¿entiendes? Y que además tú ni siquiera me conoces, tú te has enamorado por necesidad, porque estás colgado.

MAURO.—¡Me cago en Dios! No me digas eso. *(Furioso.)* ¿Tú qué sabes de mí? Me pones negro.

VANESA.—Tranquilo, tío, cuando te pones así me das hasta miedo.

MAURO.—Pues no me has visto con la vena hinchada.

VANESA.—¿Qué vena?

MAURO.—*(Señalándose una de la frente.)* Ésta. Cuando se me hinchan los huevos se me inflama esta vena y soy capaz de cualquier cosa.

VANESA.—No estarás loco, ¿no? Estoy harta de locos.

MAURO.—No, no lo estoy.

VANESA.—Vale, tío, ningún loco de los que conozco me ha dicho nunca que estaba loco. Decir que se está muy bien es el primer síntoma de la pájara. Me largo.

MAURO.—María.

VANESA.—¿Qué?

MAURO.—Todavía no es de día, quédate hasta que amanezca, anda. Te juro que no estoy loco.

VANESA.—¿Pero para qué? Es una chorrada que me quede. Primero porque no puedo y segundo que para qué si no tenemos nada que decirnos.

MAURO.—Yo ya te lo he dicho casi todo, por lo menos lo más importante, pero tú... Me gustaría mucho que me contaras algo de ti. Algo que sea verdad, cualquier cosa.

VANESA.—Yo no tengo nada que contar. Yo sólo escucho.

MAURO.—Nos fumamos otro cigarro y, mientras, te escucho yo a ti. Prometo no interrumpirte. *(Sonríe.)* Y no te cobro ni un duro. ¿Vale?

VANESA.—*(Se ríe.)* Joder, con el muchacho, si hasta tiene sentido del humor.

MAURO.—Y cuando apagues el cigarro te digo un secreto. Anda...

VANESA.—*(Suspira y le mira atentamente.)* ¿Cuántos años tienes?

MAURO.—Veintiséis, ¿y tú?

VANESA.—Treinta y dos.

MAURO.—No los aparentas.

VANESA.—Gracias.

MAURO.—Y además no me importa.

VANESA.—*(Con ironía.)* Hombre, gracias.

MAURO.—*(Le da un cigarro.)* Vamos, cuéntame algo de ti. Algo de María López.

VANESA.—Puf..., qué noche más rara... El Ramón debe de andar con un mosqueo...

MAURO.—Que se joda.

VANESA.—*(Asustada.)* Calla, no digas eso. Es mi hombre.

MAURO.—Vamos, cuéntame algo.

VANESA.—*(Piensa.)* ¿Y qué le voy a contar a un madero? Una puta confesándose a un madero... No ves que no tiene lógica. ¿Llevas pistola?

MAURO.—Sí, aquí. *(La saca y se la enseña.)*

VANESA.—¡Qué horror...! ¡Qué miedo! A ver si se te dispara.

MAURO.—Toma, tienes que perderle el miedo, tienes que darte cuenta de que un arma en buenas manos es inofensiva.

VANESA.—No desbarres, tío, un arma en manos de cualquier cristiano es un peligrazo siempre.

MAURO.—Yo no soy violento.

VANESA.—Hasta que se te hincha la vena, ¿no?

MAURO.—Está bien, la dejo aquí... *(Intenta ponerla debajo del banco.)*

VANESA.—Guárdatela o me largo. Odio las pistolas. ¡Las odio!

MAURO.—De acuerdo, vale *(Se la guarda.)*

VANESA.—¿La has usado alguna vez?

MAURO.—Pocas.

VANESA.—¿Has matado a alguien?

MAURO.—No.

VANESA.—¿Cuánto ganas al mes?

MAURO.—Casi cien mil...

VANESA.—¡Dios, qué mierda...!

MAURO.—*(Ofendido.)* ¿Cuánto gana tu chulo?

VANESA.—No te cabrees, tío, no lo decía por eso. Lo decía porque es horrible cómo explotan a la gente. Te dan una pistola y cien papeles al mes y se quedan tan contentos, con la conciencia tranquila. Hale, que sean los pobres los que maten a los pobres...

MAURO.—A los atracadores, a los ladrones...

VANESA.—¿Y quiénes son los atracadores? ¿Los ricos del barrio? ¿Los niños de papá? ¿Eh? Esta sociedad tan avanzada está hecha una injusta mierda.

MAURO.—Lo dices como si yo tuviera la culpa.

VANESA —No sé quién tiene la culpa. *(Le enseña su bolso por dentro.)* Pues mira, hombre honrado, yo he ganado setenta mil pelas esta noche. Unas cuantas copas y dos polvos. ¿Qué te parece?

MAURO.—No es eso de lo que quiero que hables. Eso no me interesa. Ni me gustas cuando te pones así de... rabiosa. Pareces otra.

VANESA.—¿Y tú? ¿A ti no te da rabia? ¿O es que no te quieres enterar? Yo me enteré desde muy pronto, ¿sabes? No me quedaron más huevos.

MAURO.—Toma. *(Le da otro cigarro.)* El anterior no ha valido. *(Se lo enciende.)* ¿Eres de aquí? ¿Naciste en Madrid?

VANESA.—No, nací en un pueblecito de Ávila, creo. *(Se ríe.)*

MAURO.—¿Cómo que crees? ¿Cómo se llama?

Vanesa.—Ni idea. Me lo dijeron alguna vez de pequeña pero no he podido acordarme. Ni me importa. Mi madre me tuvo de soltera y me regaló a los pocos días. La mujer que me crió me contaba algunas cosas de ella pero murió pronto, cuando yo tenía unos ocho años, así que casi no me acuerdo de nada. No, no me acuerdo de nada.

Mauro.—¿Y no la conociste?

Vanesa.—¿A quién?

Mauro.—A tu madre.

Vanesa.—Ah, no. Creo que era muy joven cuando me tuvo y la acojonaron. En un pueblo hace tantos años..., ya sabes. Te advierto que casi me alegro, al final los padres son una carga.

Mauro.—No digas eso, no es verdad.

Vanesa.—¿Que no? Pues yo la gente que conozco que tiene padres están superagobiados con ellos; que si controlan, que si joden, que si se quejan, que si se hacen viejos... Bah, a mí la fotografía nunca me ha dado problemas.

Mauro.—¿Qué fotografía?

Vanesa.—Tengo una foto de mi madre. Me la dio Aurora, la mujer que me crió, cuando murió. No se la ve bien pero me hago una idea.

Mauro.—¿La llevas ahí? ¿Me la enseñas?

Vanesa.—No.

Mauro.—Me gustaría verla

Vanesa.—Que no, tío, que no se la enseño a nadie. *(Mauro intenta agarrarle el bolso.)* Que no, que no la tengo aquí.

Mauro.—Ah, bueno. *(Pausa.)* Pues mi madre murió hace un año, del corazón, de golpe. ¿Sabes que me recuerdas mucho a ella? Tienes los ojos clavados.

Vanesa.—¿No me digas que te gusto porque te recuerdo a tu madre?

Mauro.—Sí.

Vanesa.—Colgao, si ya sabía yo que estabas colgao, tío.

Mauro.—¿Por qué? ¿Qué pasa? Mi madre era y sigue siendo lo más sagrado para mí.

Vanesa.—Ya. Caso típico.

Mauro.—¿Qué dices?

Vanesa.—¿Has oído hablar del complejo del «Dipo»?

MAURO.—Me suena. ¿Por qué?

VANESA.—Porque lo tienes, colega. Los hombres que flipan con la madre es que no han superado una parte infantil en la que deseaban acostarse con ella. Por eso tú quieres acostarte conmigo, porque me identificas con ella, como con su... espíritu, ¿entiendes?

MAURO.—¿Qué dices? ¿Te has vuelto loca o qué? Menudo rollo que me has soltado...

VANESA.—Pues no te creas, que de rollo nada. Tengo un cliente que es psicólogo y me cuenta cantidad de cosas. Yo le pregunto sobre las cosas raras de otros clientes y él me lo explica. Me encanta, ya sé mogollón. Así que cuando estoy con un tío rarillo, o sea con todos, les hago un diagnóstico.

MAURO.—Eso es una chorrada.

VANESA.—Ya, ya. No veas cómo funciona. Tengo una ficha de cada uno y voy apuntando su evolución.

MAURO.—¿En serio?

VANESA.—Lo hago por ayudarles, total... A algunos hasta consigo darles el alta (VANESA *animada se come otro azucarillo.*)

MAURO.—*(Perplejo.)* ¿Les das el alta? ¿Cómo?

VANESA.—Dejan de venir. En el fondo también lo hago por ahorrarme polvos.

MAURO.—¿Qué?

VANESA.—Sí, les hago hablar, les escucho, les doy mi opinión, les digo lo que tienen que hacer... Y a la semana siguiente vuelven para contarme cómo va todo. Entonces, yo les digo: «¿Qué te parece si vamos al gabinete? Allí podemos hablar con más intimidad.» Entonces, ellos pagan el excusado, pero no follan. Prefieren el tratamiento mental.

MAURO.—*(Que no sale de su perplejidad.)* ¡Ah!

VANESA.—*(Con aire profesional.)* Tengo un archivo de personajes increíbles, tío; casos clínicos alucinantes. Algunos son hombres importantes, poderosos. No te puedes imaginar la que se armaría si yo hablara por esta boquita...

MAURO.—¿Tienes alguno del banco?

VANESA.—¿Qué?

MAURO.—¿Que si sabes cosas de alguno de ese banco?

VANESA.—*(Le mira.)* Pero bueno, a ti qué te importa... ¡Qué morro...!

MAURO.—El director es un cabrón...

VANESA.—Normal.

MAURO.—¿Va por el club? Anda, dímelo.

VANESA.—Oye, que yo soy una profesional... Además, no sé qué hago contándote a ti estas cosas. A estas horas se me ablandan las neuronas...

MAURO.—Yo nunca te metería en un lío.

VANESA.—*(Escéptica.)* Ya.

MAURO.—A mí me gustaría sacarte de toda esa mierda. Tú no tienes madera de prostituta.

VANESA.—Para eso no hay que tener madera, hijo, hay que tener necesidad.

MAURO.—Si estuvieras conmigo no te faltaría de nada. Podrías ser una mujer normal, tener una familia...

VANESA.—No digas chorradas...

MAURO.—Estoy preparando unas oposiciones para entrar en la Policía Municipal.

VANESA.—Puf..., está visto que lo tuyo es vocacional.

MAURO.—Tendré un buen sueldo y podríamos vivir bien, sin grandes lujos, claro, pero bien.

VANESA.—Pero quieres dejar de decir gilipolleces...

MAURO.—Quiero que te cases conmigo, María.

VANESA.—*(Se levanta.)* Se acabó. Tengo que irme. Ya he estado un buen rato contigo, ¿no? Ya he cumplido, ¿no? Me voy a casa.

MAURO.—Déjame invitarte a un café. Ahí al lado lo hacen muy bueno. Y tienen churros.

VANESA.—No, no me gustan los bares ni los churros.

MAURO.—¿Por qué?

VANESA.—Porque no me gustan.

MAURO.—*(Después de una pausa.)* No me has contestado.

VANESA.—No me gustan las barras de los bares ni por delante ni por detrás.

MAURO.—No me refería a eso.

VANESA.—No te entiendo.

MAURO.—Te he hecho una proposición. Quiero que me conozcas, quiero salir contigo: ir al cine, a bailar, a pasear por las calles... Quiero que sepas lo que es el amor de verdad. *(La toca el pelo.)* No tienes ni idea.

204

VANESA.—*(Agresiva.)* Me has pedido diez minutos y te he regalado más de veinte. Ya me he cansado de escuchar y de hablar, ¿me oyes? Me parece muy bien que no vuelvas por el club. Y te pido que te olvides de mí para siempre, ¿vale? No quiero problemas con colgados que van buscando a su madre por ahí. Y que sepas que estoy feliz como estoy, odio a las mujeres normales y... *(Señala al cielo.)* está a punto de salir el sol. *(Se acerca al bordillo de la acera.* MAURO *la mira dolido, callado.)* Adiós. ¡Vete, joder, lárgate!

MAURO.—*(Dando una patada en el suelo, con lágrimas en los ojos.)* Sí, claro que sí, mierda. Eres como todas las de ahí adentro en todo. *(Con más calma.)* En todo..., menos en los ojos. Pero los ojos son como si no fueran tuyos. *(Se aleja despacio.)*

(VANESA *busca un taxi desesperada. Se acerca un muchacho con aspecto de* YONKI.)

YONKI.—¿Tienes un cigarro?

VANESA.—No tengo nada.

YONKI.—Dame un cigarro.

VANESA.—Te he dicho que no tengo.

YONKI.—*(Agresivo.)* ¿Prefieres darme las pelas?

VANESA.—*(Nerviosa y agarrando fuerte su bolso.)* Déjame en paz, tío. Salgo ahora de trabajar y estoy cansada.

YONKI.—*(Tocándole el culo.)* Dame las pelas, puta.

VANESA.—*(Gritando.)* ¡Déjame, no me toques! *(Lo empuja.)*

YONKI.—*(Sacando una navaja.)* Quería que fuéramos amigos, colega. No quería hacerlo así...

VANESA.—*(Grita.)* ¡Mauro...! ¡Mauro...!

YONKI.—No grites que te rajo...

VANESA.—Tranquilo, espera, te voy a dar algo...

YONKI.—¡El bolso! Dame el bolso. ¡Venga!

VANESA.—No.

(Entra MAURO *por la espalda del* YONKI.)

MAURO.—¿Qué pasa aquí? ¿Qué haces?

VANESA.—¡Cuidado, tiene una navaja!

Mauro.—*(Retrocediendo.)* Lárgate, chico, deja en paz a la señorita...

Yonki.—*(Muy nervioso, apuntando a* Vanesa.*)* Las pelas o
pincho... ¡La pasta!

Mauro.—*(Salta sobre él.)* ¡Déjala...!

(Pelean. Mauro *consigue quitarle la navaja. El chico sale corriendo.)*

Vanesa.—*(Ayudando a* Mauro *a levantarse.)* Lo siento, joder.
¿Estás bien?

Mauro.—Sí. *(Se toca el costado.)*

Vanesa.—*(Asustada.)* ¡Tienes sangre! Te ha pinchado.

Mauro.—No es nada, un rasguño...

Vanesa.—¿Seguro?

Mauro.—Sí, no te preocupes.

Vanesa.—Déjame ver. *(Le levanta la ropa. Le mira y respira aliviada.)* No, no parece mucho.

Mauro.—No es nada.

Vanesa.—*(Sacando un pañuelo de su bolso.)* Déjame que te
ponga esto. *(Echa colonia.)* Te va a escocer un poco... *(Se lo
pone.* Mauro *se queja.* Vanesa *le sopla en la herida.)* Ya está...
Así no se te infecta.

Mauro.—Gracias.

Vanesa.—¡Qué hijos de puta! Ya me han quitado tres veces
el bolso. Es que no miran, van con el «monazo» y no miran a quién dan el palo. Seguro que al director de tu banco
no lo pillan. Bueno, lo siento, tío. Lo siento.

Mauro—No importa, es mi trabajo. *(*Mauro *se acerca a la
acera y grita.)* ¡Taxi! ¡Taxi!

Vanesa.—*(Bajándole el brazo.)* Espera.

Mauro.—¿Sí?

Vanesa.—Quiero preguntarte una cosa.

Mauro.—*(Distante.)* Tú dirás.

Vanesa.—¿Por qué no has sacado la pistola?

Mauro.—¿Qué querías, que le matara?

Vanesa.—Era en defensa propia.

Mauro.—¿Te parece? ¿Crees que si me lo cargo hubiera sido
en defensa propia?

206

VANESA.—No hacía falta matarlo, tío, te hubiera servido para asustarlo, para que soltara la navaja.

MAURO.—Algunos no la sueltan, ¿no ves que están idos? Es demasiado peligroso probar.

VANESA.—*(Sorprendida y admirada.)* Me has... Me gusta lo que has hecho... Lo que dices... Me siento orgullosa de ti.

MAURO.—Pues olvídalo porque es mentira. No he sacado la pistola porque a ti no te gustan las pistolas. Por eso.

VANESA.—Estás loco, Mauro, te has librado de un buen tajo por los pelos y...

MAURO.—*(Interrumpiéndola.)* Me ha dolido más el tuyo, Vanesa. Tú sí que has acertado.

VANESA.—Me llamo María.

MAURO.—Te llamas Vanesa. María se llamaba mi madre y tenía los ojos como tú, pero no tenía nada más igual. Tú eres una mujer vulgar. Siempre me equivoco.

VANESA.—*(Herida, comienza a llorar y a golpearle en el pecho.)* Eres un cabrón, como todos. Un policía cabrón.

MAURO.—*(La coge con violencia y la besa en la boca. VANESA intenta defenderse hasta que se entrega. MAURO la suelta. VANESA se queda callada, aturdida.)* Qué guapa eres... Qué guapa.

VANESA.—*(Reaccionando de pronto.)* ¡Dios mío, es de día! Ha amanecido. Mira, ha amanecido.

MAURO.—¿Y qué?

VANESA.—¡Yo no puedo estar aquí de día! *(Mirándose.)* No puedo estar así de día...

MAURO.—Pues vete. ¿A qué esperas?

VANESA.—Sí, me voy. *(Va a irse pero no puede.)* Oye...

MAURO.—¿Qué?

VANESA.—Besas muy bien, colega. Nunca me habías besado así.

MAURO.—Nunca te había besado.

VANESA.—Es lo único que hacéis bien los hombres enamorados. Los hombres enamorados besan... muy bien. *(Pausa.)* ¿Quieres ver la foto?

MAURO.—¿Qué foto?

VANESA.—La de mi madre. *(Abre su bolso y la saca).* No se ve bien pero... Mira.

MAURO.—No se ve nada.

VANESA.—Sí, sí que se ve, pero hay que mirarla con detenimiento, y con más luz. Es la del medio, la morena.

MAURO.—Ah...

VANESA.—*(De pronto se separa de él sobresaltada.)* ¡Ramón! ¡Vete, Mauro, viene Ramón por ahí!

MAURO.—No.

VANESA.—*(Muy alterada.)* Lárgate, Mauro, éste te mata, éste no perdona.

MAURO.—*(Haciendo ademán de sacar del bolsillo la pistola.)* Ya veremos.

VANESA.—¡No! ¡No, por Dios, te lo suplico! Te lo suplico.

MAURO.—Ese tipo no te quiere.

VANESA.—¿Y qué? Es mi vida y yo le quiero, ¿te enteras? ¡Lárgate ! No me interesas. No me interesas.

(Entra RAMÓN. *Es un hombre tenso y atractivo. Lleva traje y corbata.)*

RAMÓN.—*(Mirando a los dos, desafiante pero con buena educación.)* Buenos días.

VANESA.—*(Muy asustada.)* ¿Qué haces aquí, cielo? Yo..., ya me iba para casa.

RAMÓN.—Y tú, ¿qué haces aquí?

VANESA.—Éste..., es un cliente. Teníamos... Me debía un dinero y..., bueno, ya está resuelto.

*(*MAURO *les observa.)*

RAMÓN.—*(A* MAURO.*)* ¿Hay algún problema?

VANESA.—No, no, ya se iba. Ya..., ya te lo contaré. Él ya se iba.

RAMÓN.—¿Seguro?

MAURO.—*(Mira a* VANESA. *Ella le suplica con los ojos.* MAURO *sacando la mano del bolsillo, a* RAMÓN.*)* Seguro. La cuenta pendiente que teníamos ya está solucionada. *(A* VANESA.*)* Estamos en paz, ¿no? (*VANESA* asiente agradecida). Buenos días. *(Se va.)*

RAMÓN.—*(Apretando el brazo de* VANESA *con cierta violencia.)* ¿Qué te tengo dicho?

VANESA.—Déjame..., déjame explicártelo...

RAMÓN —Estabas ligando con él.

VANESA.—¿Estás tonto? Es un cliente, un tarado... Lleva una pistola, ¿no te has dado cuenta? Pero he hecho un buen negocio, cielo.

RAMÓN.—¿Sí?

VANESA.—Escucha, me ofreció veinte papeles por diez minutos de charla en la calle. *(Enseñándole el dinero.)* Mira, ha sido una buena noche. Setenta talegos.

RAMÓN.—¿Y de qué quería hablar?

VANESA.—Puaff... Está colgado. Quería decirme que me parezco a su madre *(Se ríe.)* Me ha dicho que me llamo igual y todo...

RAMÓN.—¿Vanesa? ¿Dice que se llama Vanesa su madre?

VANESA.—*(Nerviosa.)* Pues..., sí. Delira, ese hombre está como para que lo encierren. *(Se ríe.)* Vanesa su madre, imagínate. Pero por veinte mil pelas no está mal, ¿eh?

RAMÓN.—No me gusta que te arriesgues. Esos tipos raros nunca se sabe cómo van a reaccionar. Venga, vamos para casa.

VANESA.—*(Asustada.)* Pero no me vas a... No me vas... Lo he hecho por ti, lo he hecho por nosotros, cielo.

RAMÓN.—*(Sonriendo con una blanca y perfecta dentadura.)* Vamos, me estas poniendo cachondo.

VANESA.—*(Sonríe aliviada.)* ¿Sí? ¿De verdad? Pero si estoy horrible a estas horas...

RAMÓN.—Estás muy buena a estas horas. Y yo tengo hambre.

(VANESA *después de un instante, se acerca a él muy lentamente e intenta darle un beso en la boca. Ramón la aparta.* VANESA, *entonces con suavidad, le coge la cara y vuelve a intentarlo. Ramón se retira agresivo.*)

¿Qué haces?

VANESA—*(Con mucha tristeza.)* Nada. Me duelen los pies.

RAMÓN.—Mira, ahí hay un taxi *(Corre a cogerlo saliendo del espacio escénico.)*

(VANESA *se queda quieta, triste, mirando hacia el lugar por donde se fue* MAURO. *Se toca los labios.*)

(Desde fuera.) ¡Vanesa! ¡Vamos...! ¿A qué esperas?

(VANESA *vuelve a mirar hacia el banco. Se quita los zapatos. Descalza, corre detrás de* RAMÓN.)

(Se va haciendo el oscuro.)

FIN

La noche que ilumina

A mi hermana Pilu, en todos los momentos.

Se estrena dentro del espectáculo de nuevas «Noches de amor efíme-ro» el 6 de Septiembre de 2002, en el Teatro Cervantes de Valladolid, con el siguiente reparto:

ROSI, Diana Peñalver
FRAN, Israel Elejalde
ÁNGEL, Mariano Alameda

Dirección: ERNESTO CABALLERO

Estamos en un pequeño parque de barrio. Un poco de césped, algún banco desvencijado, un «sube y baja» de madera.

Son las tres de la mañana de una calurosa noche de julio en Madrid. Una farola tenue ilumina el espacio vacío.

Al instante vemos entrar a una mujer arrastrando un carrito de la compra. En la otra mano lleva una vieja maleta. ROSI, que así la llaman, deambula perdida por el pequeño espacio sin soltar la carga. Al cabo, se acerca a uno de los bancos, apoya la maleta en el suelo y se deja caer exhausta sobre él. Comienza a llorar.

ROSI.—*(Con la voz entrecortada.)* Esto se acabó... Todo se acabó. *(Se mira los brazos.)* Me duele... Me duele todo el cuerpo... *(Saca un espejito de su bolso y se mira.)* En la cara nunca me habías dao... Esto sí que me duele, es como darme en el corazón mismo. ¡Qué bestia...! *(Llora con más intensidad.)* ¡Dios mío...! ¿Qué hago? ¿Qué voy a hacer? *(Del carrito saca una caja, la abre y comienza a sonar una musiquilla.)* Te vas a morir sin mí. No, ya sé que de pena no, te vas a morir de mierda, comido por el polvo y la grasa. Mordido por las ratas... *(Va sacando pastillas de la caja.)* Yo creo que con doce vale... Bueno, voy a coger estas otras dos más gordas, éstas no sé ni pa qué eran. Esto es un «nolotil» de esos, pues mejor, así me quita el dolor. ¿Y ésta? Esta es la de los nervios de mi madre. También me la tomo, que son más fuertes... *(Piensa.)* A ver si me voy a quedar tonta... Qué va, con esto me quedo más fiambre que la mortadela. *(Saca una botella de agua del carrito, la abre, mira las pastillas, se santigua, se las mete en la boca, las escupe y comienza a llorar.)* ¡Ay, mis niños... Esos sí que tienen todavía pena para mí! ¡Ay, que no se puede vivir sin madre! *(Guarda las pastillas en la caja salvo una que se toma. Después se echa agua en la cara y el pelo.)* ¡Ay, hombre mío, que me tienes arrastrá...! *(Canturrea la canción de la cajita. De pronto la cierra enfadada.)* ¡Tu último regalo, cacho cabrón, ocho años hace, ocho años! ¡Ay, Dios mío, qué hago hablando sola! Me estoy volviendo loca, tararí corneta que decía mi padre... ¡Es que tengo que hablar! ¡Es que si no hablo reviento! Vivo callada, callada todo el día, callada toda la noche. Sí, a veces hablo, pero ni caso. *(Mirando hacia el cielo.)* Ni Dios tiene tiempo para mí. A ver si me hace efecto la pastilla... Sí, ésa era para los nervios seguro. Es el «tranquimicín», tranqui es tranquilo, claro, y micín será medicina, ¿no? Medicina para estar tranquilo. *(A sí misma.)* Cállate, mujer, mira que si pasa un basurero o la poli. A ver si te van a llevar al manicomio. ¡Cállate, cállate, cállate! ¿Y qué hago? *(Se levanta y pasea aturdida. Elige un punto del espacio y va hacia él contando los pasos.)* Uno, dos, tres, cuatro, cinco, seis, siete, ocho, nueve... *(Vuelve al banco contando los pasos.)* Uno, dos, tres, cuatro, cinco, seis, siete... ¿Por qué ahora son siete? Antes eran nueve. Eran nueve. ¡Calla, cállate, mujer!

(Se oyen unos pasos, ROSI *mira asustada hacia el lugar del sonido. Después sonríe tristemente. Entra* FRAN *agitado. Es un hombre joven, elegante y atractivo. Sin embargo parece arrastrar un pesar que se refleja en unas negras ojeras.)*

ROSI.—Perdón, perdóneme, don Francisco, no sabía qué hacer, estaba... estoy desesperada, y como usted me dijo aquel día...

FRAN.—Tranquila, tranquilícese, Rosa, no pasa nada. Le dije que me llamara si me necesitaba, y ha hecho muy bien.

ROSI.—Pero su mujer le ha regañao, que yo la he oído por el teléfono...

FRAN.—No se preocupe, mi... amiga es así. No se preocupe en absoluto.

ROSI.—Pero les he despertao. ¡Qué vergüenza!

FRAN.—No, no nos ha despertado. De verdad. Bueno, ¿cómo se encuentra? ¿Está mejor?

ROSI.—Ay, no sé ni cómo estoy... Ha sido tan horrible, don Francisco. Mire, hoy me ha dao hasta en la cara. Y me ha

apretao los brazos, me ha tirao al suelo y... *(Le mira descon-
solada.)* me ha pisao el vientre. Sí, me ha puesto la botaza
encima y ha apretao como si quisiera matarme algo...

FRAN.—¿Está usted embarazada?

ROSI.—No, por Dios, qué dice usted. Lo hacía por... por ce-
los o algo así. Siempre que se emborracha dice que me
pongo las faldas muy estrechas, que parece que quiero pro-
vocar.

FRAN.—Madre mía, qué cafre.

ROSI.—Así que hoy no lo he podido soportar más, he cogido la
maleta y... *(Señala el carrito.)* mis cosas personales y... Bueno,
ahí ha venido lo peor. ¡Dios mío, qué cosas me ha dicho! Me
ha llamado perra, don Francisco, y eso ha sido lo más suave.

FRAN.—Vamos, la voy a llevar al hospital para que la vean.

ROSI.—No, no, si estoy bien, sólo tengo cardenales y eso.

FRAN.—Podría tener algún hematoma interno.

ROSI.—¿Algo adentro? Qué va, sólo pena. Una pena que no
me cabe.

FRAN.—No obstante, es mejor que vayamos, que le hagan
unas radiografías.

ROSI.—Deje, deje, lo que yo tengo no sale en las radiografías.

FRAN.—Rosa, escúcheme, nos conviene que la vean en un
hospital y que le den un informe médico. Un papel donde
consten las lesiones que le ha hecho su marido.

ROSI.—*(Asustada.)* ¿Para qué?

FRAN.—Para la denuncia.

ROSI.—¿La denuncia?

FRAN.—Sí, tenemos que resolver su problema de una vez. Usted no puede continuar así.

ROSA.—*(Desesperada.)* No, no puedo. Es que esto no es vida.
¿Por qué? ¿Por qué me ha tenido que pasar esto a mí? ¿Qué
he hecho yo, Dios mío? ¿Qué he hecho?

FRAN.—*(Intentando tranquilizarla.)* Mire, Rosa, hay muchas,
muchísimas mujeres en su caso. Usted no es la única. Por
desgracia hay montones de mujeres maltratadas por sus
maridos. Pero las cosas tienen solución. Aunque ahora le
parezca mentira su problema tiene solución.

ROSI.—*(Abriendo la cajita.)* He estao a punto de tomarme un
puñao de pastillas.

FRAN.—Esa no es una solución. No una buena solución. Me alegro mucho de que se haya decidido a llamarme por teléfono.

ROSI.—Ay, perdóneme, don Francisco, como usted me dijo aquel día en el despacho de la Asociación...

FRAN.—Claro que sí, mujer, un abogado también está para esto.

ROSI.—Es que no tengo a nadie, sabe usted. A mi madre la mato del disgusto si la llamo. Y mi hermano es tan despegao... Pero yo esta faena se la voy a pagar, don Francisco. Usted me dice cuánto es y yo saco el dinero de debajo de las piedras.

FRAN.—*(Sonriendo.)* Esto no tiene precio, Rosa.

ROSI.—Claro, claro, qué digo, madre mía, levantarle de la cama por la noche. A un hombre tan formal y tan... decente.

FRAN.—Yo sólo quiero ayudarla.

ROSI.—Qué chico más bueno... Qué suerte ser culto y abogao.

FRAN.—¿Dónde están sus hijos?

ROSI.—En casa, pobrecillos, durmiendo. No se han enterao de nada. Menos mal, porque mi Manuel, el mayorcito, le dijo un día a su padre que como me volviese a poner la mano encima se lo cargaba. Sí, fíjese, eso le dijo. Y está ya así, mucho más alto que su padre.

FRAN.—¿Cuántos años tiene?

ROSI.—Dieciocho va a hacer. Lo tuve siendo una cría... *(Suspira.)* Ay, sabe usted, me estoy sintiendo mejor. Es que me he tomao un «tranquimicín». ¿Lo conoce?

FRAN.—Pues no.

ROSI.—Son unas pastillas muy buenas para los nervios. Llevo ya ocho años tomándolas. Desde que no voy a bailar.

FRAN.—*(Sorprendido.)* ¿Y eso?

ROSI.—Bueno, es que a mí siempre me ha gustao mucho bailar, ¿sabe? Pero desde hace ocho años que ya no me lleva. ¡El bestia ese...! No, lo de las pastillas es casualidad, por aquella época más o menos me las recetó el médico de la Seguridad Social.

FRAN.—¿Así que se ha tomado una? (ROSI *asiente.)* ¿Sólo una?

216

Rosi.—Sí, sí. Bueno, me tomé la que me tocaba a las once y ahora otra. Pero no se preocupe, si ya casi no me hacen efecto. Después de tantos años...

Fran.—Lo importante es que esté mejor, más tranquilita. Ahora tenemos que pensar en qué hacer.

Rosi.—Yo de volver a mi casa nada.

Fran.—Por supuesto que no. Tenemos que pensar en el futuro, Rosa. Yo, si quiere, la acompaño a urgencias y después...

Rosi.—¡No, por Dios, al hospital no! Es horrible lo que se ve allí. Estuve una vez que tuve lo de la «pendis» y casi me muero, pero del susto: gente rota por todas partes, otros gritando, viejecillos transtornaos...

Fran.—Es importante tener ese informe. Son pruebas, pruebas, ¿me entiende?

Rosi.—¿Pa ir contra él?

Fran.—Para demostrar que la está pegando.

Rosi.—Es que a mí... a mí los hospitales me sacan de quicio. Me pongo malita, de verdad. Y estoy tan floja... *(Llorando.)* No me haga vivir más tormento hoy, por favor.

Fran.—Bueno, bueno... Entonces vayamos a la comisaría.

Rosi.—*(Mirándole aterrorizada.)* ¿Me van a arrestar?

Fran.—A usted, ¿por qué? No, mujer, vamos a denunciar a su marido.

Rosi.—¿A Paco? Ay, madrecita, ¿y qué le van a hacer?

Fran.—No me diga que ahora se va a preocupar por él.

Rosi.—¿Yo? No, por Dios... Por mí que se pudra. No quiero volver a verlo en mi vida. Por mí que lo metan en prisión.

Fran.—Desgraciadamente eso no va a ocurrir.

Rosi.—¿Entonces? Si lo denuncio y no lo encierran me seguirá pegando. Me dará ración doble.

Fran.—Rosa, usted no puede volver a su casa en estas condiciones.

Rosi.—No, claro que no. ¿Cómo voy a volver? Pero, entonces, ¿qué hago?

Fran.—¿Me va a escuchar? ¿Me va a hacer caso?

Rosi.—Sí señor, claro.

Fran.—Tiene que denunciar los hechos. Si no lo hace su marido puede denunciarla a usted por abandono de hogar y...

Rosi.—*(Interrumpiéndole.)* ¿Abandono? Claro que lo abandono, jurao. Ese hombre no me vuelve a poner la mano encima aunque sea lo último que haga yo en la vida.

Fran.—Muy bien, Rosa. Pues entonces vayamos a la comisaría del barrio. No está lejos de aquí.

Rosi.—Ay, don Francisco, con lo que yo he querido a ese hombre...

Fran.—Sí, la entiendo. Pero ahora la está matando.

Rosi.—Y toda la culpa la tiene el vino. Le saca de su ser. Cuando se emborracha es.... es como un animal hambriento.

Fran.—Rosa, escúcheme, vamos caminando hacia mi coche y seguimos charlando por el camino, ¿eh?

Rosi.—Yo no sé si podré andar. Me duele todo. *(Se levanta la falda y le muestra un gran hematoma en el muslo.)* Mire, esto ha sido una patada.

Fran.—Vamos, levántese, a ver si puede andar...

Rosi.—No, yo creo que no. Es que se me han enfriao los golpes y...

Fran.—Inténtelo.

Rosi.—*(Se pone de pie.* Fran *le ayuda.)* ¡Ay...! Yo creo que no puedo... No puedo andar.

Fran.—No se preocupe voy a buscar el coche y lo acerco hasta ahí...

Rosi.—*(Le detiene.)* ¡Don Francisco! (Fran *se vuelve y la mira.)* Me mata. El Paco me mata si lo denuncio. Me lo tiene dicho, sabe usted: «Cómo me dejes te quito la vida.» Y lo cumple, que le digo yo que lo cumple.

Fran.—*(Acercándose a ella nervioso.)* Escúcheme, Rosa, si no hace usted algo es cuando la va a matar. Vamos a tomar las medidas oportunas para protegerla. Haremos la denuncia y mañana la llevaré a un centro de acogida de mujeres...

Rosi.—¿Y mis dos niños? ¿Qué va a pasar con ellos?

Fran.—*(Levantando la voz.)* ¡Déjeme hablar! ¿De acuerdo? (Rosi *asiente.)* Bien. Irá a ese centro de acogida sólo hasta que consigamos la separación y la guarda y custodia de sus hijos. Entonces su marido saldrá del domicilio conyugal y usted volverá allí, a su casa con sus hijos.

Rosi.—Entonces me matará.

FRAN.—*(Perdiendo los nervios.)* No la va a matar. No vamos a permitir que lo haga.

ROSI.—Este hombre está muy transtornao... Que se lo digo yo, don Francisco.

FRAN.—Está bien, me voy para casa.

ROSI.—No se enfade, por favor. Si yo le voy a hacer caso. Pero es que usted no le conoce.

FRAN.—No, a él no. Pero conozco a cientos como él. Por desgracia he tenido a uno muy cerca toda la vida. (FRAN *se arrepiente de lo que ha dicho.)* Quiero decir que he llevado muchos casos como éste, ¿entiende?

ROSI.—Sí señor.

FRAN.—No me llame señor, por favor.

ROSI.—Sí, don Francisco.

FRAN.—¡Tampoco! Perdone, perdóneme, Rosa. Es que llevo un día muy negro.

ROSI.—Y encima voy yo y le saco de la cama.

FRAN.—Eso ha sido lo mejor que me podía pasar. Bueno, vamos a intentar resolver esta situación. Voy a llevar su equipaje al coche. *(Coge la maleta, tira del carro y se queda sorprendido por su peso.)* ¿Qué lleva usted aquí?

ROSI.—Mis cosas personales, faltaría más... Se las iba yo a dejar a esa mala bestia. *(Orgullosa.)* Son las cosas que he ido yo comprando con mi dinero, con lo que me saco por limpiar casas.

FRAN.—Pero mujer, hoy no hacía falta...

ROSI.—*(Abre el carrito y saca una gran olla exprés.)* Esto es lo que más pesa. También llevo la freidora, la «minipimer», un radiocasete y esta botella de agua. La cogí para las pastillas, ¿entiende?

FRAN.—Una pastilla me voy a tener que tomar yo. Bueno, voy a acercar el coche lo más posible... *(Hace por irse.)*

ROSI.—¡Oiga...!

FRAN.—¿Qué pasa ahora?

ROSI.—Tengo que meditar. Lo de la denuncia, ¿sabe? Estoy..., estoy muy nerviosa esta noche y no quiero hacer nada sin...

FRAN.—*(Interrumpiéndola enfadado.)* Ya, otra vez. Ya me conozco yo esto. ¿Cuánto tiempo lleva zurrándola? ¿Cuánto tiempo lleva zurrándola su marido?

Rosi.—Unos... unos ocho años.

Fran.—Y tiene que meditar.

Rosi.—Sí, señor. Perdóneme, don Francisco, es que... es que estoy atontá. Es que no rijo esta noche...

Fran.—Entonces, ¿para qué me ha llamado?

Rosi.—No sé.

Fran.—Yo también tengo problemas, ¿sabe? Y no me gusta que me mareen para nada. *(Se toca la cabeza cansado.)* Usted verá, haga lo que quiera. Cuando necesite mis servicios legales puede llamarme.

Rosi.—*(Asiente.)* Gracias.

Fran.—Adiós.

Rosi.—*(Llamándolo.)* ¡Don Francisco...!

Fran.—Dígame.

Rosi.—*(Ofreciéndosela.)* Llévese la olla. Está casi sin estrenar. Es de «tefal».

Fran.—Por favor, Rosa, no diga tonterías...

Rosi.—Es un regalo.

Fran.—*(Negando.)* Hubiera preferido poder ayudarla. Adiós.

(Fran *sale.* Rosa, *desolada, saca de nuevo la cajita de música. La abre.* Fran *regresa corriendo.)*

Fran.—¿Qué va a hacer? ¿No se le ocurrirá...?

Rosi.—No, solamente una. Me alivia tanto... Me alivia el dolor por dentro, ¿sabe?

Fran.—*(Extiende la mano.)* Déme otra a mí.

Rosi.—¿A usted? ¿No se siente bien? *(Se acerca para mirarle la cara.)* Es que no se ve cuatro en un burro... A ver... *(Le observa.)* ¡Pero qué ojeras...! Pobrecito mío... es usted tan crío...!

Fran.—Ojalá lo fuera. Ande, déme una de esas pastillas mágicas. Una para el dolor por dentro.

Rosi.—Tenga usted, ya verá cómo se alivia. Tenga. *(Le da agua. Ambos se toman la pastilla.)*

Fran.—*(Se atraganta.)* Era enorme, casi me ahogo...

Rosi.—Las grandes hacen más efecto.

Fran.—¿Cómo dice?

Rosi.—Más rápido.

220

Fran.—Ah.

Rosi.—Le ha regañao por mi culpa, ¿verdad?

Fran.—¿Cómo?

Rosi.—Su señora. Le ha metido unos buenos gritos... Lo siento mucho, no tenía que haber llamao... Si es que soy un desastre.

Fran.—Deje de preocuparse. Usted no ha tenido nada que ver. Ya le he dicho que estábamos despiertos.

Rosi.—¿No se habrá puesto celosa?

Fran.—*(Riéndose con amargura.)* No, ella nunca se pone celosa.

Rosi.—Huy... Y si me viera menos. Le habrá dicho que soy vieja y desastrá...

Fran.—Vamos, Rosa, deje de decir bobadas, tiene que empezar a valorarse a sí misma.

Rosi.—Con este cuerpo lleno de cardenales...

Fran.—Perdone, yo también estoy diciendo chorradas. *(Se sienta en el banco.)* Bien, vamos a hablar tranquilamente, ¿de acuerdo?

Rosi.—Déjelo, es mejor que se vaya a su casa y se acueste. Con tanto yo, yo, yo, no le había visto la carita esa... Está usted muy demacrao...

Fran.—¿Y qué hago con usted? ¿Me la dejo aquí tirada?

Rosi.—No se preocupe. Si por aquí ya no pasa nadie esta noche.

Fran.—No me ponga nervioso...

Rosi.—Enseguida le hace efecto la pastilla...

Fran.—¿Pretende quedarse aquí sentada toda la noche? ¿Y mañana? ¿Y mañana qué?

Rosi.—Tengo que pensar, don Francisco. No quiero tomar una decisión «precepitada».

Fran.—*(Suspira.)* Está bien. Vamos a mi casa.

Rosi.—¿A su casa? ¿Y qué va a decir su señora?

Fran.—En primer lugar no es mi señora, es mi chica, mi novia, mi amante, a lo mejor ya mi nada, ¿entiende? En segundo lugar ella ahora no está en mi casa. Se ha ido, se ha ido, ¿entiende? *(Fuera de sí.)* Y en tercer lugar yo voy a mi casa con quien me sale de los cojones.

Rosi.—Por Dios, don Francisco...

FRAN.—Llámeme Fran, ¿vale? A ver si así acabamos antes.

ROSI.—Está usted nerviosito perdido...

FRAN.—Perdone, perdóneme... Es verdad.

ROSI.—¿Qué le ocurre?

FRAN.—Nada. Qué, ¿vamos para mi casa? Mañana veremos las cosas con más claridad.

(A partir de este momento el tono de ambos se irá ralentizando. También harán gestos extraños y sin sentido. ROSI empezará primero.)

ROSI.—Si aquí no me va a pasar ná.

FRAN.—¿Y si le pasa? ¿Y si llega una pandillita de mamarrachos sin pelo? ¿Y si aparece otro borrachito violento o despistado?

ROSI.—No diga eso...

FRAN.—O un violador. Esta ciudad está llena de dementes.

ROSI.—No me meta usted miedo don... digo, Francisco, digo, Fran.

FRAN.—Mire, Rosa, tengo un apartamento grande...

ROSI.—*(Temblando.)* Nunca he ido al apartamento de un hombre solo.

FRAN.—Esto es demasiado... No me dirá que ahora piensa...

ROSI.—A ver cómo me explico yo luego... *(Pega un respingo.)*

FRAN.—¿Qué le pasa?

ROSI.—Tengo frío.

FRAN.—¿Frío? Pero si debemos estar a veintiocho grados.

ROSI.—*(Rechinando los dientes.)* Pues yo tengo frío.

FRAN.—¿No me dirá ahora que va a tener miedo de mí?

ROSI.—No, es como frío. Sí, frío, Tápeme, por favor.

FRAN.—¿Con qué?

ROSI.—En la maleta hay ropa. Es la de mi ajuar.

FRAN.—*(Abre torpemente la maleta y saca una colcha bordada.)* ¿Esto?

ROSI.—Bueno...

FRAN.—*(La tapa.)* ¿Está mejor?

ROSI.—Sí.

FRAN.—*(Después de una pausa.)* Sigue temblando. ¿No estará enferma?

Rosi.—Es por dentro. Tengo frío por dentro.

Fran.—Hale, vámonos. *(Pero* Fran *no se mueve.)*

(Ambos quedan en silencio. Después tiemblan los dos.)

Rosi.—Está usted temblando.

Fran.—Sí, me siento muy extraño.

Rosi.—Yo también... No me llega el aire a la boca. ¡Qué ahogo...!

(Fran *sin mediar palabra rompe a llorar.* Rosa *le sigue. Como pajaritos piando lloran los dos sobre el banco.)*

Rosi.—Ea, ea, ea, mi niño...

Fran.—*(Reaccionando de pronto.)* Rosa, ¿qué me ha dado? ¿Qué nos hemos tomado?

Rosi.—¿Eh?

Fran.—La pastilla, ¿qué era? ¿Para qué era lo que nos hemos tomado?

Rosi.—Pa los nervios, creo.

Fran.—¿Cómo que cree? Déjeme verlas.

Rosi.—En la caja de música.

Fran.—*(Busca la caja y la abre. A la vez que suena la música, emite una grave exclamación.)* ¿Qué es esto? ¿Dónde están las cajas?

Rosi.—¿Las cajas?

Fran.—Están todas las pastillas aquí, sueltas... Son diferentes unas de otras...

Rosi.—No se preocupe, las tengo controladas...

Fran.—¿Son todas calmantes? ¡Rosa! ¿Son todas tranquilizantes?

Rosi.—Sí, las mías, las de mi madre y el «nolotil»...

Fran.—*(Asustado.)* ¿Cuál nos hemos tomado?

Rosi.—Las mías son blanquitas pequeñas, las de mi madre amarillitas medianas y el «nolotil» son las rojas grandotas.

Fran.—¡Yo no me he tomado ninguna de esas!

Rosi.—*(Riéndose de pronto.)* Qué noche más bonita... Fíjese, Fran, fíjese qué lunón más lleno...

Fran.—*(Zarandeándola.)* ¡Rosa, escúcheme, yo no me he tomado ninguna de esas pastillas que dice!

ROSI.—Y usted qué sabe si no se ve nada.

FRAN.—*(Rebuscando en la caja.)* ¡Joder, esta mujer está loca!

ROSI.—Ya estoy dejando de temblar... Ay, qué alivio, qué felicidad... Mire, Fran, ¿a qué no tengo manos de fregona?

FRAN.—La mía, mi pastilla era redonda y enorme... *(Rebusca en la caja. Enciende un mechero y observa las pastillas a su luz.)* Mire.

ROSI.—Esa es la de los nervios de mi madre.

FRAN.—¡No! La de su madre es esta amarilla, ¿no? *(Se la enseña a la luz de la llama.)*

ROSI.—Sí, son más fuertes que las mías. Es que ella tiene los nervios de muchos más años...

FRAN.—¡Rosa! ¡Rosa escuche, estamos drogados!

ROSI.—*(Sonriendo.)* ¿Por qué? Yo ahora estoy tan bien...

FRAN.—*(Sacando otra pastilla.)* ¡Esta es! ¡Como ésta era la mía! *(Se la enseña.)* Mire.

ROSI.—Y la mía.

FRAN.—Pero estas no son las de su madre. *(Observa la pastilla a la luz.)* ¡Esto es un éxtasis!

ROSI.—¿Qué? *(Comienza a jugar con la colcha.)*

FRAN.—¡Joder, nos hemos tomado un éxtasis!

ROSI.—¿Qué es eso?

FRAN.—¿De dónde las ha sacado?

ROSI.—¿Eh?

FRAN.—Las pastillas estas.

ROSI.—No sé. Como no sean las que recogí del cuarto de mi hijo Manuel...

FRAN.—*(Refiriéndose al éxtasis.)* ¡Vaya pasada! *(Mira hacia la luna.)* ¡Vaya pasada de luna...!

ROSI.—Mire, tiene ojos: uno negro y otro azul y otro más abajo negro también. *(Se ríe.)* La nariz es ganchuda, de bruja. Y la boca de loca. Es una noche de luna loca. ¡Ay, madrecita, si me estoy riendo, yo que pensaba que se me había olvidao...!

FRAN.—¡Rosa, escúcheme!

ROSI.—Rosi, llámeme, Rosi.

FRAN.—Rosi, míreme. (ROSI *lo hace.*)

ROSI.—*(Muy sorprendida.)* ¡Qué cejas más frondosas...No me había fijao... Son como un bosque... (FRAN *intenta hablar,*

Rosi *le chista.)* Calle, que se mueve el bosque y se despiertan los enanitos.

FRAN.—¡Rosi!

ROSI.—*(Sobresaltada.)* ¿Qué?

FRAN.—La pastilla que nos hemos tomado es una droga.

ROSI.—Ya, ya sé que las pastillas pa los nervios son drogas, me lo ha dicho el doctor. Y me han dicho que si se toman con vino puedes hasta alucinar...

FRAN.—Esta que ha cogido de la habitación de su hijo no necesita ni vino. Es una droga de diseño. Se llama «éxtasis». La droga del amor.

ROSI.—¿Y tú por qué lo sabes?

FRAN.—Rosi, soy abogado, trabajo con jóvenes...

ROSI.—¿Y es mala? ¿Nos puede pasar algo? Yo, yo me siento tan normal... como si fuera joven... Tengo un gustillo por dentro. Mira, Fran, se ha iluminado la noche.

FRAN.—*(Mirando.)* Sí, han debido de encender las farolas...

ROSI.—Es la luna, Francisco, que se nos ha debido de meter por el cuerpo.

FRAN.—*(Para sí mismo.)* ¿Qué hago? No sé ni cuánto dura esto...

ROSI.—Yo no siento peligro.

FRAN.—Pasar no nos va a pasar nada grave. *(Intentando ser racional.)* Hay que beber mucha agua, creo, y moverse. *(Coge la botella y bebe. Le ofrece a* ROSI. *Después comienza a hacer extrañas flexiones.)* Vamos, Rosi, haga lo mismo que yo hago. *(*ROSI *le hace la parodia muriéndose de risa.)* Ahora las piernas: uno, dos, uno, dos... Ahora los brazos... *(Los mueve como si bailara flamenco.)*

ROSI.—*(Canta muy animada la canción de «Francisco alegre».)*

> «En los carteles han puesto un nombre
> que no lo quiero mirar:
> Francisco Alegre y olé,
> Francisco Alegre y olá.
> En el que dice cuánto te quiero
> pero qué pena me da.
> Por culpa de otro querer
> no nos podemos casar.»

FRAN.—Ay, Rosa, Rosita... *(Canta.)* «Rosita tiene el nombre de una flor pero es mucho más bonita, Rosita, Rosita...»

ROSI.—Qué emoción... ¿Pero cómo te sabes tú una canción tan antigua?

FRAN.—Mi vieja la cantaba... Tiene rollo la musiquilla.

ROSI.—Cántame otra, Fran. *(Señalando al frente de pronto.)* Mira, no hay edificios ya. Se los ha llevao la noche... Cántame otra, Fran.

FRAN.—*(Se prepara, toma aire y canta con sentimiento «La rosa» de Mecano.)*

> «Es por culpa de una hembra,
> que me estoy volviendo loco,
> no puedo vivir sin ella,
> pero con ella tampoco.
> Y si de este mal de amores
> yo me fuera hasta la tumba
> a mí no me manden flores,
> pues como dice esta rumba:
> Quise cortar la flor más bella del rosal
> pensando que de amor no me podía pinchar,
> y mientras me pinchaba me enseñó una cosa,
> que una rosa es una rosa, es una rosa...»

ROSI.—*(Lanzada, le canta el «Paco de mi Paco».)* «Paco, Paco, Paco de mi Paco. Paco, Paco, Pa...» *(Rompe a llorar.)* Ay, que te llamas igual que ese canalla mío... Ay, que no quiero ni nombrarle.

FRAN.—*(Filosófico.)* Todos los hombres nos llamamos Paco. Y todos somos unos cabrones.

ROSI.—Tú no, niño, tú eres un ángel.

FRAN.—Un ángel coronado, un Paco, un cabrón.

ROSI.—*(Riéndose.)* Mira, Paco, respira, el aire está limpio. Se han llevao el humo, la contaminación, los gases de ozono... Respira hondo pa dentro.

FRAN.—No me llames Paco, mujer. Soy el ángel coronado. Llevo la cornamenta del cabrito.

ROSI.—Mira, Paco, escucha, no se oyen los coches de la «emetreinta». Se han llevao el ruido...

FRAN.—¡No me llames Paco! Yo soy Fran, Francisco Talavera; abogadillo de pleitos pobres, cobarde genéticamente hablando, tonto de capirote y cabrón por vocación.

ROSI.—*(En serio.)* Qué romántico...

FRAN.—Mi novia me la pega con un notario.

ROSI.—Uf, esos ganan un puñao...

FRAN.—Me lo dijo esta noche. *(Se ríe.)* Ella que tanto amaba mis ideales... Se agotó, Rosita; el pan y la cebolla no le sirven. Ahora quiere angulas y champán. *(Golpeando el suelo.)* ¡Mierda, mierda de mujeres! *(Mirando a* ROSI *a los ojos.)* Me ha engañado, Rosi. *(Perplejo.)* Con un notario...

ROSI.—Ven, ven que te consuelo. Apoya la cabeza en mi falda. Esa mujer tuya está atontá. ¿Dónde va a encontrar un chaval como tú? Tiernín, abogao, guapo de muerte. Y por un notario que no sirven na más que pa firmar... Dios la va a castigar y la va a zumbar la badana como a mí, con un canallita. Porque tú no la zurrarías, ¿no?

FRAN.—¡Qué dices, nombre de flor!

ROSI.—Es que Dios a los hombres os ha dao demasiada fuerza en la mano pa la poca que tenéis en el cerebro. Esa es la desgracia de la tierra... Ay, si pariérais, se os iban a bajar los humos y las piedras...

FRAN.—A mí me encantaría parir...

ROSI.—No digas mariconadas.

FRAN.—Me parece algo acojonante, maravilloso... *(Jugando con la falda de* ROSI.) Así, una cabecita saliendo, una cabecita saliendo de unas faldas...

ROSI.—¿De unas faldas? Ya quisiéramos. De un cuerpo estrecho sale la cabezota.

FRAN.—Mira, Rosi, se han llevado la basura de las calles. ¿Lo ves?

ROSI.—A ver si vienen ahora a por mis cardenales.

FRAN.—Qué extraño está todo esta noche. ¿Oyes? ¿Oyes el saxo?

ROSI.—¿Qué dices? Ni lo oigo, ni me gusta el sexo.

FRAN.—Escucha el saxo. Es como una trompeta, escucha...

ROSI.—¡Es música...!

FRAN.—Ven, vamos a bailar.

(Se levantan y bailan como dos niños que jugaran felices con el agua.)

227

FRAN.—Lo haces muy bien...

ROSI.—Yo, aparte de trabajar como una mula, siempre me he reído y he bailao muy bien.

(En pleno baile suena el timbre de un teléfono.)

ROSI.—¿Qué es eso, Paco? *(Aturdidos miran a su alrededor.)* Es el demonio que ha puesto el despertador.

FRAN.—*(Va hacia su cartera y saca un teléfono móvil.)* Perdona, me llaman. (ROSI *suspira, después comienza a arreglar la ropa de su maleta.)* ¿Dígame?... Hola... ¿Eh?... Aquí, estoy aquí... Aquí en el parque de la luna loca... ¿Qué?... Nada estoy con una rosa... Sí, es la mujer que me llamó.... ¿Mucho tiempo? No, no sé... ¿eh?... Nada, no me pasa nada... ¿Raro? Qué va, estoy muy bien... Ya ni me duelen los cuernos... Oye, Laura, no me grites que es muy tarde... Sí, las tres y media de la mañana y se han llevado ya la basura y el ruido... No grites, Laurita, que vas a despertar al notario... Ah, pues si está a tu lado dile que le quiero... Sí dile al notario que me cae bien. No por su elección profesional, claro, sino por la erótica... Laura, si no fuera porque te gustan los notarios serías una tía excelente... ¿Yo? No te preocupes, la Rosita me ha dado una cosa que alivia por dentro... *(Laura le cuelga. A* ROSI.*)* Se ha enfadado.

ROSI.—¿La quieres?

FRAN.—¡Sí...!

ROSI.—¿Es guapa?

FRAN.—¡Sí...!

ROSI.—¿Es muy joven?

FRAN.—¡Sí...!

ROSI.—¿Es culta?

FRAN.—¡Sí...!

ROSI.—Qué suerte... *(Arrebatada.)* Francisco, hace cinco años que no me dicen un piropo por la calle. *(Le enseña un precioso camisón que ha sacado de la maleta.)* Mira, el camisón de mi boda, ni a ponérmelo me dio tiempo. Yo las denuncias las temo, tanto papeleo... Y mientras el papeleo, los hombres furiosos van a por la mujer y la matan. Lo que más me gusta de mi trabajo es limpiar cristales. Mientras aguantas, te pegan, te insultan, te arrancan el cerebro con las manos, pero cuando gritas, cuando enseñas las heridas al mundo, entonces vienen a por ti con la navaja. Yo soy una mujer, no soy culta pero siento. ¿Qué hora es?

FRAN.—¿Qué te pasa?

ROSI.—¿Eh?

FRAN.—Te has puesto rara.

ROSI.—No sé, ha sido como una mosca que se me hubiera metido en la cabeza y me picoteara. *(Corre hacia el «sube y baja».* FRAN *la sigue.* ROSI *se sienta,* FRAN *lo hace en el asiento contrario y eleva a* ROSI.) Ves qué fácil es subir a una mujer a los cielos...

FRAN.—Vamos a jugar. El que esté arriba tiene que decir una verdad. Una de esas cosas que no se atreve a decir en alto. ¿Quieres?

ROSI.—Va. Empieza tú.

FRAN.—*(Elevándose.)* ¡Me gustaría pillar un pleito millonario!

ROSI.—*(Arriba.)* ¡Me gustaría tener un chalé!

FRAN.—¡Soy cobarde!

ROSI.—¡Soy ignorante!

FRAN.—¡Tengo hemorroides!

ROSI.—¡Tengo juanetes!

FRAN.—¡Odio a mi padre!

ROSI.—*(Sin parar.)* ¿Por qué?

FRAN.—*(Sin parar.)* No vale preguntar.

ROSI.—*(Arriba.)* Vale.

FRAN.—¡Te toca!

ROSI.—¡No me gusta hacer uso del matrimonio!

FRAN.—¿Por qué?

ROSI.—¡Eso no vale!

FRAN.—*(Subiendo.)* Mi padre pegaba a mi madre.

ROSI.—¡No gozo en la cama!

FRAN.—¡Tengo el pito enano!

ROSI.—*(Riéndose.)* A mí se me está clavando esto en el coño...

(FRAN *para el juego riéndose. Se acerca a* ROSI.)

FRAN.—¿No has gozado nunca en la cama?

ROSI.—Bueno, sí, alguna vez me gustó, creo, ya no me acuerdo. Ahora me duele... Es que estoy seca, ¿sabes? No me fluyen los líquidos de vientre pa bajo... ¡Ay, qué cosas te estoy diciendo...!

FRAN.—Dímelo todo.

ROSI.—Pues que... Paco me mete las rodillas entre las piernas y me las abre. Entonces yo rezo, rezo para que acabe pronto y me moje antes de ver las estrellas.

FRAN.—*(Agarrándola.)* Hay otras estrellas, Rosi. Las que se ven de gusto.

ROSI.—*(Perturbada señala el cielo.)* Sí, están ahí.

FRAN.—Y aquí. *(Le toca el pelo.)* Y aquí. *(Le toca la cara.)* Y aquí *(Le acaricia los hombros.)* Y aquí *(Le acaricia el vientre.)* Y aquí. *(Le acaricia el pecho con mucha suavidad.)*

ROSI.—Yo ya estoy seca, Fran.

FRAN.—Déjame verlo...

ROSI.—No, que no sé ni lo que hago. Es todo un sueño, ¿verdad?

FRAN.—Sí.

ROSI.—La pastilla esa...

FRAN.—No, es la noche que se encendió...

ROSI.—Y se incendió...

FRAN.—Déjame ver si hay agüita ahí adentro...

ROSI.—No, que no me he lavao...

FRAN.—Las fuentes no necesitan lavarse...

ROSI.—Ay, Dios mío, que nos estamos perdiendo...

FRAN.—Venga, vamos a perdernos y que no nos encuentren... Que no nos encuentren nunca.

(FRAN *y* ROSI *se empiezan a acariciar, con mucha suavidad, como dos crías de gato lavándose mutuamente las heridas. De pronto aparece un colgadito. Una especie de mendigo joven y pacífico. Gracias colega.)*

ÁNGEL.—*(FRAN *y* ROSI *le miran extrañados.)* ¿Tenéis un cigarro?

FRAN.—Sí, hombre, toma.

ÁNGEL.—De abuten... ¿Fuego?

FRAN.—Toma.

ÁNGEL.—Gracias, colega. Qué bien os lo montáis, ¿no? ¿Vivís aquí?

230

Rosi.—Yo cerca.

Ángel.—Yo tengo el chiringuito en el pasadizo de Cibeles. Pero hoy me lo he montado con una coleguita de este barrio. La verdad es que ando un poco despistao... ¿Pa Cibeles por dónde tengo que ir?

Rosi.—Pero eso está muy lejos...

Ángel.—Bueno, no tengo prisa, mañana no tengo que madrugar. A mí decirme pa la derecha y yo tiro pa la derecha y ya está. Qué es pa la izquierda lo mismo. Hoy hay mucha luz esta noche, ¿verdad? A mí decirme pa la derecha y yo tiro pa la derecha y ya está.

Fran.—Pa la derecha.

Ángel.—Qué cachondo, colega... ¿Y vosotros vivís aquí?

Rosi.—Yo cerca.

Ángel.—Pues yo tengo el chiringuito en Cibeles. Pero hoy me lo he montao con una coleguita de este barrio... La verdad es que ando un poco despistao... ¿Y tenéis algo pa tomar?

Rosi.—Yo sólo pastillas pa los nervios.

Ángel.—Qué cachonda la coleguita... ¿Vivís aquí? Pues os lo tenéis bien montao, ¿eh? *(Se acerca al banco.)* Un carrito pa las compras, ollita, batidora... ¡Joder, hasta teléfono! ¿No tenéis cartones?

Rosi.—Hay agua ahí, si tienes sed...

Ángel.—Qué cachonda la coleguita... A mí el agua así a palo seco... Yo sé dónde hay cartones de esos grandes de electrodomésticos... pa dormir bien, a gusto. Si queréis mañana os traigo unos pocos, ¿vale colega?

Fran .—Vale, gracias.

Ángel.—Qué cachondo el coleguita. ¿Y vivís aquí?

Rosi.—Yo cerca.

Ángel.—*(A* Fran.) ¿Me das un cigarrito de esos que tenemos a medias?

Fran.—*(Somnoliento.)* Toma, colega. *(Le da la cajetilla entera.)*

Ángel.—Qué de abuten, tío, encontrar gente como vosotros... A mí es que me huyen, ¿sabes? Como si estuviera leproso. Yo voy por la calle andando, ¿no? Pues to dios se aparta. Qué noche más guapa, ¿no?

Rosi.—Yo estoy muy cansada...

ÁNGEL.—Qué cachonda la coleguita... ¿Vivís aquí? Yo tengo el chiringuito en Cibeles. Hoy, esta noche, ando un poco despistao. ¿Pa Cibeles pa dónde tengo que ir?

FRAN.—Pa la derecha.

ÁNGEL.—Qué cachondo el coleguita...

ROSI.—Es abogao.

ÁNGEL.—Mu bien. Yo piloto... de aviones. *(Les da la mano.)* Ángelito, pa serviros...

ROSI.—Rosi.

FRAN.—Fran.

ÁNGEL.—¿Me pasas ese agüita que tenemos a medias? (ROSI *lo hace.)* Oye, qué guay encontrarse gente así por la calle, familiar, ¿no? ¿Y vivís aquí?

FRAN.—Sí y yo me voy a la cama. *(A* ROSI.) ¿Te vienes, cariño, o vas a poner los garbanzos en remojo?

ROSI.—Me voy contigo...

(FRAN *hace con la ropa de* ROSI *un lecho en el césped.)*

ÁNGEL.—A mí si me indicáis por dónde se va pa Cibeles...

FRAN.—*(Por el lecho.)* Ya está. *(A* ROSI.) Ahora ponte el camisón.

ÁNGEL.—Vale, yo me retiro... *(No se mueve. Murmura.)* Un cigarrito de esos pa el insomnio.

FRAN.—¡Rosi! Se me ha pasado.

ROSI.—¿El qué?

FRAN.—El colocón, se me ha pasado. ¿Y a ti?

ROSI.—Yo creo que también, pero tengo un sueño...

ÁNGEL.—A mí también. A mí a estas horas siempre se me pasa el colocón.

FRAN.—*(A* ROSI.) ¿Dormimos un rato aquí en el césped? No puedo ni con mi alma, Rosita.

ROSI.—*(Apiñando las cosas.)* No nos robarán...

ÁNGEL.—*(Que no pierde ripio.)* Qué dices, coleguita, a estas horas no pasa nadie.

FRAN.—¡Vaya noche...! *(Se tumba.)*

ÁNGEL.—Vosotros dormir tranquilos que yo os vigilo el chiringuito.

ROSI.—Fran...

FRAN.—¿Eh?

232

Rosi.—¿Ya estás dormido?

Fran.—Casi.

Rosi.—Qué pena que se acabe la noche, ¿verdad? Mañana cuando salga el sol todo volverá a ser negro.

Fran.—No pienses en eso...

(Rosi *coge su hermoso camisón y se esconde detrás de un árbol. Aparece con él puesto y se acerca a* Fran, *que ya está roncando de forma ostentosa.* Rosi *se tumba a su lado y extiende por encima de ambos la primorosa colcha.*)

Rosi.—Francisco, ¿estás durmiendo?

Fran.—No.

Rosi.—¿Sabes una cosa?

Fran.—No.

Rosi.—Que no va a ser igual. Que mañana no va a ser igual que ayer. Tengo risa y fluidos adentro, Fran, y ayer no lo sabía.

Fran.—*(Medio dormido.)* Y me tienes a mí para lo que necesites. El mejor abogado de... *(Vuelve a roncar.)*

Rosi.—¡Sí, don Francisco, sí! Tengo jugo y risa, y tengo el principio de una fuerza. Voy a apartar a ese animal de mi vida. Lo vamos a atar. ¿vale?

Fran.—¿Eh?

Rosi.—*(Mirando al frente, con decisión.)* Sí, alguien me ayudará. Le vamos a atar. ¡Qué noche más divina...! *(Moviendo a* Fran.) ¿Oyes la música?

Fran.—Dame la mano.

Rosi.—*(Dándole la mano.)* Los hombres siempre se duermen primero...

(*Agarraditos como dos novios,* Rosi y Fran *duermen.* Ángel, *sigiloso, registra el carrito y la maleta como si fuera suyo. Se toma el agua que queda en la botella. Disfrutando ordena el chiringuito en silencio. Al final se tumba al lado de* Fran y Rosi. *Al instante, aprovecha también la primorosa colcha y se tapa. Al sonido del saxo se va haciendo el oscuro.*)

FIN

Una estrella

A Félix Pedrero, cómo no, al que conocí escribiendo «Una estrella» mientras él me dictaba desde una estrella.
Para ti, padre.

Mi estrella, su estrella...

Esta obra la escribí hace unos años, cuando yo tenía treinta y tres, la edad de la protagonista. Fue en una casita de campo, un verano lleno de moscas aturdidas, por los cambios del cielo, que zumbaban sin parar y se posaban absurdas en mis folios y en mis ojos. Yo, en aquel entonces, acababa de hacer un dichoso descubrimiento: que el ser humano es capaz de plantarle cara al destino. Que los dioses tienen sus debilidades, gracias a las cuales las personas podemos elegir nuestros caminos. Es cuestión de estar atentos.

Este descubrimiento, que incluía la aceptación de un poderoso mundo espiritual, me daba una fuerza extraordinaria, una energía que me impulsaba a transmitir mi experiencia a los otros. Necesitaba contar aquel viaje interior. Aquella certeza de que la verdadera revolución sólo se puede hacer a partir de una revolución íntima y profunda. Que hay que hacerse mejor para conseguir hacer un mundo mejor. Eso era.

Así que tomé el bolígrafo, mi cuchara, mi pincel, mi voz, y me puse a revivir el viaje, a sacarle la esencia.

Eso es *Una estrella*, una invitación al viaje interior, tan temido y poco transitado en nuestros días. Un recorrido lleno de emociones fuertes que nos van señalando hacia dónde está la luz. Una luz verdadera de día claro, de sol, de estrella. Una luz que funde los plomos de cualquier circuito eléctrico.

La joven Estrella Torres, la protagonista, comienza la obra llena de una luz artificial, que disimula sus heridas. Pero esa noche, esta noche, algo cambiará. El inesperado encuentro con

237

un hombre le hará atravesar ese túnel que la lleva a su libertad.

La obra es sólo eso: el cuadro vivo de un paisaje interior que se va transformando con la mezcla de otro paisaje interior.

Nuestra Estrella parte de una casualidad —que no lo es— para recorrer un extenuante camino hacia el conocimiento y la aceptación.

Una estrella nos habla de la tragedia íntima de las gentes, de todos los que cargamos con un pasado herido que nos enfrenta a un presente infeliz. Es una tragedia burlada. Porque los dioses, el destino —llámenlo como quieran—, se dejaron un resquicio abierto. Un resquicio que nuestros protagonistas aprovechan para cambiar su fortuna. Para pasar de la desdicha a la dicha sin saltarse el dolor.

PALOMA PEDRERO

238

Mapi Galán y Pancho García en *Una estrella*. Dirigida por Panchika Velez y Paloma Pedrero. Estrenada en Saint Paul-les-Dax (Francia) el 6 de marzo de 1998. Foto Robert Muro.

Se estrenó en Saint Paul-les-Dax (Francia), el 24 de febrero de 1998. Y en el Teatro Romea, de Murcia, el 6 de marzo del mismo año, con el siguiente reparto:

ESTRELLA TORRES, Isabel Ordaz
JUAN DOMÍNGUEZ, Pancho García
RAMÓN, Luis Hostalot
CAMARERO, Juan Carlos Talavera

Dirección: PANCHIKA VELEZ y PALOMA PEDRERO

Interior de un bar. La barra con algún taburete, un par de mesas con sus respectivas sillas, una máquina tragaperras y un viejo aparato de discos de los que funcionan con monedas.

Desde la sala contigua llegan los murmullos de jugadores de póker. A veces las voces se elevan con violencia contenida y podemos distinguir alguna palabra o frase suelta.

En la barra, sentada en un taburete, sola, vemos a ESTRELLA. *Es una mujer de treinta y pocos años, esbelta y con una hermosa melena de tonos rojos. Su forma de moverse y vestir es elegante pero nada convencional. Observa el local con curiosidad mientras se toma un café. De vez en cuando escribe algo en un cuaderno. Hay en ella una actitud reflexiva y algo atormentada. El único* CAMARERO, *que está dentro de la barra, la escudriña con cierta desconfianza.*

CAMARERO.—Lo siento, señora, vamos a cerrar.

ESTRELLA.—¿Cerrar? *(Señalando hacia adentro.)* Primero tendrán que salir todos ésos, ¿no?

CAMARERO.—Esos señores son socios. A partir de las doce sólo admitimos socios.

ESTRELLA.—*(Con ironía.)* Ya.

CAMARERO.—Son doscientas pesetas, el café.

ESTRELLA.—*(Mirando el reloj.)* Son las doce menos cuarto.

(ESTRELLA *anota algo en su cuaderno. El* CAMARERO *la mira mosqueado.)*

ESTRELLA.—¿Lleva usted muchos años trabajando aquí?

CAMARERO.—*(Limpiando la barra.)* Algunos.

ESTRELLA.—¿Más de cinco?

CAMARERO.—Oiga, ¿por qué me pregunta eso? ¿Qué está intentando averiguar?

ESTRELLA.—No se preocupe, no hace falta que me conteste.

CAMARERO.—¿Qué está anotando en ese cuaderno?

ESTRELLA.—Nada que le interese. Cosas mías.

CAMARERO.—¿No será usted policía o algo así?

ESTRELLA.—No, tranquilícese, no soy policía.

CAMARERO.—¿Periodista?

ESTRELLA.—No, tampoco.

CAMARERO.—Son doscientas pesetas. Tengo que cerrar.

ESTRELLA.—*(Sacando el dinero.)* Déjeme quedarme.

CAMARERO.—¿Para qué?

ESTRELLA.—Me gustaría ver salir a los hombres... de ahí adentro.

CAMARERO.—Lo siento pero...

ESTRELLA.—*(Cortándole.)* Sólo a algunos.

CAMARERO.—Es imposible. No puede quedarse.

ESTRELLA.—*(Después de una pausa.)* Escúcheme, no voy a complicar la vida a nadie. Verá, soy escritora. Estoy preparando mi última novela y... se desarrolla en un sitio parecido a éste. Necesito conocerlo, saber cómo es el lugar donde van a vivir mis personajes, ¿me comprende?

CAMARERO.—¿Escritora?

ESTRELLA.—*(Sacando un libro del bolso.)* Mire, ésta soy yo, Estrella Torres. *(El* CAMARERO *mira la foto del libro y después mira a* ESTRELLA *con desconfianza.)* ¿Quiere que le enseñe el carné de identidad?

CAMARERO.—¿Y qué va a sacar de aquí?

ESTRELLA.—Ya se lo he dicho, necesito conocer el espacio, saber cómo son los hombres que están ahí adentro. No será mucho tiempo: ver salir a algunos, observarlos...

CAMARERO.—No lo sé... Hoy no está el jefe y yo tengo que estar adentro también. No, no puedo...

ESTRELLA.—No le voy a causar problemas.

CAMARERO.—*(Observándola.)* ¿Es usted famosa? ¿Ha salido en la tele?

ESTRELLA.—*(Sonríe. Después de un momento.)* Sí.

CAMARERO.—Entonces será mejor que se vaya. Éste no es un mundo para gente delicada.

242

(Se abre la puerta del bar y entra JUAN DOMÍNGUEZ. *Es un hombre de unos sesenta y cinco años. Pequeño de estatura, delgado y de ojos claros y chispeantes. Su aspecto es de vividor solitario y descuidado. Saluda al* CAMARERO *que le responde con un mal gruñido.)*

JUAN.—¿Dónde está el jefe?

CAMARERO.—No está. Esta noche el jefe soy yo.

JUAN.—Ponme una copa. *(El* CAMARERO *duda.* JUAN *le enseña un billete. El* CAMARERO, *de mala gana, le sirve un trago.)*

*(*JUAN DOMÍNGUEZ *está borracho y, sin embargo, consigue casi dominar la torpeza. Tiene el estado del ebrio crónico y orgullosamente digno. Se acerca a la máquina del tabaco y saca una cajetilla.* ESTRELLA *observa a* JUAN *y anota algo en su cuaderno.)*

CAMARERO.—*(A* ESTRELLA.) Dése prisa. No quiero líos. *(Sale.)*

*(*JUAN *se acerca a su vaso y repara en* ESTRELLA *que está de espaldas a él. Abre el paquete de tabaco rubio y tira de los cigarrillos hacia arriba. Ofrece un cigarro a* ESTRELLA *que vuelve la mirada hacia el hombre.)*

JUAN.—¿Quiere un cigarro, señorita?

ESTRELLA.—No, muchas gracias.

JUAN.—*(Saca otra cajetilla arrugada del bolsillo.)* ¿Fuma usted negro?

ESTRELLA.—No, fumo rubio, pero ahora no quiero fumar, gracias.

*(*JUAN DOMÍNGUEZ *se queda callado, mirándola.* ESTRELLA *le vuelve la espalda.* JUAN *se acerca a ella por el otro lado.)*

JUAN.—Perdone que la moleste... *(Se tambalea. Está a punto de tirarle la copa encima.)*

ESTRELLA.—Tenga usted cuidado.

JUAN.—Perdóneme, señorita, hoy estoy un poco...

ESTRELLA.—*(Sin dejarle acabar la frase.)* Perdonado. *(Gira su cuerpo hacia el otro lado.)*

(El CAMARERO *comienza a barrer el local.* JUAN DOMÍNGUEZ *vuelve a situarse frente a* ESTRELLA.*)*

JUAN.—Corríjame si estoy en un error... ¿No es usted Estrellita?

ESTRELLA.—*(Le mira sorprendida.)* Sí, me llamo... (ESTRELLA *repara en su libro que está encima de la barra. Asiente con frialdad.)* Me llamo Estrella. *(Y guarda el libro en su bolso.)*

JUAN.—Yo soy Juan, Juan Domínguez.

ESTRELLA.—*(Algo abrumada.)* Mucho gusto.

JUAN.—¿No ha oído hablar de mí?

ESTRELLA.—No, lo siento.

JUAN.—Quizá ya no se acuerda... Yo la recuerdo a usted perfectamente. No ha cambiado apenas. El mismo pelo rojo. Antes era una niña muy bonita y ahora es usted una mujer muy bonita. Con la expresión perdida e insolente al mismo tiempo...

ESTRELLA.—*(Inquieta.)* ¿Y usted quién es? Si no le importa decírmelo.

JUAN.—Un íntimo amigo de Torres.

*(*ESTRELLA *recibe el impacto. Se queda petrificada. Reacciona con violencia.)*

ESTRELLA.—Lo siento, no me acuerdo ni de él ni de usted.

JUAN.—¿No me diga que sigue enfadada con Torres?

ESTRELLA.—¿Cómo dice?

JUAN.—Sí, Torres me contó lo de aquel día. Estaba tan dolido que tuvo que decírmelo. Estaba desquiciado y me decía: «Domínguez, Estrellita me ha insultado. Me ha llamado...»

ESTRELLA.—*(Cortándole con brusquedad.)* Ya le he dicho que no le recuerdo. Sencillamente, él no está en mi vida.

JUAN.—¿Qué hace usted aquí? (ESTRELLA *no contesta.)* Tenga, fume un cigarro.

ESTRELLA.—No quiero fumar. No quiero conversación, ¿me ha entendido?

244

JUAN.—Es usted una ingrata. Una niña que no quiere crecer. Una niña infeliz.

ESTRELLA.—¿Quiere dejarme en paz?

JUAN.—¿Por qué?

ESTRELLA.—Apesta a alcohol.

JUAN.—*(Tocándole el hombro.)* Está bien, no le echaré el aliento.

ESTRELLA.—¡No me toque!

JUAN.—Las manos las tengo limpias.

ESTRELLA.—No me gusta que me toquen los borrachos, ¿sabe? Mean y después se quitan las babas de la cara sin lavarse las manos.

JUAN.—Lo siento, no la comprendo.

ESTRELLA.—Le estoy pidiendo que me deje en paz.

JUAN.—Aunque yo me fuera de aquí ahora mismo usted no se quedaría en paz.

ESTRELLA.—*(Nerviosa.)* O deja de molestarme o hago que lo echen del bar.

JUAN.—Me trata usted como a un perro...

ESTRELLA.—*(Casi gritando.)* ¡Déjeme en paz!

CAMARERO.—*(Entrando.)* ¿Qué pasa? ¿La está molestando?

ESTRELLA.—Sí.

CAMARERO.—*(A JUAN.)* No me gusta que vengas por aquí borracho.

JUAN.—No estoy borracho, sólo estaba intentando...

CAMARERO.—*(Cortándole.)* Venga, Domínguez, tómate la copa de un trago y lárgate.

JUAN.—Háblame con educación, muchacho, yo no te he faltado al respeto a ti...

CAMARERO.—Que te tomes la copa y te largues.

JUAN.—Es temprano. No tengo prisa.

CAMARERO.—*(Agresivo le quita la copa.)* Pues lárgate sin tomártela. Vamos, a la calle.

JUAN.—Un momento. ¿Yo te pago o no te pago?

CAMARERO.—¿Y qué?

JUAN.—*(Dándole dinero.)* Que si te pago me puedo tomar mi copa tranquilamente. ¡Y trátame con respeto que yo podría ser tu padre!

(ESTRELLA *le mira.*)

CAMARERO.—Tú lo que tienes que hacer es irte a un banco a dormir la mona.

JUAN.—Y tú ponerte un bozal.

CAMARERO.—¡Lárgate ahora mismo antes de que se me hinchen los cojones...!

JUAN.—*(Impotente. Sacando la voz.)* ¡Me estás humillando delante de... Estrellita y no te lo consiento!

CAMARERO.—*(Violento.)* ¡He dicho que a la calle!

JUAN.—Llevo treinta años viniendo aquí y... ¡No te atreverías a hablarme así si estuviera el jefe...!

(El CAMARERO *le agarra bruscamente, arrastrándole hacia la puerta.* JUAN *se queja.)*

JUAN.—¡Déjame...! ¡Déjame...!

*(*ESTRELLA *mira la escena horrorizada. Se levanta del taburete y va hacia ellos.)*

ESTRELLA.—¡Suéltele ahora mismo! ¡Le está haciendo daño!

CAMARERO.—*(Sin soltarle.)* A éstos ya no les duele nada...

ESTRELLA.—¡He dicho que le suelte ahora mismo!

(El CAMARERO *suelta a* JUAN *y mira a* ESTRELLA.)*

ESTRELLA.—¿Quién le da a usted derecho a tratar así a la gente?

CAMARERO.—¿Pero no acaba de decirme que la estaba molestando?

ESTRELLA.—Ahora me molesta usted mucho más. Parece un buitre buscando carroña...

JUAN.—Si lo de carroña es por mí...

CAMARERO.—¡Tú te callas!

JUAN.—Yo nunca me he callado ante nadie y no pienso...

CAMARERO.—*(Con chulería.)* ¿No piensas qué?

JUAN.—No pienso... No pienso... *(No se acuerda de lo que iba a decir. Se toca el bolsillo de la americana y saca tabaco.)* ¿Un cigarrito?

CAMARERO.—*(Con desprecio.)* Tómate el cubata y desaparece. *(A* ESTRELLA.*)* Y usted también. Voy a cerrar.

ESTRELLA.—Me iré cuando me dé la gana. Y haga el favor de meterse dentro de la barra, tiene clientes.

CAMARERO.—Lo he hecho por defenderla... señora.

ESTRELLA.—Es usted demasiado peligroso para defender a nadie. Vamos, a su puesto si no quiere que llame a la policía. Un café y un whisky.

(El CAMARERO, acobardado, se mete detrás de la barra farfullando. ESTRELLA vuelve a sentarse en el taburete. JUAN DOMÍNGUEZ, desconcertado, se acerca a la máquina de tabaco y saca otra cajetilla. Oímos las voces de los jugadores. Por la puerta de la sala de juego aparece RAMÓN. Es un hombre de unos cuarenta años. Está descamisado y tiene el rostro rojo y desencajado. Al ver a JUAN DOMÍNGUEZ sonríe. Se acerca hacia él y conversan en tono bajo y precipitado.)

RAMÓN.—Hombre, Juanito...

JUAN.—¿Cómo va la cosa?

RAMÓN.—Mal. ¿Puedes prestarme diez mil, Juan?

JUAN.—¿Diez mil? No jodas.

RAMÓN.—Ya has cobrado la pensión, ¿no?

JUAN.—Sí, pero... Ya me debes treinta y...

RAMÓN.—Venga, Juanito, tu ya no tienes familia que alimentar...

JUAN.—¿Es para tu casa?

RAMÓN.—Tengo que recuperarme.

JUAN.—No, no fastidies...

RAMÓN.—Voy a por él. Ese cabrón... No puede largarme ahora. ¿Cuánto tienes?

JUAN.—Me quedan veinticinco y estamos a día... *(No lo recuerda.)* ¿Qué día es hoy?

RAMÓN.—Préstame diez.

JUAN.—Lo siento, Ramón, hoy no puedo. *(Mira a ESTRELLA.)*

RAMÓN.—¿Quién es ésa?

JUAN.—¡Chist...! A ésa ni mirarla.

RAMÓN.—Dame diez, te devuelvo quince en menos de una hora. *(JUAN se resiste.)* Veinte. *(JUAN niega.)* Veinticinco y entras conmigo.

JUAN.—No, no puedo.

RAMÓN.—*(Agresivo.)* No seas cabrón. Vamos, Domínguez, sabes que si no fuera por mí no jugarías una.

(ESTRELLA *se vuelve hacia los hombres.*)

JUAN.—*(Queriendo acabar con la situación.)* Está bien... *(Saca el dinero. Algunos billetes se le caen al suelo.* ESTRELLA *mira.)* Toma.

RAMÓN.—*(Dándole palmaditas en el hombro.)* Media hora, te los devuelvo y me voy para casa.

JUAN.—Creo, Ramón, que...

RAMÓN.—*(Le deja con la palabra en la boca y hace un gesto al* CA- MARERO.) Estamos secos. *(Después mira descaradamente a* ES- TRELLA *y vuelve a entrar en la sala de juego.)*

CAMARERO.—*(A* ESTRELLA, *poniéndoselos.)* El café. El whisky.

(JUAN DOMÍNGUEZ *pone un disco en el viejo aparato. Sue- na un tema de amor, un bolero. El* CAMARERO *coge la ban- deja y se dirige a la sala de juego.* ESTRELLA *escribe en su cua- derno.* JUAN, *con temor, se acerca hacia ella.)*

JUAN.—Gracias, Estrellita, sabía que eras buena.

ESTRELLA.—No lo soy.

JUAN.—Digna de ser una Torres.

ESTRELLA.—*(Dándole el whisky.)* Tenga, yo no bebo. Es para usted.

JUAN.—*(Contento.)* Digna de ser una Estrella del universo. Una Estrella pequeña pero... Eso decía tu padre siempre. Me decía: «Domínguez, tengo tres hijos oscuros y una Es- trella pequeñita pero brillante.»

ESTRELLA.—¿Eso se lo decía cuando estaba sobrio o cuando estaba borracho?

JUAN.—Pues no lo sé. No veo la diferencia.

ESTRELLA.—Claro. No había diferencia.

JUAN.—Torres era bueno siempre, un pedazo de pan. Y como jugador no tenía precio. Los grandes jugadores son hom- bres inteligentes. Unas veces ganaba, otras perdía, pero siempre era un gran jugador.

Estrella.—¿Le ganaba usted el dinero, o se lo sacaban otros como a... usted ahora?

Juan.—¿Cómo dices? Oye, perdóname que te tutee pero... tú eres Estrellita, la niña y...

Estrella.—Sí, claro, no se preocupe.

Juan.—«No te preocupes». Llámame de tú, por favor. Yo era íntimo amigo de tu padre.

Estrella.—¿No eras de los que le sacaban el dinero?

Juan.—Nunca. Torres era mi compañero, mi socio. Lo que ganábamos lo repartíamos.

Estrella.—Y después os lo bebíais juntos en compañía de unas cuantas putas.

Juan.—Eres una niña muy mal educada.

Estrella.—¿Por qué? Es verdad.

Juan.—Escucha, mocosa, hay mentiras que son amables y verdades que son de muy mala educación. Veo que Torres no supo educarte. Te tenía que haber dado algún cachete más.

Estrella.—Torres, como tú dices, nunca me tocó. Ni para pegarme, ni para acariciarme, ni para ponerme los guantes en invierno. Torres sólo sabía tocar las cartas, los billetes y las copas. Tu amigo Torres era un auténtico desastre.

Juan.—Eso no se debe decir de un padre.

Estrella.—¿Es una verdad mal educada?

Juan.—*(Dolido.)* Eso no se debe decir de un muerto.

(Hay un momento de silencio, de tensión. Juan Domínguez bebe. Estrella se toca la frente.)

Estrella.—Domínguez, dame un cigarro.

Juan.—*(Satisfecho saca las tres cajetillas.)* ¿Rubio con boquilla? ¿Rubio sin boquilla? ¿O negro?

Estrella.—Rubio con boquilla.

(Juan le da el cigarro rubio y toma uno para él. Ambos encienden su mechero a la vez. Se miran. Cada uno enciende el cigarro de su propio fuego.)

Juan.—Si te viera ahora estaría muy orgulloso de ti. Una mujer tan hermosa y tan... importante. He leído tu novela.

(ESTRELLA *le mira sorprendida.*) Sí, la compré. También te he visto en la televisión y en los periódicos...

ESTRELLA.—¿Te gustó?

JUAN.—¿El qué?

ESTRELLA.—Mi novela.

JUAN.—Me emocionó cada letra, cada coma y cada punto. Pero no sé lo que ponía, la historia no me interesaba. Me gustaba que el libro fuera de la hija de Torres. Eso era lo impresionante. De la niña nunca hubiera esperado tanto...

ESTRELLA.—Ah, ¿pero esperaba algo de alguien?

JUAN.—Claro que sí. Esperaba que sus hijos estudiaran una carrera, no como él, que fueran hombres importantes y honrados...

ESTRELLA.—No como él.

JUAN.—...Y que la chica... que la chica encontrara un hombre bueno. Un hombre que no se pareciera a él.

ESTRELLA.—Mira, en eso estábamos de acuerdo. Me he pasado la vida buscando a un hombre que no se pareciera a él en nada.

JUAN.—¿Y lo has encontrado?

ESTRELLA.—*(Después de una pausa.)* No. Todos los hombres que han pasado por mi vida se parecían a él.

JUAN.—*(Bebe.)* Torres era muy bueno. Era... *(Se le cae el vaso al ir a dejarlo.)*

ESTRELLA.—*(Reacciona con furia.)* Era un fantasma, un cobarde, un mal marido. Un degenerado que fabricaba hijos con espermatozoides borrachos...

JUAN.—¡Eso no es cierto!

ESTRELLA.—Y tú eres como él.

JUAN.—A mí puedes insultarme. Pero que insultes a Torres no te lo permito. ¡Era mi mejor amigo!

ESTRELLA.—¡Y mi puto padre!

JUAN.—*(Muy afectado.)* Eres una hija ingrata y resentida. No tienes derecho a hablar así de un pobre hombre... *(Tose.)* enfermo. De alguien que... que... *(No se acuerda.)* ...que vivió una guerra y le destrozaron la cabeza. *(Se toca la cabeza.)* Ignorantes... Nos echaron ignorantes a la calle. Ni un dolor, ni miedo, ni un poco de hambre... Vosotros no sabéis lo que es sufrir. No sabes lo que es ser un hombre. Ser un hombre con la cabeza destrozada. *(Se calla en seco.)* Me voy. *(Se toca el pecho.)* Se me ha puesto un dolor aquí. *(Llamando al* CAMARERO.) ¡Chico...! ¡Chico...! ¿Dónde está?

(Aparece el CAMARERO.)

CAMARERO.—Sin gritos. ¿Qué quieres?

JUAN.—Cóbrame. *(Señalando la consumición de* ESTRELLA.) Todo.

CAMARERO.—¿Se van por fin?

ESTRELLA.—Yo no.

CAMARERO.—Voy a echar el cierre.

ESTRELLA.—*(Señalando la sala de juego.)* ¿Y ellos por dónde van a salir?

CAMARERO.—Hay una puerta trasera por donde salen los... jugadores.

JUAN.—Es mejor que te vayas. ¿Qué haces aquí?

ESTRELLA.—*(Aturdida.)* No, no puedo. Tengo que tomar algunas notas más. Tengo que enterarme. Ellos siguen jugando... les oigo... Están ahí.

CAMARERO.—Usted sabrá. Pero yo voy a echar el cierre.

JUAN.—*(Señalando la puerta de salida.)* Sal por aquí. Vete a casa.

ESTRELLA.—Me quedo.

JUAN.—*(Encogiéndose de hombros.)* Adiós, Estrella.

ESTRELLA.—Adiós.

JUAN.—Toma, quédate con el rubio. (ESTRELLA *niega con la cabeza.)* No lo he tocado. Sólo lo compro para invitar. *(Deja el tabaco encima de la barra.)* Adiós.

*(*JUAN *camina hacia la puerta de salida. En el momento en que la abre* ESTRELLA *le llama. Su voz sale de muy adentro, es como un grito de socorro que suena a orden.)*

ESTRELLA.—¡Domínguez! (JUAN *se vuelve y la mira.)* Cuando mi padre no quería oír las verdades... se iba. *(Pausa.)* Quédate.

*(*JUAN DOMÍNGUEZ *se queda parado. Después, lentamente, vuelve al lado de* ESTRELLA.)*

CAMARERO.—*(Harto.)* Se acabó. *(Echa el cierre metálico con brusquedad y sale.)*

ESTRELLA.—*(A JUAN con dolor contenido.)* Un día, no tendría yo más de ocho años, me coloqué delante de la puerta para que no pudiera salir de casa. Él, enfadado, me dijo: «Quítate de ahí, vamos, no hagas tonterías.» Me tiré al suelo y me agarré a su pierna con todas mis fuerzas. ¿Sabes lo que hizo? Sacó un billete de mil pesetas y me lo enseñó. «¿No lo quieres?», me dijo. «Es para ti.» Yo solté una mano para coger el billete y él se deshizo de mí con facilidad. Cuando quise comprender ya se había marchado.

JUAN.—Tu padre era un hombre generoso. No escatimaba una peseta a nadie.

ESTRELLA.—¿No entiendes porque estás bebido o porque te falta alcohol? Dime. ¡Qué hay que hacer para que los hombres como tú comprendáis algo...! ¡Qué hago hablando con un muerto!

JUAN.—No te pongas así... Estás... estás herida.

ESTRELLA.—No.

JUAN.—Estás temblando... *(Se acerca hacia ella.)*

ESTRELLA.—¡No me toques!

JUAN.—Tienes miedo...

(ESTRELLA, *sin saber qué hacer, intenta anotar algo en su cuaderno.*)

JUAN.—¿Quieres una copa? Te invito yo. ¡Camarero! ¡Camarero!

ESTRELLA.—Te he dicho que no bebo.

JUAN.—No beber alcohol nunca no es... bueno.

(Vuelve el CAMARERO que va y viene de la sala de juego.)

CAMARERO.—¿Qué coño quieres ahora?

ESTRELLA.—*(Contundente.)* Otro whisky para el señor. *(El CAMARERO reta con la mirada a ESTRELLA.)* He dicho que otro whisky.

CAMARERO.—¿Por qué no van a contarse la vida a otro sitio?

ESTRELLA.—Está bien, deje la botella y no le molestaremos. ¿Cuánto vale?

CAMARERO.—*(Después de pensárselo.)* Ocho mil pesetas. Precio de bar.

ESTRELLA.—*(Dándole dos billetes de cinco.)* Tenga.

JUAN.—No, ni hablar... No puedo permitir que me invite una mujer.

ESTRELLA.—Yo no soy una mujer... contigo.

(JUAN *la mira en silencio. El* CAMARERO *coge los billetes de* ESTRELLA.)

ESTRELLA.—Quédese con la vuelta y déjenos tranquilos.

(El CAMARERO *deja la botella y sale.)*

JUAN.—¿Ves? Tú también eres generosa... como tu padre.

ESTRELLA.—*(Riéndose con cierta amargura.)* Es verdad. Yo también compro a la gente.

JUAN.—Te pareces tanto a Torres. En los gestos, en esa risa, en la forma de mover las manos, en el carácter... ¡Menudo carácter tienes! Eres tan parecida...

ESTRELLA.—No me digas eso, por favor.

JUAN.—Es cierto. Y es lógico... Lo que se ve, se aprende.

ESTRELLA.—Entonces es imposible que me parezca. Nunca estuve con mi padre. No recuerdo apenas nada de él. Regresaba a casa cuando yo dormía y se iba cuando yo dormía...

JUAN.—¡Eras una dormilona!

ESTRELLA.—Era una niña, Domínguez.

JUAN.—¿Y después?

ESTRELLA.—Después dejó de venir. No sé quién era. Se murió hace cinco años sin que yo tuviera la más remota idea de quién era.

JUAN.—Era un hombre bueno.

ESTRELLA.—¿Qué más? Dime algo más. Necesito saberlo.

JUAN.—Era... era un gran jugador y un gran amigo.

ESTRELLA.—Eso ya me lo has dicho. Cuéntame otras cosas. ¿Te hablaba de mí?

JUAN.—*(Piensa.)* Sí, a veces.

ESTRELLA.—*(Con ansiedad.)* ¿Qué te decía?

253

JUAN.—Pues... No sé. No lo puedo recordar ahora.

ESTRELLA.—*(Sirviéndole alcohol.)* Haz un esfuerzo. ¿Qué te decía de mí?

JUAN.—Te llamaba Estrellita.

ESTRELLA.—¿Qué más?

JUAN.—Y me decía: «Juanito, tengo tres hijos oscuros y una estrellita brillante...»

ESTRELLA.—¿Por qué?

JUAN.—No sé... Ah, era tu pelo rojo, ¿o no? Sí, le gustaba tu pelo... ¿O es a mí a quien le gusta tu pelo?

ESTRELLA.—Antes me has dicho que recordabas mi mirada perdida y... *(No lo recuerda.)*

JUAN.—Insolente. Insolente.

ESTRELLA.—¿Me conociste de pequeña? ¿Cómo fue? ¿Estaba yo con mi padre?

JUAN.—*(Dudando.)* No, no estabas con Torres.

ESTRELLA.—Entonces, ¿cómo fue? Intenta recordarlo.

JUAN.—*(Haciendo memoria.)* Una noche vino tu madre contigo a buscar a Torres... aquí.

ESTRELLA.—¿Aquí?

JUAN.—¿O fue en el club?

ESTRELLA.—Piénsalo.

JUAN.—Eso no lo recuerdo.

ESTRELLA.—Por favor...

JUAN.—Sí, fue aquí. Sí, seguro que fue aquí. (ESTRELLA *se levanta y observa el bar como intentando recordar.)* Apareció tu madre, muy morena, muy guapa. Una real hembra. Entró buscando a Torres. Tú estabas en sus brazos, no tendrías más de tres años, pero ya tenías los ojos enormes y la mirada insolente. Tu madre lloraba y gritaba a tu padre y tú... tú mirabas a uno y a otro con esa mirada...

ESTRELLA.—Eso no es insolencia, Domínguez, es terror.

JUAN.—Tu padre decía: «No tenías que haber traído aquí a la niña, mujer.» Y tu madre contestaba: «Si estuvieras en casa no hubiéramos tenido que venir a buscarte.»

ESTRELLA.—¿Aquí? Yo he estado aquí antes...

JUAN.—... Y tú lo mirabas todo, como hoy. Torres le dijo a tu madre: «Iros para casa, yo iré dentro de un rato.»

ESTRELLA.—¡Qué desgraciado!

JUAN.—Iba ganando mucho dinero. No podía cortar la partida. No es legal. Tu padre era un gran jugador.

ESTRELLA.—¡Un gran hijo de puta, eso es lo que era! O sea, que no podía dejar a esos... indecentes perdiendo dinero y podía dejar a su mujer y a su hija volver a las tantas de la noche, a casa, solas. Su mujer desesperada y él... ¡Qué canalla!

(ESTRELLA *abre su bolso y saca monedas. Compulsivamente comienza a echarlas en la máquina tragaperras. Al cabo, empieza a dar golpes a la máquina entre expresiones de rabia. Los golpes son cada vez más fuertes.* JUAN DOMÍNGUEZ *la observa asustado. Llena su taza de café con whisky y se acerca a ella.*)

JUAN.—No te sulfures así. Eso fue hace muchos años. ¿Por qué recordarlo ahora?

ESTRELLA.—¡Déjame!

(*Entra el* CAMARERO.)

CAMARERO.—¿Qué pasa aquí?

(ESTRELLA *hace caso omiso.*)

JUAN.—No pasa nada.

CAMARERO.—Esta mujer está loca. ¡Señora...!

JUAN.—Déjala. Está un poco nerviosa...

CAMARERO.—¡Señora, va a estropear la máquina!

(ESTRELLA *deja de golpear la máquina pero continua echando monedas.*)

JUAN.—*(Al* CAMARERO.) Ves, no pasa nada. Ya está. Se acabó el problema. *(Se oye alguna voz dentro.)* Te están llamando.

(*El* CAMARERO, *sin dejar de mirar a* ESTRELLA, *llena la bandeja y sale.*)

JUAN.—¿Tú sabes jugar al póker? (ESTRELLA *no le oye.* JUAN *sube el tono de voz.)* ¿Juegas al póker?

ESTRELLA.—No. No. ¡No, por Dios! Nunca en la vida he jugado al póker.

JUAN.—Pues llevando la sangre que llevas serías una gran jugadora.

ESTRELLA.—*(Sin escucharle.)* ¿Tienes monedas?

JUAN.—*(Buscando en sus bolsillos.)* Toma.

(ESTRELLA, *más calmada, sigue echando monedas.*)

JUAN.—Yo, sin embargo, no soy amigo de las tragaperras, aunque, a veces, también echo alguna moneda. *(Señalando hacia adentro.)* A ésos ya no les gusta jugar conmigo. Sólo me dejan cuando no hay otro. Me falla la memoria y ... *(Tocando la máquina.)* Esto es sólo para mujeres solitarias y viejos... denigrados.

(*A* ESTRELLA *se le acaban las monedas.*)

ESTRELLA.—*(Con ansiedad.)* ¿Tienes alguna moneda más? Está a punto de cantar.

JUAN.—Vamos, déjalo ya. Siempre parece que está a punto pero nunca llega.

ESTRELLA.—*(Vaciando su bolso.)* ¡Mierda! Dile a ése que venga a cambiarme. Vete a buscarlo, por favor.

JUAN.—Eh, eh..., tranquilízate. Estás muy nerviosa. *(Sacando una moneda misteriosamente.)* Toma, la última.

(ESTRELLA *la echa. Comienza a sonar la musiquilla del premio.*)

ESTRELLA.—¿Has visto?

JUAN.—¡Vaya suerte! Había olvidado que eres una Torres.

(*El dinero comienza a caer precipitadamente.* ESTRELLA *lo coge y da la mitad a* JUAN DOMÍNGUEZ.)

ESTRELLA.—Toma, esto es tuyo.

JUAN.—No, ni hablar...

ESTRELLA.—No seas tonto. La moneda era tuya. Cógelo.

JUAN.—*(Con un gesto de dignidad.)* He dicho que no.

ESTRELLA.—Como quieras. *(Toma las monedas y empieza a meterlas de nuevo en la máquina.)*

JUAN.—Si las vas a perder, dame mi parte.

ESTRELLA.—*(Dándoselas.)* Toma, tu parte.

JUAN.—*(Sonriendo satisfecho.)* Es como estar con Torres... otra vez. *(Hace ademán de ir a darle una palmada.* ESTRELLA *se retira y, abatida, se sienta en una mesa.)*

(JUAN *se acerca al aparato de discos.)*

JUAN.—Escucha, te voy a poner una canción. Es suave y calma los demonios. A tu padre también le gustaba mucho. *(Se ríe.)* Se sabía la letra y la cantaba bien. Escucha, Torres.

(Suena el bolero de antes. JUAN *empieza a tararearlo. Después se va animando y lo canta. Coge la botella y baila con ella como si fuera una novia.* ESTRELLA *le mira entre triste, furiosa y perpleja.* JUAN *termina el bolero cantándole a* ESTRELLA. *Después se acerca hacia ella y le da la taza con whisky.)*

JUAN.—Toma, esto es bueno. Da un trago.

ESTRELLA.—*(Niega con la cabeza. Después mira a* JUAN *fijamente.)* Dime, ¿quién eres?

JUAN.—Un hombre. *(Pausa.)* Un hombre viejo. ¿Y tú?

ESTRELLA.—Tendría que contestarte que una mujer. Una mujer todavía joven, ¿no?

JUAN.—Eso ya lo veo. Joven, hermosa y llena de éxito. Pero no es eso lo que quiero saber.

ESTRELLA.—¿Y qué quieres saber?

JUAN.—¿Estás casada? ¿Tienes niños?

ESTRELLA.—¿Casada? No. Bueno, estuve un tiempo con un hombre y tuvimos un hijo. *(Sonríe y toda su cara se ilumina.)* Ahora tengo un hijo precioso... *(Seria otra vez.)* Pero no tengo hombre.

JUAN.—¿Os separasteis?

ESTRELLA.—Sí. No nos entendíamos. *(Pausa.)* En realidad fui yo. Nunca... nunca he sabido qué hacer con un señor en casa.

JUAN.—Con un hombre no hay que hacer nada.

ESTRELLA.—Si no haces nada... se van.

JUAN.—Pero siempre volvemos... Si se nos deja la puerta abierta, si sabemos que nos esperan, volvemos.

ESTRELLA.—No, yo no sé esperar. Yo necesito que me esperen a mí.

JUAN.—Eso es mal asunto, pequeña. Eso los hombres no lo sabemos hacer.

ESTRELLA.—*(Desde muy adentro.)* ¿Por qué? ¿Por qué no?

JUAN.—Porque nosotros estamos hechos a medida de la calle. No podemos parar, ¿entiendes? Y para esperar hay que saber estarse quieto.

ESTRELLA.—Qué pena, ¿no? Yo también tengo que estar por las calles. Mi vida está en la calle. Los argumentos de mis novelas están en la calle, mis personajes los encuentro en la calle. Tengo que salir a vender mis libros a la calle... *(Desde lo más hondo.)* Qué pena, ¿no?, qué pena que no sepan esperarme.

JUAN.—¿Todavía le quieres?

ESTRELLA.—¿A quién?

JUAN.—Al padre de tu hijo.

ESTRELLA.—No, qué va. *(Reflexionando.)* Creo que nunca le quise.

JUAN.—No digas bobadas, tú no eres de esas que se acuestan con cualquiera.

ESTRELLA.—*(Sonríe ante su incomprensión.)* No, no me has entendido. De que no amo me doy cuenta después, cuando ya no puedo hacer nada por remediarlo. *(Pausa.)* Entonces también descubro que ellos tampoco me querían a mí.

JUAN.—No digas tonterías. Una mujer como tú tiene que tener cientos de hombres a sus pies. Los jóvenes de ahora son unos gilipollas. Si yo tuviera veinte años menos... no te dejaría escapar.

ESTRELLA.—Tú qué sabes... qué sabes cómo soy yo. Yo no soy dulce... ni quiero serlo.

JUAN.—Los bombones más dulces son los que mejor vienen envueltos, sólo hay que saber quitarles el papel de plata sin estropearlos.

ESTRELLA.—*(Mira con ternura a* DOMÍNGUEZ, *pero enseguida*

reacciona a la defensiva.) Palabras. Todos los mundos están llenos de palabras. Yo también sé jugar con ellas, sí. Y casi todos los hombres de mi vida también sabían. Sin embargo , ninguno pudo quitarme el papel de plata y el bombón se puso rancio... se hizo viejo. Ya sabes, ahora somos un hombre viejo y una mujer... *(Se toca el corazón.)* Vieja. (ES-TRELLA *coge la taza llena de whisky y bebe.)*

JUAN.—*(Enfadado.)* No sabes lo que dices. Sigues siendo una niña mal criada. Una ingrata. *(La mira y asiente.)* Sí, pero tienes razón, pareces vieja. Tienes un terrible gesto de vieja.

ESTRELLA.—Y tú no tienes derecho a hablarme así. Yo.. yo...

JUAN.—Pero cuando sonríes... Cuando sonríes y levantas los ojitos... ¡Sonríe, Estrella!

ESTRELLA.—¿Para qué? No tengo ganas de sonreír.

JUAN.—Sonríe sin ganas. Vamos, inténtalo.

ESTRELLA.—¿Para qué?

JUAN.—Hazlo un momento. Antes, cuando me has dicho que tenías un niño, lo has hecho muy bien. (ESTRELLA *toma aire y suspira.)* Sonríe, coño.

ESTRELLA.—*(Hace una sonrisa falsa. Después sonríe de verdad.)* Estás loco. Estás completamente «pirao».

JUAN.—Eso es. Ahora eres una mujer joven, con brillo en los ojos, con futuro. Ahora mírame a mí. ¿Qué ves en mi cara?

ESTRELLA.—*(Desconcertada.)* No lo sé.

JUAN.—Sí que lo sabes. Dilo, no tengas miedo. Dilo.

ESTRELLA.—*(Mirándolo detenidamente.)* Veo arrugas. Un mapa lleno de arrugas cruzadas... Caminos rodeados de manchas. Amarillo, tonos amarillos en el fondo de tus ojos...

JUAN.—Pues ahora sonrío. *(Sonríe.)* ¿Qué ves ahora?

ESTRELLA.—No te entiendo.

JUAN.—Ahora sigues viendo una cara llena de arrugas y de manchas, unos ojos acuosos y amarillos. ¿Entiendes la diferencia que hay entre nosotros? Esa es la diferencia.

(ESTRELLA *se queda callada. Enciende un cigarro de la cajetilla de* JUAN DOMÍNGUEZ.)

ESTRELLA.—¿Tienes mujer?

JUAN.—¿Eh?

ESTRELLA.—¿Que si tú tienes mujer?

JUAN.—No, murió hace nueve años. *(Pausa.)* Tenía una enfermedad llamada Juan Domínguez. Es una especie de virus que va matando poco a poco. La última fase es la del odio, y el odio... conduce a la muerte. Fue una muerte lenta. Duró treinta años.

ESTRELLA.—¿Por qué no hiciste nada por evitarlo?

JUAN.—¿El qué? Yo no sabía qué hacer. Además ella tampoco quería curarse.

ESTRELLA.—Tal vez te amaba.

JUAN.—¿Amarme? Sí, debía amarme. A veces nos queríamos y hacíamos el amor. Tuvimos dos hijos que se avergüenzan de mí y no vienen nunca a verme. Están enfermos... Ella... Ella les transmitió la enfermedad Juan Domínguez.

ESTRELLA.—Eres peligroso.

JUAN.—*(Se ríe.)* ¿Peligroso yo? Nunca he sido capaz de matar ni una mosca. No, no es que me gusten, es que pienso que... todo el mundo tiene derecho a vivir.

ESTRELLA.—*(Dando otro trago.)* Yo, sin embargo, odio las moscas y las mato. Son torpes e ignorantes. Son capaces de meterse por error en el oído de una persona y zumbar, zumbar... Yo cojo el spray y zas, las fulmino.

JUAN.—*(Riéndose.)* ¿Dentro del oído?

ESTRELLA.—Cuando se cuelan en el oído mueren solas. No pueden encontrar la salida. El túnel se cierra y se pegan a la cera como si fuese miel. Pero es cera no miel. ¡Qué bichos más absurdos! Cuando amenaza tormenta se vuelven locas y pasean por tu cuerpo como si fuera su casa. No, no son agresivas, son idiotas y aman la mierda.

JUAN.—Me gusta tu sentido del humor. Me gusta la gente con la que se puede hablar de todo.

ESTRELLA.—*(Riéndose.)* Sí, menuda conversación... Creo que la que se está volviendo loca soy yo.

JUAN.—*(Riéndose ingenuo.)* Filosofía, esto es filosofía pura, pequeña.

(Se oyen pasos. Entra RAMÓN *desencajado.)*

RAMÓN.—Juan... Juanito... *(Mira a* ESTRELLA.*)* Lo siento, usted...

JUAN.—Es Martita..., mi hija.

RAMÓN.—*(Extrañado.)* Ah, mucho gusto.

ESTRELLA.—*(Duda. Después contesta.)* Hola.

RAMÓN.—*(A* JUAN.*)* ¿Puedes venir un momento?

JUAN.—Sí, claro. *(A* ESTRELLA.*)* Discúlpame..., cariño.

> *(*JUAN *y* RAMÓN *se retiran a un lado. Oímos su conversación tensa y precipitada.)*

RAMÓN.—Tienes que dejarme cinco más.

JUAN.—No puedo Ramón, me dejas sin blanca.

RAMÓN.—Lo necesito, Juan. ¡Me cago en Dios! ¡Tiene que cambiarme la suerte!

JUAN.—Retírate, vete a casa.

RAMÓN.—Ahora no puedo. Déjame diez y juegas la última. Pastor está asfixiado, en un rato se abre. Préstame para recuperarme y juegas la última. Te doy mi palabra.

JUAN.—*(Muy tieso.)* No puedo. Me tengo que ir con mi hija.

RAMÓN.—No sabía que...

JUAN.—Ha venido a buscarme. *(Orgulloso.)* Tenía que hablarme de un asunto de familia. Un asunto urgente.

RAMÓN.—Es muy guapa.

JUAN.—*(Verdaderamente encantado.)* Mucho.

RAMÓN.—Vamos, Juan, préstame algo.

JUAN.—*(Mirando a* ESTRELLA *fascinado.)* Muy guapa. Toma. *(Saca la cartera y le da dos billetes sin dejar de mirar a* ESTRELLA.*)* Muy guapa...

RAMÓN.—*(Haciendo un gesto de agradecimiento a* JUAN.*)* Te aviso si se larga Pastor, ¿de acuerdo? *(Entra rápidamente en la sala de juego.)*

> *(*JUAN DOMÍNGUEZ *sale de su ensimismamiento y, asombrado, se mira la mano vacía. En el rostro de* ESTRELLA *ha vuelto a aparecer un gesto de rabia.)*

JUAN.—*(Por* RAMÓN.*)* Un buen amigo. Un gran jugador.

ESTRELLA.—Sí, otro sinvergüenza que te saca la pasta... No soporto tanta basura. Me voy.

JUAN.—¿Irte? No te puedes ir ahora. Déjame presentarte a los otros.

ESTRELLA.—¿Estás loco? Yo no soy tu hija.

JUAN.—¿Qué te importa por una noche? Será un momento. ¿Has visto lo impresionado que se ha quedado Ramón? Si te conocieran volverían a respetarme. ¡Se darían cuenta de que no soy un desgraciado, de que yo también tengo una familia...!

ESTRELLA.—Sería otra de tus mentiras. Enseñarías a una hija que no es tu hija, que no te quiere.

JUAN.—*(Sin dolor, sólo intentando convencerla.)* No importa, mi hija tampoco me quiere.

ESTRELLA.—No, Domínguez, no voy a hacerte el juego. Estoy muy cansada... No he venido aquí a salvar la vida a nadie.

JUAN.—Entonces, ¿a qué has venido?

ESTRELLA.—*(No encuentra la respuesta.)* No lo sé. Ya me voy

JUAN.—Por favor, entra conmigo. Serán unos minutos, sólo para que nos vean juntos, para que vean lo guapa que eres y cómo te pareces a mí.

ESTRELLA.—¡Domínguez! Creo ya estás con el «delirium tremens».

JUAN.—Por favor, Estrellita. Estoy viejo, tengo la cabeza destrozada, ¿no puedes entenderlo?

ESTRELLA.—No, no puedo entenderlo. Te miro, te escucho pero... no puedo saber quién eres. Veo esa máscara sucia, irreal y... ¡me duele tanto!

JUAN.—Yo no era así. No creas que era así antes. Yo fui joven y muy atractivo. Tenía montones de mujeres detrás. Yo fui un hombre con futuro. *(Pausa.)* También fui inteligente. Empecé tirando de una carretilla y acabé siendo un gran contable. Sí, yo también escribía libros como tú. Libros de... contabilidad. Números, miles de números, todos colocados en su sitio. Números a la izquierda, números a la derecha, números a la izquierda, números...

ESTRELLA.—*(Interrumpiéndole.)* Estoy muy cansada. He bebido y... no estoy acostumbrada. Me quiero ir de aquí.

JUAN.—Tienes que escucharme antes. ¡No te puedes ir sin escucharme!

ESTRELLA.—Los borrachos nunca dicen la verdad.

JUAN.—¡No estoy borracho! Sé perfectamente lo que digo. Además... las personas somos algo más que palabras, ¿no?

ESTRELLA.—*(Aturdida.)* No lo sé...

JUAN.—Somos personas.

ESTRELLA.—Yo no sé nada.

JUAN.—Lo que quiero decirte es que yo también he sabido amar. Y que todavía tengo un corazón, joder, y una boca y unas manos... Y que yo... *(Con verdad.)* Yo te quiero mucho.

(ESTRELLA *no reacciona. Conmovida baja la cabeza.*)

JUAN.—Qué pelo rebelde... Ese pelo rojo. *(Va a tocárselo.)*

ESTRELLA.—*(Retirando la cabeza.)* A mi padre era lo único que le gustaba de mí.

JUAN.—Lo único no. Era lo que más le gustaba de ti. *(Pausa.)* Tu madre también tenía un pelo precioso. Nada más verla me enamoró. Sí, fue increíble encontrarla. Otra vez sopas calientes, calcetines zurcidos y un pecho... Un pecho suave donde meter la cabeza. Sí, yo también estuve enamorado.

ESTRELLA.—Pero no estabas nunca en casa, ¿no?

JUAN.—Eso fue después, años después de casarnos. Dejé de ascender en la empresa, debió ser que se me fueron las luces. La cabeza rota, los plomos fundidos.

ESTRELLA.—El alcohol... el alcohol...

JUAN.—No ganaba lo suficiente para todos sus caprichos. Ella me lo reprochaba, me echaba broncas por todo. Y me quitó su pecho. *(Pausa.)* Hablaba y hablaba y yo... callado. Parado ante la diosa, ante la víctima. Abrir la puerta de casa por la noche era como entrar en la jaula de la fiera...

ESTRELLA.—*(Agresiva.)* Abrir la jaula a las tres, a las cuatro, a las cinco, a las seis de la mañana. Al día siguiente.

JUAN.—Arañazos, bocados, golpes sin piedad... Si supieras qué miedo me daba.

ESTRELLA.—*(Furiosa.)* Y tú entonces, salías corriendo como un cobarde y te escondías en este lugar espantoso, mientras ella barría, lavaba, cosía, sufría... Nos criaba sola. Esa fue mi casa. Una casa sin hombres. ¡Dios qué noches! ¡Cuántas noches me he pasado rezando para que llegaras pronto, para no oír los gritos! ¿Cómo se puede ser tan cruel e irresponsable?

JUAN.—¡Nunca te pegué! Nunca...

ESTRELLA.—¡Yo no he dicho eso! ¡Tú me torturaste de una manera más sutil!

JUAN.—A mí sí. Mi padre me pegaba con el cinto y con los puños. Me llamaba cagón y enano. No podía soportar que fuera débil y... pequeño. A los doce años me trajo a Madrid y me dejó tirado... con la cabeza... Mira. *(Se retira el pelo y muestra a* ESTRELLA *una enorme cicatriz.)*

ESTRELLA.—*(Sobrecogida.)* ¿Qué es eso?

JUAN.—La cabeza rota de arriba a abajo.

ESTRELLA.—¿Quién te hizo eso?

JUAN.—No importa.

ESTRELLA.—¿Te lo hizo tu padre?

JUAN.—*(Resentido.)* Sí, porque él me mandó a la guerra. Yo no quería ir, era un niño todavía... *(Se queda callado.)*

ESTRELLA.—¿Y qué pasó?

JUAN.—Creo que nadie daba un duro por mí. Me dejaron en un catre solo, inconsciente. Pero un día... me desperté.

ESTRELLA.—¿Pero cómo te lo hicieron?

JUAN.—*(Duda.)* Yo... yo iba a la vanguardia del batallón. Los tanques enemigos se acercaban hacia nosotros... A lo lejos se escuchaba el ruido de la artillería... ¡Bunn..., bunn... bunn....!

ESTRELLA.—*(Interrumpiéndole.)* Estás mintiendo.

JUAN.—¿Sí, verdad?

ESTRELLA.—¿Por qué? ¿Por qué mientes siempre?

JUAN.—No me doy cuenta. *(Pausa.)* La cabeza. ¿Quién me dió el golpe? Perdóname, estoy viejo. Perdona, cariño.

ESTRELLA.—No lo puedes haber olvidado.

JUAN.—*(Pensando.)* La cabeza... La cabeza... Ah, claro. *(Pausa.)* ¿Si te digo la verdad no se lo dirás a nadie?

ESTRELLA.—No.

JUAN.—Me coceó un burro, en mi pueblo.

ESTRELLA.—*(Sin poder evitar la risa.)* ¡Qué bárbaro!

JUAN.—Es que me gustaba mirarle. A ese sí que le jodían las moscas... Movía las orejas como un condenado. Ahí es donde yo aprendí. ¿Te acuerdas? *(Simpático.)* Mírame, esto te encantaba de pequeña.

*(*JUAN *se concentra y mueve las orejas.)*

264

ESTRELLA.—¡Huy, cómo las mueves! *(Se ríe.)* ¡Si parece que vas a echar a volar!

JUAN.—¿Y esto qué te parece? *(Comienza a poner caras diferentes a cada cual más fea.* ESTRELLA *se ríe.)* Mira ésta. ¿Y ésta qué? ¿Y ésta?

ESTRELLA.—*(Que parece una niña.)* Qué feo...

JUAN.—Pues mira esta.

ESTRELLA.—*(Gozando.)* Ay... qué cara... ¡Qué horror!

JUAN.—¿Ves cómo te gusta? Te ríes... Soy papá, el hombre más feo del mundo. Papá tonto. Papá oso. *(Comienza a hablar imitando la voz del oso Yogui.)* Oye, Bubu, vamos a raptar a esta niña traviesa y llevarla a la caseta del guardia... *(Imitando a Bubu:)* ¿Qué dices, Yogui? *(Imitando a Yogui:)* Que sí, que esta niña de pelo rojo me está hinchando las narices... Mírala, se está riendo de mí... Se está riendo de mí....

(JUAN persigue a ESTRELLA, que corre divertida para que no la pille. El CAMARERO, que ha entrado, observa la escena perplejo. JUAN y ESTRELLA, de pronto, se dan cuenta de que está el CAMARERO y se quedan parados en seco.)

CAMARERO.—¿Ustedes me están tomando el pelo o qué? ¿No se pueden ir a la calle a hacer payasadas?

JUAN.—*(Con voz de oso.)* Mira, niñita, qué perro más tonto se ha perdido en el parque.

CAMARERO.—¡Te voy a dar una hostia...!

JUAN.—*(Siguiendo el juego.)* Oh, no es posible. Eres un chiguagua enano y te puedo aplastar con mi pataza. *(Hace el gruñido de un oso.)*

CAMARERO.—Estás muy envalentonado tú delante de esta señora. No sé quién será pero...

JUAN.—Díselo, señora.

(El CAMARERO mira a ESTRELLA, ésta le pega un sonoro ladrido. El CAMARERO alucina. JUAN y ESTRELLA se colocan frente a él y le gruñen y le ladran cada vez con más fuerza. El CAMARERO hace un gesto de desprecio total y sale. ESTRELLA aplaude. Lo celebran.)

JUAN.—Ahora dame la mano.

ESTRELLA.—*(Rompiendo el juego.)* ¿Para qué?

JUAN.—Vamos, que te voy a hacer un juego de magia.

ESTRELLA.—*(Asustada.)* Eso no.

JUAN.—No seas tonta. *(Extiende su mano.)* Vamos, que no te la voy a cortar.

(ESTRELLA *extiende su mano*, JUAN *va a cogérsela y* ESTRELLA *la retira.)*

ESTRELLA.—No. No puedo. No puedo tocarte.

JUAN.—*(Después de un momento.)* Ah, te doy asco. Lo había olvidado.

ESTRELLA.—No, no sé lo que es pero...

JUAN.—*(Abatido.)* Puedo ir a lavarme las manos.

ESTRELLA.—No. No.

JUAN.—Si yo estoy limpio. Me lavo las manos todas las mañanas y me echo colonia. ¿No me crees? Soy un viejo idiota pero voy limpio.

ESTRELLA.—Claro, ya lo sé.

JUAN.—El tabaco, el alcohol y el tiempo ensucian. Ensucian por dentro y por fuera. *(Se frota los dedos amarillentos.)* ¿Ves? No se quita. Está dentro de la piel.

ESTRELLA.—No digas eso. No me das asco. Pero... es que no estoy acostumbrada. Él... tú... él nunca me tocó.

JUAN.—No es cierto. Lo que pasa es que ya no te acuerdas.

ESTRELLA.—No, no me acuerdo.

JUAN.—*(Acercándose a ella.)* Yo te cogía las manos y tú...

ESTRELLA.—*(Con horror.)* ¡No te acerques! ¡No me toques! ¡No soporto que me toquen los borrachos!

(JUAN *se queda petrificado.* ESTRELLA *también. Se miran en silencio.)*

JUAN.—*(Decidido.)* Espérame, ahora vuelvo.

(Se dirige a los lavabos del bar. ESTRELLA *no sabe qué hacer. Automáticamente camina hacia la máquina tragaperras.)*
(Entra RAMÓN *sonriente y relajado.)*

266

RAMÓN.—¿Dónde está su... papá?

ESTRELLA.—¿Qué quiere?

RAMÓN.—Hablar con él.

ESTRELLA.—¿Va a devolverle su dinero?

RAMÓN.—¿Dónde está?

ESTRELLA.—Está en el servicio, pero puede darme el dinero a mí.

RAMÓN.—Cuando vuelva dígale que entre un momento.

ESTRELLA.—¿Que entre a qué?

RAMÓN.—Eso no es cosa tuya, guapa.

ESTRELLA.—Devuélvame el dinero que le ha sacado. Es usted un indecente. Se aprovecha de él porque es mayor y...

RAMÓN.—¿Y usted qué? ¿Eh?

ESTRELLA.—¿Qué insinúa?

RAMÓN.—Vamos, ¿te crees que me chupo el dedo? Ese no es tu padre.

ESTRELLA.—Sí que lo es.

RAMÓN.—Ya, y qué, ¿habéis salido a tomar unas copas juntos?

ESTRELLA.—Lo que hagamos mi padre y yo a usted no le importa.

RAMÓN.—¿Así que tú también sabes cuándo cobra la pensión?

ESTRELLA.—¿Qué está diciendo?

RAMÓN.—Este no es un sitio para mujeres decentes.

ESTRELLA.—*(Con desprecio.)* Desde luego. *(Le da la espalda.)*

RAMÓN.—*(Acercándose demasiado.)* Es usted demasiado guapa para caer tan bajo. *(La agarra por la cintura.)*

ESTRELLA.—*(Se vuelve para darle una bofetada.)* ¡Y usted es un cerdo!

RAMÓN.—*(Sujetándola por las muñecas.)* Estás loca...

ESTRELLA.—*(Intentando soltarse.)* ¡Devuélvale su dinero! ¡Devuélvaselo, cerdo!

RAMÓN.—¡Quieta...!

ESTRELLA.—¡Borracho...! ¡Degenerado...!

(RAMÓN *empuja a* ESTRELLA *hacia atrás y después le tira unos billetes.*)

RAMÓN.—Toma. Dile al... viejo que puede pasar a jugar.

(RAMÓN *sale.* ESTRELLA *recoge los billetes y los pone encima de la mesa. Toma la botella de whisky y se sirve un poco en la taza. Está aturdida. Entra* JUAN. *Viene lavado y repeinado.* ESTRELLA *le mira y sonríe.*)

JUAN.—¿Cómo me ves?

ESTRELLA.—Estás... muy guapo.

JUAN.—Me he lavado la cara y las manos con jabón. Estoy... nuevo.

ESTRELLA.—Sí. *(Le da los billetes.)* Toma, los trajo ese hombre para ti.

JUAN.—Ah, Ramón. ¡Qué suerte, se ha recuperado! Un gran amigo...

ESTRELLA.—*(Con temor.)* Dice que puedes pasar a jugar.

JUAN.—*(Contento.)* ¿Sí? *(Mira hacia la sala de juego.Después mira a* ESTRELLA.*)* No, ahora no voy a pasar. Primero voy a hacer una magia para ti. *(Pausa.)* ¿Me das la mano?

(ESTRELLA *le mira asustada.*)

JUAN.—Es muy fácil, pequeña, apenas rozaré tu piel... Dame la mano.

ESTRELLA.—*(Moviendo lentamente sus manos que tiemblan.)* ¿Cómo?

JUAN.—*(Saca una bolita roja de su bolsillo.)* Mira, siempre la llevo en el bolsillo para jugar con los niños de mi calle, ellos son simpáticos y se divierten conmigo. Me buscan los trucos y me meten las manos en las mangas y en los bolsillos... Nunca encuentran la bolita pero siempre hay una moneda o un caramelo... Me gustan los críos porque no se preguntan quién demonios soy. Me gusta aunque sé que cojen el caramelo y se van. *(Coloca la bola roja sobre la mesa.)* Cójela y colócala sobre mi mano. (ESTRELLA, *con lentitud lo hace.*) Ahora yo la cierro y tú echas unos polvos mágicos. (ESTRELLA, *tímidamente, hace el gesto.*) Así, muy bien. Ahora di: «Bola de ilusión, pasa de su mano a mi corazón.»

ESTRELLA.—Bola de ilusión, pasa de su mano a mi corazón.

JUAN.—¡Ta, ta, ta, chán...! *(Abre la mano.)* ¡La bolita ha desaparecido!

ESTRELLA.—¿Dónde está?

JUAN.—Ah, no lo sé. Búscala.

ESTRELLA.—Está en tu bolsillo.

JUAN.—*(Sacándose los bolsillos.)* No.

ESTRELLA.—En la manga de la camisa.

JUAN.—*(Subiéndose las mangas.)* No, señorita, no está. Dame ahora tu mano. *(Con profunda autoridad.)* Dámela. (ESTRELLA *extiende su mano.* JUAN *muestra la suya vacía.)* Mira, no hay nada.

> (JUAN *coloca su mano encima de la de* ESTRELLA *y comienza a tocársela con mucho cuidado. Es un momento largo y tenso.* ESTRELLA *cierra los ojos impresionada.)*

JUAN.—¿Ves qué fácil? *(Con mucha delicadeza.)* Se frota por aquí. Se frota por allá... Cierra la mano. (ESTRELLA *lo hace.* JUAN *sigue tocándole la mano cerrada.)* Y se dice: «Bola perdida pasa a la mano hermosa de mi niñita.» ¡Ta, ta, ta, chán...! Abre la mano. *(La bola está en la mano de* ESTRELLA.*)*

ESTRELLA.—*(Fascinada como una niña.)* ¿Cómo lo has hecho?

JUAN.—Ah, cosa de magos.

ESTRELLA.—Qué mano más suave...

JUAN.—Y ahora la bolita roja se convertirá...

ESTRELLA.—*(Interrumpiéndole.)* Dámela. Dame la mano otra vez. (ESTRELLA *coge la mano de* JUAN *y le toca los dedos.)* Es suave. Es muy suave... Es buena y tiembla...

JUAN.—*(Retirando la mano.)* ¡Y ahora el mago tonto va a sacar un pájaro de la cabecita de su niña! ¡De la cabeza con el pelo más rebelde del mundo!

ESTRELLA.—No.

JUAN.—¿No quieres que te saque los pájaros? (ESTRELLA *niega.)* Pues... un pañuelo blanco como una paloma.

ESTRELLA.—No.

JUAN.—*(Nervioso.)* A ver... A ver... Una servilleta de muchos colores...

ESTRELLA.—No.

JUAN.—Un peine roto...

ESTRELLA.—No.

JUAN.—*(Más nervioso.)* ¿Un billete grande de miles de pesetas? (ESTRELLA *niega con la cabeza.)* Entonces, ¿qué quiere la muchachita?

ESTRELLA.—*(Mirándole a los ojos.)* Quiero que me acaricies. Acaríciame.

(JUAN, *después de un momento, comienza a acariciar el pelo de* ESTRELLA. *Está emocionado.* ESTRELLA *esconde la cabeza entre sus manos.)*

JUAN.—Quiero decirte... Me gustaría que supieras...

ESTRELLA.—Chist... No digas nada. Acaríciame.

(JUAN *la sigue acariciando con mucha ternura.)*

ESTRELLA.—Dime sólo lo que sientes.

JUAN.—Pues... no sé. No sé explicarlo...

ESTRELLA.—¿Te gusta?

JUAN.—Sí, mucho. Me siento...

ESTRELLA.—¿Qué sientes, papá?

JUAN.—Me siento... persona.

ESTRELLA.—Eres... una persona importante. Eres bueno. Eres un hombre bueno...

JUAN.—Soy un tarado mental, niña. Un tarado que se ha pasado la vida perdido en... un sitio muy pequeño. Sin poder moverse de ahí. Parado como todos los cobardes... Yo... yo quiero pedirte perdón.

ESTRELLA.—*(Con una fuerza infinita.)* Sí, te perdono. Te perdono.

JUAN.—Me gusta oír eso. Es la primera vez que alguien me dice... te perdono.

ESTRELLA.—Pobrecito... pobrecito... *(Le abraza y le acaricia como si fuera un niño.)* Tan pequeño... tan solito... Pobrecito mío... Mi papá Rafael, Rafita, Rafaelito...

(JUAN, *al oír ese nombre, se separa de* ESTRELLA *conmocionado. Al momento reacciona con energía.)*

JUAN.—Rafael. ¡Rafael Torres! Es muy duro el fracaso, Estrella; algunos no pueden resistirlo y se mueren.

ESTRELLA.—Pero tú no. Tú no te vas a morir nunca.

JUAN.—Rafael Torres, tu padre, no pudo con él. Yo le he visto temblar. Darse golpes contra una pared...

ESTRELLA.—*(Confusa.)* ¿Qué? ¿Qué dices?

JUAN.—Que yo he visto a tu padre llorar...

ESTRELLA.—¿A... a mi padre? ¿Por qué?

JUAN.—Porque, Estrellita, su hija, le había llamado cabrón.

(ESTRELLA *se lleva las manos al vientre como si hubiera recibido un impacto.*)

JUAN.—Torres era un hombre débil y equivocado pero... tenía corazón. Un corazón encogido y lleno de... penas. *(Sacando la voz.)* Y tenía un amigo: Juan Domínguez y... y la cabeza rota.

ESTRELLA.—Pobrecito...

JUAN.—Le engañó la vida mentirosa. La vida nos la jugó. Pero tú eres joven y todavía puedes triunfar: ser feliz, ¿me oyes? Tu padre quiso triunfar pero sabía que era imposible, desde muy pronto le fue imposible. Luego se quedó sin tiempo, el hígado le traicionó. Siguió bebiendo porque sin hígado y sin triunfo se pierde toda la voluntad...

ESTRELLA.—Pobrecito mío...

JUAN.—Yo le he visto darse golpes contra una pared porque Estrellita, su niña, le había llamado cabrón.

ESTRELLA.—¡Ya me lo has dicho! Es verdad. Me hacía daño. No estaba nunca y... yo me sentía culpable de tener un padre así. ¡Y yo no soy culpable! Yo no tengo la culpa de ningún golpe, de ningún hígado enfermo. Ni de los burros, ni de la mierda, ni del whisky... *(En un grito desgarrado.)* ¡Yo no soy culpable! *(Rompe a llorar.)*

JUAN.—Claro que no, tonta, claro que no. Tú eres sólo una Estrella brillante que ha salido esta noche... *(Abriendo sus brazos.)* Una estrellita pequeña que me ha dado su luz. (ESTRELLA *le abraza. Entra* RAMÓN *y les sorprende abrazados.)*

271

Ramón.—Joder con el viejo, y parecía tonto...

(Juan y Estrella *no le miran.*)

Ramón.—*(Haciéndose notar.)* Pastor se va. ¿Quieres echar la última?

Estrella.—Nosotros también nos vamos.

Ramón.—Ya.

Estrella.—Se marcha y no va a volver por aquí.

Ramón.—Está bien... *(Se da la vuelta para irse.)*

Juan.—¡Ramón! (Ramón *se vuelve.)* ¿Cómo va la cosa?

Ramón.—*(Asiente con la cabeza. Saca unos billetes.)* Toma, estamos en paz.

Juan.—Ahora voy.

Ramón.—Date prisa. *(Sale.)*

Estrella.—*(Incrédula.)* ¿Vas a entrar ahí?

Juan.—Sí, tengo un compromiso con este amigo.

Estrella.—¿Compromiso? ¿Amigo? Ese no es tu amigo, ese hombre te utiliza...

Juan.—Calla, tú no puedes comprenderlo pero Ramón es un amigo.

Estrella.—Ese hombre es un chulo y esto es un... antro infecto. Vámonos de aquí.

Juan.—No puedo, Estrella, me necesitan para continuar la partida, ¿no lo comprendes?

Estrella.—Tienes que dejar esto. No entres, por favor. Vámonos de aquí.

Juan.—*(Con mucha calma.)* ¿Vámonos? ¿A dónde?

Estrella.—A... A... *(No encuentra respuesta, se queda callada. Comienza a asentir con la cabeza en un acto de reconocimiento, de aceptación. Sonríe y mira a* Juan.)

Juan.—Vete tú, Estrella. Y no se te ocurra volver por aquí. (Estrella *asiente. En su cara hay una expresión dulce y relajada.)* No se te ocurra volver por aquí. ¿Me has entendido?

Estrella.—*(Rotunda y transformada.)* Sí.

(*Entra* Ramón *con el* Camarero.)

Ramón.—¿Entras o no, Domínguez?

JUAN.—Sí, un momento. (ESTRELLA *recoge sus cosas y se dirige hacia la sala de juego.*) ¿Adónde vas?

ESTRELLA.—Esa puerta está cerrada.

JUAN.—Pues se abre. *(Al* CAMARERO.) Abre la puerta, muchacho.

CAMARERO.—Que salga por la otra.

JUAN.—Ella sale por aquí aunque sea lo último que haga yo en mi vida.

ESTRELLA.—Déjalo, qué más da.

JUAN.—Chist... Tú siempre por la puerta de delante y con la cabeza bien alta, ¿entendido? (ESTRELLA *asiente con felicidad.*) ¿Qué he dicho?

ESTRELLA.—Que yo siempre por la puerta de delante y con la cabeza bien alta.

JUAN.—*(Al* CAMARERO.) Dame las llaves.

RAMÓN.—Dale las llaves, coño, que nos están esperando.

(El CAMARERO *se dirige a abrir.* JUAN *le para extendiéndole la mano.*)

JUAN.—No te necesito. Todavía tengo fuerzas para abrirla yo.

(El CAMARERO *le tira las llaves.* JUAN *las coge y, sacando fuerzas de no se sabe dónde, abre y levanta el cierre metálico.*)

JUAN.—*(A* ESTRELLA, *cediéndole el paso.)* Adiós.

(ESTRELLA *va a salir. De pronto se vuelve.*)

ESTRELLA.—*(En voz alta y firme.)* Padre...

JUAN.—¿Eh?

ESTRELLA.—Papá, te quiero.

(JUAN *no sabe qué decir, mira a los hombres.*)

JUAN.—Ya lo sé, tonta. Ya lo sé.

ESTRELLA.—*(A los hombres.)* Buenas noches. Muy buenas noches a todos. *(Sale.)*

(Juan Domínguez *echa el cierre de la puerta con una fuerza sorprendente.* Ramón *y el* Camarero *se miran.*)

Juan.—*(A* Ramón.) Una estrella... Una estrella brillante es mi Martita. ¿Verdad, Ramón? (Ramón *se encoge de hombros sin salir de su perplejidad.* Juan *al* Camarero:) ¡Whisky, muchacho, whisky para todos! ¡Esta noche invito yo!

(Ramón *entra en la sala, detrás, tambaleándose, le sigue* Juan Domínguez.)

(Se va haciendo el oscuro.)

FIN

Colección Letras Hispánicas

DE PRÓXIMA APARICIÓN